Reinhard Raffalt · Musica Eterna

Reinhard Raffalt

Musica Eterna

Aus fünf Jahrhunderten
abendländischer Musik

Mit einem Vorwort von
Eugen Jochum

R. Piper & Co. Verlag
München Zürich

Mit 37 Abbildungen und Notenbeispielen

Nachweis der Abbildungen
Archiv für Kunst und Geschichte: S. 27, 34, 77, 99, 113, 119, 147, Schutzumschlag
Bildarchiv Preußischer Kulturbesitz: S. 9, 19, 22, 25, 43, 107, 124, 143, 154, 169, 179, 187, 212
Süddeutscher Verlag: S. 13, 24 (Georg Schödl), 89, 155, 184 (Scherl), 199 (Stuhler)
Ullstein: S. 181, 192
Schlosser (Passau): S. 195

Nachweis der Notenbeispiele
S. 29 (Edition Eulenburg No. 963)
S. 54f. (aus: Friedrich Blume / Kurt Gudewill »Das Chorwerk« 48 – hrsg. und Textübertragung von Joachim Therstappen, Möseler Verlag, Wolfenbüttel)
S. 123 (Möseler Verlag, Wolfenbüttel)
S. 124 (Bildarchiv Preußischer Kulturbesitz)
S. 128, 134, 138 (Edition Peters – Corelli: Zwölf Concerti Grossi)
S. 154 (Bildarchiv Preußischer Kulturbesitz)
S. 158 (Lea Pocket Scores No. 21)
S. 165 (Edition Peters Nr. 580)

ISBN 3-492-02392-4
© R. Piper & Co. Verlag, München 1978
Gesetzt aus der Garamond-Antiqua
Gesamtherstellung: Kösel, Kempten
Printed in Germany

Inhalt

Vorwort von Eugen Jochum   I

Die Geburt der Melodie in Italien   7

Giovanni Pierluigi da Palestrina:
Bewahrer der Kirchenmusik   17

Phantasie über Orlando di Lasso: Ein europäisches
Schicksal in der Renaissance   33

Monumentum pro Gesualdo   87

Claudio Monteverdi, der Vater der Oper   103

Arcangelo Corelli: das Weihnachtskonzert   125

Johann Sebastian Bach:
»Schlage doch, gewünschte Stunde...«   145

Wolfgang Amadeus Mozart:
Das Schicksal eines heimlichen Propheten   167

Das Haus der Musik: Nachdenken über die Orgel   191

Musik jenseits der Töne   203

Über den Verzicht auf Schönheit   221

Stornelli Romani: Volkslieder einer alten Stadt   241

Personenregister   253

Vorwort
Reinhard Raffalt und die Musik

Für viele der Freunde und Bewunderer seiner Bücher wird dieser Band vielleicht eine große Überraschung sein. Dieser durch und durch musische Mensch war im tiefsten Kern ein Musiker, ein profunder Kenner nicht nur, ein eminent gebildeter, sondern ein Wissender und ein Könner. Ein Könner: man lese nur den wunderbaren Essay über »das Haus der Musik«, dessen Anfang allein schon ein hinreißender theologisch-poetischer Traktat ist. In diesem Essay spricht er über das Wesen der Orgel, wie es nur jemand kann, der mit ihr verwachsen ist, ihre Macht und ihren Anspruch erfahren hat. Daraus ergibt sich ganz natürlich seine Verbundenheit und Vertrautheit mit Bach und seiner Welt. So sei am Rande vermerkt, daß mit seiner Gründung der Bachgesellschaft in Rom, dessen Paläste er für Bach öffnete, eine wirkliche Bach-Ära in Rom begann. Was Monteverdi, Orlando di Lasso und manche Barockmeister ihm bedeuteten, zeigen die Ausführungen des Buches überzeugend genug.
Wichtig erscheint mir, daß er in dem bemerkenswerten und überaus nötigen Essay über den »Verzicht auf Schönheit« mit einer Epoche heutiger Antimusik so klar wie mutig und schonungslos abrechnet.
Daß Mozart für ihn der strahlende Stern ist, als den wir ihn mehr und mehr erkennen, ist nur zu verständlich.
Aber all sein Wissen war kein isoliertes Spezialistentum; wie nichts bei ihm steriles Fachwissen war, sondern letztlich alles

aus einer grandiosen Zusammenschau der geschaffenen, der von Gott und den Menschen geschaffenen Fülle entsprang. Er hatte in ihr das geheimnisvolle Ordnungsprinzip entdeckt, das der Harmonie der Sphären innewohnt, alles durchwaltet und den Bestand der Welt verbürgt. Dieser bayerische Barockmensch war einer der letzten großen abendländischen Menschen unserer Zeit, mit tiefem Sinn und Gespür für die Zusammenhänge der Geschichte, erfüllt von leidenschaftlicher Liebe zur Schönheit in jeder Gestalt, die er aussagen und deuten konnte in Wort, Bild und Ton. Mit dieser Aussage rührte er einem ans Herz, tröstend und vergewissernd. Seine unbeirrbare Freundesstimme fehlt uns je länger je mehr.

So wollen wir dankbar dieses vielleicht letzte, kostbare Geschenk entgegennehmen von ihm, dem im Anschauen der ungeschaffenen Schönheit endlich Genüge geschehen möge.

München, im August 1978   Eugen Jochum

Die Geburt der Melodie in Italien

Am Anfang des 13. Jahrhunderts erhob sich in der Mitte Italiens, in der Landschaft Umbrien, die Stimme des heiligen Franziskus. Der Prediger der seligen Armut und der demütigen geistlichen Ritterschaft lehrte die Menschen eine neue Art zu beten. Die streng gebundenen Formen der alten Liturgiefrömmigkeit, die bis zu den dunklen Anfängen des antiken Christentums hinabreichten, genügten ihm nicht mehr, weil sie von den Menschen seiner Gegenwart nicht mehr in vollem religiösen Erleben ausgeübt wurden. Die Liturgie wurde damals wie heute vom Geist einer Gemeinschaft regiert, sie lebte nur unter der Voraussetzung, daß hinter ihr die Gewalt einer grenzenlosen Ökumene fühlbar werde, die weit über die sichtbare Welt hinausreicht. Und so war nicht die unmittelbare persönliche Gottesbegegnung des einzelnen Gegenstand des liturgischen Gebets, sondern die durch die Geschichte unberührte und gleichbleibende Bindung der gesamten Christenheit an ihren Erlöser. Auch heute noch wird jeder Dank, jeder Lobpreis, jede Bitte in der klaren und gereinigten Sprache der Liturgie unter dem Anspruch angestimmt, die Gemeinschaft der Heiligen mit einzuschließen und zu repräsentieren. Auf der Höhe des Mittelalters war die Zeit noch nicht so ferngerückt, da man die Idee des von Papst und Kaiser verwalteten Gottesreiches auf Erden als unanzweifelbare Realität auffaßte, als ein gottgewolltes Abbild der himmlischen Hierarchie mit den Kreisen ihrer Throne, Herrschaften und Mächte.
Von dieser die ganze irdische Realität mit umfassenden Idee

her war das religiöse Fühlen der Christenheit eingespannt in den zeitlosen Rhythmus eines Mysteriums, dessen ewige Gültigkeit und Dauer in dem gleichbleibend geheimnisvollen Schauspiel der Liturgie seine immer gegenwärtige Gestalt erhalten hatte. So wurde durch das Ineinanderwirken von Religion und Lebenswirklichkeit die Frömmigkeit des einzelnen ganz natürlich in die allgemeine Erlösungsidee aufgenommen.

Mit dem Auftreten des großen Kaisers Friedrich II., der ein Zeitgenosse des heiligen Franziskus war und der in dessen Geburtsstadt über einem noch erhaltenen Marmorbecken getauft worden ist, änderte sich das Bild. Es begann offensichtlich zu werden, daß die geheiligte Ordnung des *einen* Reiches der Christenheit unter den beiden Schwertern der höchsten geistlichen und der höchsten weltlichen Gewalt im Begriffe war, aus der geschichtlichen Wirklichkeit zu entschwinden und sich in ein unerreichbares Ideal zu verwandeln. Ein romantischer Zug ging durch das Zeitalter. Man begann, das alte sakrosankte Imperium unter der Trübnis der Resignation und der hoffnungslosen Sehnsucht zu sehen, und an die Stelle der großen gemeinschaftlichen Anstrengungen der Christenheit nach der Heiligung aller trat die verzweifelte Bemühung nach der Rettung der einzelnen Seele. Mit außerordentlicher Macht überfiel die Menschen die Erkenntnis von der Nichtigkeit irdischen Tuns und damit das Bedürfnis nach Buße, nach Läuterung und Reinheit. Die Welt, bisher das glanzvolle Abbild der göttlichen Allmacht, war in Gefahr, zu einem Tal der Tränen zu werden, und die wilden Praktiken der Sühne zeigten in Geißlerfahrten und Kinderkreuzzug die furchtbare seelische Erschütterung des Zeitalters. Im Widerstreit der großen politischen Auseinandersetzungen zwischen Papst und Kaiser brach die geistige Einheit der christlichen Völkergemeinschaft auseinander, die Nationen erhoben ihren ersten Anspruch auf völkisch-politische Unabhängigkeit und Bin-

Siegel Friedrichs II. (1194–1250)

dungslosigkeit, das Bewußtsein einer übernationalen, religiös verankerten Zusammengehörigkeit war untergraben. Die Theologen gerieten in die Wirbelstürme der Ketzerei – oder der Angst vor ihr –, die leidenschaftslosen Wirtschaftler der mittelländischen Seerepubliken führten ein neues, nach den Gütern der Erde orientiertes Machtstreben herauf, die ein halbes Jahrhundert zuvor vollzogene Spaltung der Christenheit in eine östliche und eine westliche Hälfte nahm den Charakter der Endgültigkeit an. Jerusalem ging ein letztes Mal verloren. Die Philosophen begannen den großen Streit über die Frage, ob die Ordnungen der Schöpfung, wie wir sie erkennen, die Gegenstände der Wirklichkeit *hervorgebracht* hätten oder ob sie *in ihnen* lägen oder ob sie bloße *Namen* seien. Der Zweifel stieg auf. Die Menschen erwachten zum erstenmal seit der Antike zu dem Bewußtsein, daß jeder von ihnen im Grunde allein sei und daß die bisher sichere Gemeinschaft ebensogut ein Zufall sein könne wie eine gottgewollte Lebensform. In der Frömmigkeit des Volkes entstand ein Vakuum, das durch die objektiven, geheiligten Gebetsformen der Liturgie nicht mehr ausgefüllt werden konnte, eine Leere aus Ungenügen und Ratlosigkeit. So war der Boden bereitet, der die glühenden Gedanken des heiligen Franziskus aufnehmen sollte.

Franziskus von Assisi forderte einen neuen Weg zu Gott, der beim einzelnen begann. Er wollte die Liturgie ergänzen durch die Wiederherstellung des Bewußtseins in der menschlichen Seele, daß niemand verloren ist. Die religiöse Gemeinschaft war nicht länger mehr ein gültiges Symbol für die sichere Geborgenheit des Menschen im Willen Gottes, also mußte die einzelne Seele diese Sicherheit persönlich und unmittelbar erleben, ebenso wie er, Franziskus, sie immerfort erlebte. Über alle bisherigen Andachtsformen hinaus mußte ein gewaltiger Gegenstand gefunden werden, an dem sich die Frömmigkeit der Menschen entzünden konnte, die sich ohne die Gebundenheit der Liturgie unablässig und schrankenlos zu Gott emporführen lassen wollten. Der Gegenstand war die Natur, die neue Andachtsform die persönliche Hingabe an Gott. An der Natur, an der Pracht der Schöpfung sah Franziskus für den einzelnen verängstigten Menschen die Möglichkeit, sich im Gebet aufs neue an den Schöpfer zu binden. Die Elemente, Tag und Nacht, die Pflanzen, die Tiere, die Gestirne und das Licht wurden zum Zeugen aufgerufen, sie wurden den Menschen zu unübersehbaren Garantien für die allgegenwärtige, schützende Hand des Schöpfers. Die Schönheit der Welt erschien plötzlich als eine Wahrheit, die sich selbst bewies – ein universales Dokument, nicht in erster Linie für die Größe, die Allmacht und die Gerechtigkeit Gottes, sondern vor allem für die Liebe – die Liebe des Schöpfers zu seinen Geschöpfen. Der glühende Heilige von Umbrien wurde sein Leben lang nicht müde, seinen Hörern diese Liebe zu predigen, aber weder ihm noch seinen Jüngern reichte das Wort aus. Und so begannen auf den grünen, sanften Hügeln Umbriens jene aus dem Geist des Heiligen geborenen Melodien zu erklingen, die unter dem Namen der Laudi die erste Blüte der italienischen Musik heraufführen sollten.

Die Lauda ist ein einfaches Volkslied, ein Wechselgesang zwischen einem Chor, der den Refrain, und einem Solosänger, der die Zwischenstrophen singt. In dieser Wechselbeziehung zwischen dem gemeinschaftlichen Thema im Chor und den subjektiven Betrachtungen des Solisten liegt der ganze neue Geist der franziskanischen Frömmigkeit beschlossen. Die Praxis dieser Art zu singen ist nicht neu. Auch der Gregorianische Choral, dessen Anfänge fast ein Jahrtausend früher liegen, kennt schon das Abwechseln zwischen Schola und Chor. Neu aber ist an den Laudi das formale Verhältnis dieser beiden musikalischen Komponenten. Der Refrain und die Solostrophe bilden erst *zusammen* das Ganze des Liedes, während im Gregorianischen Choral die Solistenschola sehr oft nur dazu dient, den Anfang und die erste Verszeile anzustimmen, um dem Chor das gemeinsame Fortfahren zu ermöglichen. In der Lauda sind die Chorteile zumeist die eigentlichen Träger der musikalischen Substanz, die dann von den Solisten entweder variiert oder durch einfachste, psalmtonartige Rezitationen unterbrochen wird. Erst auf dem Hintergrund des Chores hebt sich der Solist mit seiner persönlichen Betrachtungsweise ab, und erst durch den Solisten andererseits erhält der Chor seine zusammenfassende Wirkung. Das Ganze ist ein Andachtslied, ein volksliedhaftes frommes Beginnen, ein Mittel, sich durch gemeinsames Singen in einen geistlichen Gegenstand, einen

Heiligen oder eine bestimmte Situation des Lebens Christi zu versetzen. Das einstimmige Singen des Refrains geschieht stets in den gleichen Worten, die den gedanklichen und musikalischen Kern der Lauda bilden. Diese stets gleichen Worte gewinnen dann durch die fortschreitende kontemplative Betrachtungsweise der Strophentexte von Mal zu Mal ein neues religiöses Kolorit. Wie man die Lauda zur Zeit des heiligen Franziskus gesungen hat, ist im einzelnen nicht mehr bekannt, doch dürfen wir annehmen, daß ihre einstimmigen Melodien durch eine Vielzahl von Instrumenten begleitet worden sind. Da wir nicht mehr wissen, wie sich diese Begleitung vollzogen hat, versucht man heute, die melodische Schönheit dieser frühen Gebilde darzustellen, indem man mit Bläsern, Saiteninstrumenten und Orgel die den Melodien innewohnende Harmonik realisiert und sie dadurch unserem nach harmonischen Stützen verlangenden Ohr zugänglicher macht.

Die große Grundkraft der Laudi ist die Andacht. Über alle Schranken hinweg geht das Volk in Umbrien daran, sich selber einen Weg zu schaffen, um auch abseits von dem zentralen Mysterium des Meßopfers der neuen großen Freude an den Geheimnissen der Erlösung Ausdruck zu geben.

Die Sprache der Lauda wendet sich stets direkt an eine Person, an einen Heiligen, den man wegen seiner Wunder sehr verehrt, oder auch an Christus und die Madonna, deren Erdendasein man sich singend vergegenwärtigt. Immer ist es das Menschliche, das dominiert. Kaum einmal kommt es vor, daß Christus als der Herr der Welten angesprochen wird, aber hundertmal werden sein Leiden betrachtet, sein Sterben beweint und seine Erlösungstat gepriesen.

In der demütigen und einfachen Versenkung in die menschlich nahen Züge Christi suchten die Schöpfer der Laudi das Gemeinsame ihrer Leiden und ihrer Armut mit dem Leiden und der Armut des Herrn überein zu bringen, und dies geht so weit, daß sich inmitten der herrlichen Gesänge plötzlich allein

Franz von Assisi (1181–1226) – Fresko von Giotto in Assisi

und einsam die Stimme der Maria unter dem Kreuz erhebt – die reine und schlackenlose Vergegenwärtigung eines bis zum Vergehen nachempfundenen mütterlichen Schmerzes.

Im gleichen Maß, wie in den Malereien Giottos und seiner

Schüler die Glorie des heiligen Franziskus auf eine wunderbar menschliche, unhieratische Weise farbenreich vergegenwärtigt wird, bringen die Gesänge der umbrischen Laudi die Welt der Heiligen und Seligen bis hinauf zur Dreifaltigkeit in eine unmittelbare Berührung mit dem menschlich-irdischen Dasein – nicht mehr unter den verhüllenden Symbolen einer uralten Liturgie, sondern in der nach innen gewandten Gebetsversenkung, die zu einer mystischen Vereinigung mit den Betrachteten führt. Damit ist das Wort gefallen, das diese religiös-künstlerische Neuschöpfung ganz umfaßt: Mystik.

In den unirdisch leuchtenden Sonnenuntergängen Umbriens hatte das Volk zur Zeit des heiligen Franziskus längst gespürt, wie tief das Verlangen nach der einsichtslosen hingegebenen Vereinigung mit Gott in die jenseitige Welt hineinführen kann. Und man begann, den Glanz dieser erahnten Welt in die Kirchen zu tragen, deren Wände sich mit nie gesehenen Farben bedeckten, deren Gewölbe sich mit schimmernden Gestalten zu füllen begannen, in deren Fenstern sich das Licht in die glühenden Farbtöne der Glasbilder brach.

Was das Volk in diesen Fresken gegenständlich verwirklicht sah, das Leben und das Sterben seiner Heiligen, ihr irdisches Elend und ihren himmlischen Glanz, die Marter und die Glorie des Erlösungswerkes und die Schmerzen und Freuden der jungfräulichen Mutter, das wollte es auch selbst darstellen – in Prozessionen und geistlichen Schauspielen, in Wallfahrten und religiösen Festen. Der Platz vor der Kirche wurde zur Bühne, zum Schauplatz für die Auseinandersetzungen der guten und der bösen Mächte, die in den Erfahrungen eines jeden einzelnen ihre reale Begründung hatten. Der Mensch wurde der Ort, an dem sich die Hölle gegen den Himmel wandte, und der Mensch wurde an sich selbst auch der Zeuge jenes Geheimnisses, das in der Überwindung des Bösen durch das Gute liegt. Die Zeit war reif für Wunder, und sie geschahen in beklemmender Fülle. Alle diese Prozessionen, Schauspiele und

Andachtsformen waren verflochten mit den neuen Gesängen der Laudi. Es wurden gewaltige Dichter geboren, die fast das ganze religiöse Gut ihres Zeitalters in diese schlichte, glaubensstarke musikalische Kunstform einzubinden vermochten. Auf dem Felsen von Todi begann die Stimme Jacopones zu ertönen, des Mönches, dem die Kirche das »Stabat Mater« und das »Dies irae« verdankt. In der Volksliedbewegung, die sich damals in den Tagen des heiligen Franziskus von Umbrien aus über Italien verbreitete, liegen die Anfänge der italienischen Melodie. Seit dieser Zeit hat das Volk Italiens nicht mehr aufgehört, die gesungene Melodie als sein erstes musikalisches Privileg zu empfinden, die Melodie, die allein durch ihren Verlauf, durch ihre Hebungen und Senkungen, durch die Lage ihrer Tonsprünge und die Strenge ihrer rhythmischen Gestalt der menschlichen Stimme das Äußerste an Ausdruck zu geben vermag. Hier in Umbrien wurde in der ersten Hälfte des dreizehnten Jahrhunderts die Melodie Italiens geboren. In ihrem musikalischen Verlauf hat sie in den Jahrhunderten außerordentliche Veränderungen erfahren, ihre Grundeigenschaften aber liegen von da an fest: Geschlossenheit der musikalischen Gestalt, rhythmische Symmetrie, regelmäßiges Zeitmaß und höchste Ausdrucksfähigkeit. Schon von Anfang an mischen sich in dieser Melodie Italiens die gefühlsbedingten Erschütterungen des einzelnen mit den zeitlosen Ausdrucksformen allgemeiner Menschlichkeit – und dies verändert sich nicht mehr. Wohl scheint das religiöse Grundgefühl, das die Lauda geschaffen hat, im Lauf der Jahrhunderte vielfach profaniert, doch hat sich die Zusammenschau des Geistlichen und des Weltlichen, des Realen und des Irrealen in der italienischen Musik von damals her überall bis in die Gegenwart erhalten. Und wenn wir, nach siebenhundert Jahren, heute die Laudi der umbrischen franziskanischen Prozessionen und Mysterienspiele mit Ehrfurcht wieder hören, beginnen sie mit der gleichen geistlichen Beredsamkeit zu wirken wie in jenen Tagen, da das flammende Gebet und die wunderbare Seele des heiligen Franziskus von Assisi sie ins Leben rief.

Giovanni Pierluigi da Palestrina: Bewahrer der Kirchenmusik

Am Rande des Sabiner-Gebirges, etwa fünfzig Kilometer südlich von Rom, gibt es einen steil ansteigenden Berghang, der von der Burg Castel S. Pietro gekrönt wird. Fast der ganze Hang ist bedeckt mit einer Stadt, deren Zentrum, in viele Terrassen gegliedert, die Ruinen des größten aus der Antike erhaltenen Heiligtums auf italienischem Boden umfaßt, den Tempel der Fortuna Primigenia, der erstgeborenen Tochter des Jupiter, der Göttin des Glücks. Die Anfänge der Stadt verlieren sich in der mythischen Frühzeit der römischen Geschichte. Im ersten Jahrhundert vor Christus widersetzten sich die Bürger von Praeneste – so hieß der Ort damals – der Herrschaft des römischen Diktators Sulla, der daraufhin die Stadt erstürmte, wobei das Urheiligtum der Fortuna in Flammen aufging. Um die Glücksgöttin zu versöhnen, befahl Sulla die Errichtung des erwähnten Terrassen-Tempels, dessen Basismauer eine Ausdehnung von etwa 1200 Metern hat. Auf der obersten Plattform brannte Tag und Nacht ein vom Meer aus sichtbares Opferfeuer, das den aus Afrika ankommenden Schiffen die Nähe des Heimathafens und eine glückliche Heimkehr verkündete. Durch dieses von Sulla errichtete ungeheure Sanktuarium wurde Praeneste zum zentralen Wallfahrtsort Mittelitaliens und galt fortan als ein besonders geheiligter Bezirk, innerhalb dessen der Mensch nicht nur Vorfahren, Göttern und den Kräften des Kosmos Ehrfurcht und Frömmigkeit erweisen, sondern auch für seinen persönlichen Lebensweg die Launen des Schicksals günstig stimmen konnte.

Von Rom aus pilgerte man nach Praeneste in zwei Tagen – natürlich zu Fuß, und auf einer Straße, die als »via prenestina« heute noch existiert. Im Abstand von zweihundert Metern waren Steinbänke zur Rast errichtet, auf halbem Wege fand man Herbergen und Wirtshäuser, worin wahrscheinlich mancher Denar, der ursprünglich der Göttin dargebracht werden sollte, einen weniger frommen Weg genommen hat. Immerhin kam Fortuna nicht zu kurz – wie die zahlreichen Weihegaben beweisen, welche bei Ausgrabungen gefunden wurden und von erlesener Kostbarkeit sind. Beim Zusammenbruch der römischen Macht am Ende der Antike verfiel auch der Fortuna-Tempel, nicht aus Baufälligkeit, sondern weil die damaligen Bewohner von Praeneste, inzwischen zum Christentum bekehrt, nichts dabei fanden, das sinnlos gewordene alte Heiligtum als Steinbruch für die winzigen Häuschen zu benutzen, die sie auf den Fortuna-Terrassen allmählich errichteten. Im Mittelalter war von dem antiken Tempel kaum mehr etwas zu sehen.
Um das Jahr 1300 wurde der Ort neuerdings zerstört durch den gewalttätigen Bonifaz VIII., wobei der über die erneute Widersetzlichkeit der Praenestiner erzürnte Papst zum Zeichen für das endgültige Auslöschen des Ortes Salz auf die Ruinen streuen ließ. Kaum aber war das Pontifikat des herrschsüchtigen Papstes zu Ende gegangen, erstand die Stadt aufs neue – wiederum unter Verwendung des noch vorhandenen Tempel-Materials.
In einem der damals gebauten Häuser wurde gute zwei Jahrhunderte später, um das Jahr 1525, ein Genie der europäischen Musik geboren: Giovanni Pierluigi, den man nach dem damaligen und bis heute gültigen Namen seiner Vaterstadt Palestrina nennt. Kurz vor dem Ende des Zweiten Weltkrieges vermuteten die vom südlichen Mittelitalien nach Norden drängenden Amerikaner in dem strategisch sehr günstig gelegenen Palestrina ein deutsches Hauptquartier und

Giovanni Pierluigi da Palestrina (1525–1594) – Stich nach altem Gemälde

belegten die Stadt mit einem Bombenteppich von verheerender Wirkung. Diesem Luftangriff verdankt die Nachwelt drei Tatsachen: zunächst ein weiteres Beispiel für die Sinnlosigkeit einer Kriegführung, die jede Ritterlichkeit ausschließt, weil sie an einer harmlosen Zivilbevölkerung rächt, was diese nicht verschuldet hat; sodann die Erkenntnis, daß mittelalterliche Häuser unter der Einwirkung konventionellen Sprengstoffes in Trümmer sinken, während antike Gewölbe ohne erkennbaren Schaden bestehen bleiben; schließlich – im Falle Palestrinas – den Verlust des Geburtshauses eines großen Meisters der europäischen Tonkunst, dessen Wiederherstellung glücklicherweise nicht einmal mehr versucht worden ist.

Eigentlich wissen wir gar nicht schlüssig, ob Palestrina in der Stadt geboren ist, deren Namen er weltberühmt gemacht hat. Mit ebensolcher Wahrscheinlichkeit könnte er in dem Viertel Roms geboren sein, das den Namen Rione Monti trägt und seit dem Kaiser Augustus das Privileg genießt, unter den Quartieren Roms die Nummer eins zu tragen. Wir wissen zuverlässig, daß Palestrinas Vater dort Grundbesitz und Häuser hatte, die geistlicherseits der päpstlichen Bischofskirche des heiligen Johannes von Lateran unterstanden. Zwischen dem Monti genannten Stadtviertel und der Lateranbasilika liegt eine andere im Leben Palestrinas wichtige Kirche, Santa Maria Maggiore. Der Kirchenmusik im Lateran und in Santa Maria Maggiore hat Palestrina einen bedeutenden Teil seiner Schaffenskraft gewidmet. Begraben allerdings wurde er in St. Peter, wobei der lothringische Kanonikus Melchior major in seinem Privatnotenbuch bemerkte: »O Tod, der du unvermeidlich bist, nun hast du uns auch diesen genommen, den Palestrina, sein Geburtsort, einst nicht erkannt und uns überlassen hat, damit er durch die Harmonie seiner Kunst die Kirche mit innerem Licht erfülle. Deshalb bete du, o Musiker, wenn du seiner gedenkst, er möge in Frieden ruhen.« Das war 1594, als Palestrina, 68jährig und vermögend, als der weltberühmte Fürst der Musik verstorben war, dessen Standbild heute noch den Mittelpunkt des Domplatzes von Palestrina bildet. Sein Leben verlief ohne äußere Dramatik – um so wesentlicher aber waren die inneren Spannungen, denen er sich ausgesetzt fühlte.

Palestrina war keineswegs der seraphische Komponist, den noch das vorige Jahrhundert in ihm erblickte. Die Zeit, in die er hineingeboren wurde, bot kaum eine Möglichkeit zur beschaulichen Entfaltung eines auf Harmonie gerichteten Talents. Die Reformation und ihre Auseinandersetzung mit der traditionellen Kirche waren in vollem Gange. Beide Seiten hielten die Musik für ein Element ersten Ranges im menschlichen Ausdruck des Glaubens und in der Gestaltung des Gottesdienstes. So gibt es aus dem Jahr 1538 – Palestrina war damals dreizehn Jahre alt – die berühmte Äußerung von Martin Luther, der selber hochmusikalisch war: »Wenn aber Studium und Kunst hinzukommen, die die natürliche Musik verbessern und bilden, dann erkennt man erst mit großer Verwunderung die vollkommene Weisheit Gottes, in seinem Werk der ›musica‹, in welcher vor allem herrlich ist, daß einer eine schlichte Weise singt, während mehrere Stimmen wunderbar darum herum spielen, so daß denen, die nur ein wenig davon bewegt werden, nichts Wunderbareres in dieser Welt vorhanden zu sein scheint.« Diese Meinung wurde von katholischer Seite durchaus geteilt – es kam nur darauf an, was man unter der schlichten Weise verstand, welche Luther als den Kern eines kirchenmusikalischen Werkes bezeichnete.
Während der große Reformator die einfachen Melodien der Volksfrömmigkeit, zum Teil auch den Gregorianischen Choral in den Mittelpunkt des musikalischen Geschehens gerückt sehen wollte, hatte die alte Kirche mit den seltsamsten Wucherungen zu kämpfen, die sich jahrhundertelang in ihrer geistlichen Musik breitgemacht hatten. Einige Jahrzehnte vor Palestrina komponierte zum Beispiel der flämische Musiker Josquin Desprez eine Messe, der er als Kompliment für den Herzog Ercole d'Este, in dessen Diensten er stand, den Titel gab: »Hercules Dux Ferrariae«. Die Bezeichnungen der einzelnen Töne der Tonleiter waren damals noch nicht, wie heute, durch Buchstaben ausgedrückt – C, D, E, F, G, A, H,

Josquin Desprez (um 1450–1521) – Holzschnitt nach verlorenem Porträt

C –, sondern durch die Anfangssilben eines Hymnus auf den heiligen Johannes aus dem elften Jahrhundert – »Ut queant laxis, Resonare fibris« und so weiter –, hießen also ut, re, mi, fa, sol, la, si, ut. Die Vokale dieser Silben setzte Josquin gleich mit den Vokalen der Worte »Hercules dux Ferrariae« und gewann dadurch ein Grundmotiv für seine dem Herzog von Ferrara gewidmete Messe. Natürlich hatte ein solches Kompliment für einen weltlichen Potentaten im liturgischen Gewand kaum Chancen, von jenen geschätzt zu werden, die die Kirchenmusik von den Eitelkeiten des irdischen Lebens fernzuhalten suchten. Vielfach gaben profane Chansons, die man als Hauptthemen für Messen verwendete, diesen sogar ihre Namen. So konnte eine Meß-Komposition den Titel tragen »So lebt wohl, ihr geliebten Freunde« oder »In der schattigen Kühle des Haines«, aber auch »Seitdem ich meine Geliebte verlor«. Um solche Profanierungen kunstvoll zu verkleiden, griff man allerorten zu einer höchst komplizierten Kompositionsform, worin die einzelnen Stimmen auf eine Weise nacheinander einsetzten, durch die der liturgische Text bestenfalls noch andeutungsweise verständlich war. Über diesen Zustand hat sich Erasmus von Rotterdam sehr unmutig geäußert: »Bitte, was denken die von Christus, welche glauben, daß dieser sich an einem solchen Stimmengewirr erfreue? Damit noch nicht zufrieden, führen wir eine mühevolle und theatralische Art von Musik in die heiligen Räume ein, ein wildes Gezwitscher von Stimmen, wie es, so meine ich, nicht einmal in griechischen und römischen Theatern je zu hören war.« Man war innerhalb der katholischen Kirche in eine Situation geraten, welche einzelne Bischöfe veranlaßte, den Gebrauch von Liebesliedern als Leitmotive für Messen in ihren Diözesen ausdrücklich zu verbieten. So beschaffen war die Welt der Kirchenmusik, als Palestrina – elfjährig – in die Sängerkapelle von Santa Maria Maggiore aufgenommen wurde.

In jenen Jahren erhielt die liberianische Basilika – die einzige Roms, welche ihre antike Gestalt noch fast zur Gänze behalten hatte – jene berühmte Kassettendecke, die mit dem ersten von den Spaniern in Mexiko erbeuteten Gold verkleidet worden war. Palestrina hat damals eine Reihe berühmter Kapellmeister erlebt, die allesamt dem sogenannten polyphonen Stil verbunden waren. Möglicherweise ist seine musikalische Grundhaltung im Sinne eines lebensvollen Traditionalismus damals geprägt worden.

Basilika Santa Maria Maggiore – aus den römischen Veduten von Giambattista Piranesi

Die Verbindung zu seiner Vaterstadt riß aber nicht ab. Beide Eltern waren in Palestrina auf bescheidene Weise begütert – und als die Mutter Palma im Jahre 1536 starb, vermählte sich der Vater mit Maria Gismondi, die ebenfalls aus Palestrina stammte. So erklärt sich, daß der junge Kapellsänger nach Beendigung seiner Ausbildung in seinem 21. Lebensjahr in seinen Heimatort zurückkehrte, um dort Chorregent am Dom zu werden. Wenig später vermählte er sich mit einem Mädchen namens Lukrezia di Goris; durch diese lebensvolle ländliche Schönheit erhielt er nicht nur eine reizvolle Gefährtin, sondern auch eine willkommene Mitgift.

Nach dem Tod des Farnese-Papstes Pauls III. wählte das Konklave den Bischof von Palestrina auf den Heiligen Stuhl, den dieser unter dem Namen Julius III. einnahm. Für Palestrina erwuchs daraus der Vorteil, nach Rom zurückberufen zu werden. Dort übernahm er die Leitung der Capella Giulia, worin die Sänger für den besten Chor der Welt, die Sixtinische Kapelle, ihre Ausbildung erhielten. In diese Zeit fällt die Veröffentlichung der ersten Kompositionen Palestrinas, die mehrere Messen umfaßten und dem neuen Papst gewidmet waren. Eine dieser Messen weist als Hauptstimme eine Melodie aus dem Gregorianischen Choral auf, welche von drei Gegenstimmen umspielt wird. Erst heute erkennen wir,

Palestrina überreicht Papst Julius III. den 1. Band seiner Messen

daß Palestrina damit sein musikalisches Programm – vielleicht unbewußt – manifestiert hat. Das Werk fand das Wohlgefallen des Papstes in so hohem Maße, daß Palestrina zum Mitglied der Sixtinischen Sängerkapelle erhoben wurde, obwohl er – entgegen der dort üblichen Gepflogenheit – verehelicht war und dem geistlichen Stand nicht angehörte. Selbstverständlich gab es gegen dieses ungewöhnliche Privileg alsbald Widerstände, die sich noch steigerten, als Julius III. unerwartet im Jahre 1555 verstarb. Zu Palestrinas Glück aber wählte man als Nachfolger einen Kardinal, der den jungen Musiker schon längere Zeit gefördert hatte. Marcellus II. war ein der Kirchenmusik ungewöhnlich zugewandter Papst, von dem Palestrina erhoffen konnte, in seinen kompositorischen Absichten voll unterstützt zu werden. Schon damals waren diese Absichten klar erkennbar. Er wollte auf die klassische Form der bisherigen Kirchenmusik nicht verzichten, sie aber von allen profanen Elementen reinigen. Leider verstarb der neue Papst, Marcellus II., schon nach drei Wochen. Die Verbundenheit des Komponisten mit seinem alten Gönner war jedoch groß genug, um Palestrina zu veranlassen, die berühmte Messe, welche später als Modell für die Reform der Kirchenmusik ausgewählt wurde, »Missa Papae Marcelli« zu nennen.
Der nachfolgende Papst aus der Familie Caraffa, Paul IV., kann als der eigentliche Vater der Gegenreformation gelten. Er war von derart unbeugsamer und kompromißloser Haltung, daß das Stadtvolk von Rom, an mancherlei Päpste gewöhnt, seine Statue schon bei Lebzeiten in den Tiber stürzte. Das majestätische Haupt des Standbildes hat sich später gefunden und ist heute eines der vielen Kuriosa, welche den Besucher der Engelsburg überraschen. Paul IV., mit dem auch der heilige Ignatius von Loyola alsbald in Schwierigkeiten geriet, entfernte aus der Sixtinischen Kapelle die wenigen verheirateten Sänger – ohne Rücksicht auf deren musikalische Qualität. Palestrina war von der Maßnahme betroffen, konnte allerdings

Basilika San Giovanni in Laterano – aus den römischen Veduten von Giambattista Piranesi

als Dirigent des Chores in der Lateranbasilika unterkommen. Die Stelle sicherte ihm ein bescheidenes Auskommen, war aber zu gering dotiert, um die Publikation von Kompositionen zu ermöglichen, die damals noch von den Komponisten selbst finanziert werden mußte.

Immerhin überlebte Palestrina die Regierungszeit Pauls IV. glimpflich, wenngleich man sicher annehmen kann, daß er aufatmete, als der nächste Papst, Pius IV., den Thron bestieg. Die mit einem halben Exil vergleichbare Zeit am Lateran nützte Palestrina zur Abfassung einiger Kompositionen, unter denen die Improperien für die Karwoche ihm später weltweiten Ruhm einbringen sollten. Pius IV. ließ sich die Noten kommen und ordnete an, die erhabenen Gesänge sollten fortan jeden Karfreitag in der Sixtinischen Kapelle zu Gehör gebracht werden. Erst unter dem heute regierenden Papst Paul VI.

endete mit der Abschaffung der päpstlichen Liturgie in der Sixtina diese Tradition. Natürlich hat Palestrina unter Pius IV. danach getrachtet, wieder Mitglied des Sixtinischen Chores zu werden. Doch war die Tatsache seiner Ehe ein Hindernis für ihn, das der strenge Caraffa-Papst Paul IV. geschaffen hatte. So wich Palestrina neuerdings auf eine Stelle aus, die auch von Verheirateten eingenommen werden konnte – den Posten eines Kapellmeisters an Santa Maria Maggiore. Er war damals sechsunddreißig Jahre alt.

Im Jahr darauf begann das damals tagende Reformkonzil von Trient, die Frage der Kirchenmusik zu erörtern und Stilgesetze zu formulieren. Verlangt wurde hauptsächlich die Verständlichkeit des Textes, welche durch die bisherigen Kompositionsmethoden samt ihrer komplizierten Kontrapunktik in Frage gestellt worden waren. Die Auseinandersetzung um die künftig verbindliche Form der Kirchenmusik wurde mit einem Ernst und einer Leidenschaft geführt, vor der die Empfehlungen des letzten vatikanischen Konzils zu purer Erbaulichkeit verblassen. In Trient gab es zwei Parteien. Der extreme Flügel der Konservativen ging so weit, die gesamte mehrstimmige Musik aus den Kirchen zu verbannen und ausschließlich den Gregorianischen Choral zuzulassen. Dem Papst schien eine solche Entscheidung ein wenig zu rigoros, weshalb er eine Kommission von acht Kardinälen einberief, unter deren Mitgliedern sich zum Glück für die Kirchenmusik der höchst kunstsinnige und einflußreiche Kardinal Carlo Borromeo befand, welchen die Kirche später mit vollem Recht heilig gesprochen hat. Es wird berichtet, der Kardinal Borromeo habe sich an Palestrina gewandt und von ihm die Komposition einer Messe erbeten, welche allen vom Konzil erhobenen Forderungen nach Verständlichkeit des Textes entsprechen, die Mehrstimmigkeit aber beibehalten sollte. Palestrina verfaßte daraufhin drei Messen, die der Kommission vorgesungen wurden. Unter ihnen war die berühmte »Missa Papae Marcelli«. Somit kann man zu Recht behaupten, Palestrina habe – abgesehen von seinem kompositorischen Genie – die gesamte Kirchenmusik der nachfolgenden Jahrhunderte ermöglicht, einschließlich der großen Orchestermessen des achtzehnten und neunzehnten Jahrhunderts, welche erst in unseren Tagen – von einigen Ausnahmen nicht zu reden – zu einem Exildasein in profanen Konzertsälen verdammt worden sind.

Palestrina: ›Missa Papae Marcelli‹ – Beginn des Kyrie

Die »Missa Papae Marcelli« hat nicht unbedingt den alleinigen Ausschlag für die Entscheidung der Kardinalskommission gebildet, mehrstimmige Kirchenmusik auch in Zukunft zu billigen. Denn als das Problem auf dem Konzil von Trient verhandelt wurde, bestand die Komposition schon seit zehn Jahren. Vielmehr dürfte es das Gesamtwerk Palestrinas gewesen sein, vor allem sein weitgespanntes melodisches Können, gepaart mit bedingungsloser Treue zum Text und dem rigorosen Abstand von profanen Elementen, was den Ausschuß veranlaßte, die Kirchenmusik nicht allein auf den Gregorianischen Choral zu beschränken. Da man im damaligen Italien und zumal in kirchlichen Kreisen es noch für selbstverständlich hielt, eine derartige künstlerische Leistung auch materiell zu honorieren, erhöhte sich von jenem Zeitpunkt an das Gehalt Palestrinas um eine beträchtliche Summe. Außerdem wurde Palestrina neuerdings zum Leiter der Capella Giulia berufen – ein Amt, das er bis zu seinem Tode behielt. Sein Gesamtwerk umfaßt 93 Messen, 486 Antiphone, Offertorien, Motetten und Psalmen. Außerdem komponierte er eine große Zahl von Madrigalen, zum Teil geistlichen, zum anderen weltlichen Inhalts.

Eine Zeitlang amtierte Palestrina als persönlicher Kapellmeister des Kardinals Ippolito d'Este, der damals gerade seine unvergleichliche Sommerresidenz mit den heute noch nicht übertroffenen Wasserspielen in Tivoli erbaute. Dort wurde natürlich nicht nur fromme Musik gemacht, denn der Kardinal d'Este, ein Sohn der Lucrezia Borgia, hatte seine große Villa in Tivoli als einen Garten der Hesperiden angelegt, welcher im Gegensatz zu seinem mythologischen Vorbild der Menschheit nicht verschlossen, sondern zugänglich sein sollte. Daß Palestrina eine solche Position annahm, beweist einmal mehr, wie irrig die Legende ist, diesen Menschen zu einem tiefsinnigen Musik-Theologen zu stempeln. Sicher war er ein ernster Mann, doch dem Leben durchaus zugewandt und vom Gedanken an die Weltabkehr weit entfernt. Als seine zweite Frau vor ihm starb, hat er zwar mit dem Gedanken gespielt, dem geistigen Stand beizutreten, die Idee nachher aber selbst wieder verworfen. Man kann darin ein Symptom für die Tatsache erblicken, wie fragwürdig es ist, einem im Dienst der Kirche tätigen Künstler höhere oder mindere Qualität zuzuschreiben, je nachdem, ob er dem geistlichen Stand angehört oder nicht.

Im Alter erfuhr Palestrina manches persönliche Leid. Sein Sohn Angelo verstarb vor ihm. Er ließ zwei Kinder zurück, für die der Großvater rührend sorgte, um bald darauf den Kummer zu erleben, daß auch diese starben. Im Jahr darauf mußte er den Tod seines zweiten Sohnes erleben, ein Jahr danach den seiner Frau. Wenig später hat Palestrina sich noch einmal vermählt. Er war im Alter ein vermögender Mann. Dies ist insofern erstaunlich, als seine Position gegenüber den kirchlichen Behörden keineswegs devot und schon gar nicht unproblematisch war. Mehrmals hatte er den Plan, Rom zu verlassen. So trug er sich mit dem Gedanken, als Hofkapellmeister nach Wien zu gehen, was dort auch freudig begrüßt worden wäre, hätten seine Honorarforderungen sich in landesüblichen Grenzen gehalten. Zehn Jahre vor seinem Tod versuchte er, den skurrilen Herzog Guglielmo Gonzaga von Mantua zu überreden, ihm die Leitung der dortigen Hofmusik-Kapelle anzuvertrauen. Auch dieses Vorhaben zerschlug sich, weil Palestrina ein Gehalt verlangte, das im mantuanischen Budget nicht vorgesehen war. Seine kritische Einstellung zu den römischen Verhältnissen hatte schließlich den Gedanken zur Folge, seinen Lebensabend in Palestrina zu verbringen – als Kapellmeister am Dom, von dem seine Karriere ausgegangen war. Der Vertrag mit dem Kapitel von Palestrina war beinahe reif zur Unterzeichnung, als der Komponist plötzlich verstarb.

Am 2. Februar 1594 setzte man ihn in der Peterskirche bei. Die Beteiligung an dem Leichenbegängnis war ungewöhnlich groß, zumal die Blüte der italienischen Musikerschaft erschien, um sich direkt oder indirekt als seine Schuldner zu bekennen. Wer die verständliche künstlerische Eifersucht unter Fachmusikern kennt, wird leicht ermessen können, wie hoch ein solches Ereignis einzuschätzen ist. Im ganzen genommen hat Palestrina als einer der ersten Komponisten überhaupt wirklichen Weltruhm erreicht. Er war sich dessen durchaus bewußt, blieb aber ein bescheidener, eher zurückgezogener Mensch, der nur – wie jeder Italiener – die materiellen Grundlagen seiner Existenz mit Nachdruck zu sichern wünschte, ohne zur Durchsetzung dieses Vorhabens Anmaßung und Hochmut zur Schau zu tragen. Sein Einfluß auf Mitwelt und Nachwelt ist kaum abzuschätzen. Die wichtigste Komponente seines Schaffens liegt in der jahrzehntelang durchgehaltenen Tendenz zur Klarheit und zur Harmonie. Im Grunde war er das Gegenteil eines Reformators. Die Stilelemente, die er aufgriff und verwandelte, zeigen im sogenannten Palestrina-Stil eine fühlbare Abkehr von allem Experimentieren. Wir haben in Palestrina einen Musiker vor uns, der weder in seiner Kunst noch in seiner Persönlichkeit verheimlichte, konservativ zu sein. Es stimmt nachdenklich, daß ausgerechnet ein solcher Konservativer es war, der die Geschichte und die Entwicklung der musikalischen Kunst für die nachfolgenden vier Jahrhunderte entscheidend beeinflußt hat.

Phantasie über Orlando di Lasso:
Ein europäisches Schicksal in der Renaissance

Erster Akt

1. Teil

Vergeblich habe ich versucht, diese Männer im Hören sehend zu machen. Heute, am Ende meines Lebens, weiß ich: es ist ein Irrtum gewesen. Sie übten nur ihr braves Handwerk. Ich aber sah in der Musik das Spiel der Welt, worin sich die Dinge des Himmels und der Erde durch die Zeit bewegen. Sie fanden Erbauung im Worte des Paters, der ihnen sagte, was töricht sei, was fromm. Ich aber, ein erwachter Alchimist der Töne, was sollte ich in dieser Bürgerstadt anderes tun, als achtzuhaben auf die Gassen und zu schweigen? In der Residenz fügte der Herzog Hallen und Gewölbe zu seinem schwerblütigen Traum vom Splendor Bavariae – vom Glanze Bayerns.
In einem Haus am Platzl sollte ich zu seinen Träumen die Musik erfinden – ich, ein junger Mensch, in den Niederlanden aus französischer Zunge geboren, in Italien erzogen durch klassischen Geist, ein Fremdling in dieser deutschen Welt.
Der Herzog, niemand sonst, hatte zu mir gesagt: »Willkommen, mein Freund, erfreue uns mit deiner Kunst.«
Und so ging ich täglich zu ihm, meinem Herrn Herzog Albrecht V. Das Schwert der Gerechtigkeit ruhte in einer Hand, die kräftig war, aber nicht hart. Dennoch gelang es dem Herzog, den Reichtum des Landes an sich zu ziehen wie ein

Herzog Albrecht V. von Bayern mit seiner Gemahlin Anna beim Schachspiel – Buchminiatur von Hans Mielich (1516–1573)

Magnet. Denn hinter dem Prunk, den er liebte, ahnte er eine zweite Wirklichkeit der Welt.
Der gebrechlichste Stoff, durch den Eingriff des Schliffes noch weiter gefährdet, gibt preis, was zwischen Sein und Nichtsein existiert. Steine, die ihre Farben der Sonne entlehnen, werden in Gold gebettet, zu den irdischen Rinnsalen des Glücks. Himmel und Erde bewegen sich nach dem gleichen Gesetz – und bestimmen Kleopatras Bahn, wie sie die unsere lenken. Der kälteste Grad des Feuers ist eingefangen im Saphir – Krönung für einen Becher der Einsicht, aus dem zu trinken niemand erlaubt ist.
So waren dem Herzog alle seine Schätze nur ein sublimes Mittel, um des Schicksals habhaft zu werden, das anders nicht zu meistern war – es sei denn, er hätte sein Leben geändert. Er aber wollte bleiben, der er für uns alle war: ein prächtiger Fürst, der seine Hofgesellschaft Pavanen tanzen ließ, auch wenn sie etwas steif gerieten, weil Grazie unbekannt war und die Musiker zu langsam bliesen. Außerhalb der Residenz war er ein braver Landesvater, aber in seinem Hause verlangte es ihn nach Schönheit, die in der Form der Kunst allein auf Erden dem Tode widersteht. Am Sockel seines Hausaltars betrachtete der Herzog täglich beim Stundengebet das Paradies, das uns durch Evas Schuld und Adams Fall verloren ist.
Einst, als es Zeit und Tod noch nicht gab, war der Mensch ein vollkommenes Wesen. Wie sollte er sich daran nicht erinnern, da er doch auch als Sterblicher noch imstande ist, Vollkommenes zu schaffen – und sei es nur im Gleichnis, in der Kunst? Von allen Künsten aber, welche löschte die Zeit mehr aus als die Musik? Sie verwandelt, was gewesen, und bringt das Künftige herbei. Ein Paradies ging verloren – ein anderes wartet. Wir wissen es aus der Schrift – wir hören es in der Musik.
Aufmerksam hörte der Herzog uns zu, wenn wir sangen. Auch Wilhelm, sein ältester Sohn, war der Musik treu ergeben.

Ungnädig Ferdinand, der Zweitgeborene, gleichgültig Ernst, der Erzbischof von Freising.
Ergrimmt aber über uns waren die Räte des Hofes. Soviel des guten Geldes für ein Handwerk ohne Nutzen, für nichts als Noten, die vergehen wie der Hauch im Wind!
Auf der Damenseite war man mir gewogener. Die Herzogin Anna aus dem Hause Habsburg war mit Musik vertraut von Jugend auf. Und Renata, die lothringische Gemahlin des Prinzen Wilhelm, die die bayerischen Dirndln mutig auf französisch herausgeputzt hatte, half mir gegen den derben Hofstaat und gab dem Herzog recht, wenn er das Erschrecken übersah, das er durch seine Forderungen auslöste.
Denn jede Besitzung des Herzogs sollte fürderhin Tribut leisten, um der Musik in Bayern eine Heimstätte zu schaffen wie niemals zuvor. Ich aber, in der Sorge um ein solches Werk, wurde gar nicht gewahr, daß dieses störrische Land längst das meine geworden – Bayern, wie es damals war.
Hinauf und herab zwischen Himmel und Erde wanderte das Leben in den Niederlanden, woher ich kam – gleich einem Geflecht von Melodien, die ein kräftiger Geist zur Ordnung verknüpfte, ohne ihnen die Freiheit zu nehmen. Der Linie ihres eigenen Gesetzes ohne Zwang zu folgen, macht eine Kette von Tönen zur Melodie. Die freie Rücksicht auf die Nachbarstimme erzeugt Übereinkunft, Harmonie.
Die Entfaltung solcher Erkenntnis hatte das Land dankbar gemacht für die Herrlichkeit, die das Leben täglich bot.
Nicht, daß im Entschwinden der Töne unser Bewußtsein unberührt geblieben wäre vom Verrinnen der Zeit. Aber inmitten unserer hochgebauten Städte waren wir daran gewöhnt, das Dasein vergänglich zu nehmen wie Musik – und es grämte uns nicht. Denn jeder Tag brachte uns in Berührung mit Menschen, die von den fernsten Ufern aufgebrochen waren, um in unseren Häfen anzulegen, ihre Güter in unsere Speicher zu bringen und den Wissenden des Landes ihre Geheimnisse

zu entschleiern. Auch widmeten wir uns im Überfluß der Kunst, die zur Nahrung bestimmten Stoffe der Natur einer heilsamen Verwandlung zu unterwerfen. Reinheit der Materialien, Sorgfalt der Wahl und die asymmetrische Proportion der Reize befähigten Gaumen und Geist, Entgegengesetztes als einen Wohlklang zu empfinden, dessen Ausdruck das Lachen und dessen Wesen die Dankbarkeit war.

2. Teil

Nach jahrelangen Reisen, die schon in meiner Kindheit begonnen hatten, bewohnte ich – sechsundzwanzigjährig – in meiner Heimat ein geräumiges Haus. Und was für einen jungen Menschen so schwer zu finden ist: die Waage zwischen Geist und Welt, die Balance zwischen Erbe und Neugier – für mich hielt sie das Land selbst, friedfertig und fromm, wie es war.

Offen standen die Pforten zu dem Bezirk, worin die Natur sich über ihre Schwächen trösten darf, weil die Übernatur ihr mit der Hoffnung entgegenkommt.

So war das Schicksal unserer Seelen in Harmonie gebracht mit unserer zeitlichen Existenz. Diese aber wurde in Konsonanz gehalten durch das glänzendste Herrscherhaus Europas, les Seigneurs naturels – unsere natürlichen Herren –, die Herzöge von Burgund.

Herzog Karl der Kühne war der letzte Ritter von Burgund. Er vermählte seine Tochter Maria, die das Volk wie eine Heilige verehrte, mit dem Erben des Habsburgerreiches, Maximilian, dem späteren römischen Kaiser.

Beider Sohn, Philipp der Schöne, war unser leichtfertigster Herzog. Die Spanierin Johanna, unglücklich als seine Gattin, wurde nach seinem Tode wahnsinnig. Sie erbte von ihrem Vater Ferdinand Aragon, von ihrer Mutter Isabella Kastilien.

So traten zu dem Herzogtum Burgund, das schon mit Habsburg vereint war, nun auch noch die Reiche Spaniens hinzu, um schließlich insgesamt dem zarten Enkel anheimzufallen – Karl, dem Grafen von Flandern, unserem letzten natürlichen Herrn.

Er hatte seine Jugend in den Niederlanden verbracht – das Herzogtum Burgund war ihm durch seinen Vater Philipp vorbestimmt. Nur wenige von uns dachten daran, als er bei uns lebte, daß er durch seine Mutter Johanna auch noch König von Spanien war.

Später stieg er empor zur Kaiserkrone, und die Welt nannte ihn Karl V. Für uns aber blieb er der Seigneur naturel – auch in der Skepsis seines Alters noch von allen verehrt und geliebt.

Gemessen an der Jahreszeit war der Tag milde. Am Morgen hatte mich die Nachricht erreicht, der Verleger Plantin erbitte meinen Besuch. Ich eilte, denn Plantin war ein Humanist von hohem Grad, der seine Macht in der Stille übte und mein Freund war.

In seinem Kontor sollte bald der zweite Band meiner Motetten aufgelegt werden, nachdem der erste mir von den Fürsten Ehre, bei den Meistern Achtung eingebracht.

Wenig zuvor hatte ich in der Stube der Korrektoren erlebt, wie ein Werk meiner Erfindung feucht aus der Presse kam. Was in der Handschrift noch ein Teil meiner selbst gewesen, war nun von eigenem Leben erfüllt und zeigte mir seine Schwächen.

Ich wanderte mit den Bogen zurück in die Setzerei – wollte Silben verschieben, Sprünge glätten und den Kontrapunkt stellenweise regelrecht verfeinern – punctus contra punctum, Note gegen Note. Lachend folgten die bleibestaubten Männer meinem Eifer, bis Plantin selber mich zu den Pressen führte. Ächzend verwandelten sie mein Werk zum Buch, damit es die Schicksale der Bücher teile, an unbekanntem Ort zu ungewisser Zeit das innere Bild eines Menschen bloßzulegen. Damals war ich stolz darauf. Erst spätere Jahre haben mich gelehrt, welche Gnade es ist, über seinen Werken vergessen zu werden.

In seinem Gemach empfing mich Plantin mit einer Frage, die ihm aus dem Hause Fugger zugegangen war: ob ich mich wohl geneigt fühlte, meinen Wohnsitz aus der Weltstadt Antwerpen in das südliche Deutschland zu verlegen – an die Residenz des Herzogs von Bayern, nach München.

Der Herzog Albrecht böte die Stelle des zweiten Maestro an der Hofkapelle mit dem Recht der Nachfolge an, sobald der amtierende betagte Kapellmeister sich zurückzöge.

Ich war jung und hochmütig. Ich gehe nicht, sagte ich, ich gehe nicht in die Provinz.

Einen Fürsten der Musik suche der Herzog, ihm ein Reich zu schenken, nicht eine Provinz.

Versprechungen. In Italien bietet man weit Besseres. In Mantua zum Beispiel. Und dort macht man andere Musik als in Bayern.

Ja, Mantua, sagte Plantin, ich solle mich nur an Mantua erinnern.

Ein Name, der vieles einschließt: Mantua. Für mich war er verbunden mit einem Augenblick des Glückes. Irgendwann in der Jugend widerfährt es einem jeden Künstler, daß er plötzlich seinen Weg erkennt. Mir geschah es im Palast zu Mantua. Als Sechzehnjähriger sah ich die Malereien von Mantegnas Hand – und mit einem Male begriff ich: Kunst muß wahr sein, tiefer wahr als die Wirklichkeit, denn diese allein ist Lüge. Kunst muß verwandeln, muß Menschen durch gebändigte Linien und geläuterte Farben verwandeln in höhere Bilder ihrer selbst, muß die Natur dem Zwang entreißen, den ihr das Chaos auferlegt, muß Empfindung durch Schweigen zur Reinheit bringen und muß das eitle Geflirr des Tages zunichte machen durch die Trauer, mit der die Unschuld das Leben ahnt.

Verwandeln endlich muß die Kunst Leib und Seele dessen, der

sie schafft, wie sie den Leib des Tones und die Seele der Zeit durch die Drohung der Dissonanz und die Erlösung des Wohlklanges verwandelt in reine Musik.
In solche Gedanken verloren, erwachte ich zu mir selbst im Zauber des südlichen Tages.
»Erwache aus deinem Jugendtraum«, sagte Plantin, »und erinnere dich: Du hast damals einen Prinzen gesehen, der in Mantua einzog auf seiner Kavalierstour durch Europa und schon bedrückt war von der Last der Kronen, die sich auf sein Haupt zu senken drohten. Der Kardinal Ercole Gonzaga holte ihn ein.«
»Ja«, sagte ich. »Es war Philipp, Karls des Fünften Sohn.«
»Mein lieber Freund«, so sagte nun Plantin, »es gefällt dir, in diesem Land zu leben, worin unsere Künste des Friedens sich beflügeln lassen durch den Wohllaut deiner Musik. Glaube nicht, dies sei von Dauer. Ehe das Jahr sich wendet, wird dieses schöne Gebäude aus Traum, Intellekt und Kunst geborsten sein. Denn unser Herr ist Philipp, nicht mehr Karl.«
»Der Kaiser Karl war seiner Bürden müde. Alle seine Zepter, Herrschaften und Throne hat er jenen zurückgegeben, die sie ihm einstmals zugebracht. Obwohl er noch lebt, zählt er sich schon zu den Ahnen seines Hauses.«
»Unser natürlicher Herr«, so sagte Plantin, »geht nach Spanien, vielleicht, weil er selbst nicht sehen will, was nun kommen wird.«
»Niemals wird Philipp unser Seigneur naturel, denn er hat nie bei uns gewohnt. Ohnmächtig unserer Sprache, mißtrauend unserem Glauben, wird er mit dem Reichtum auch die Freiheit aus dem Lande schaffen und den Niederlanden befehlen, gehorsame Provinz zu sein. Und dann wird Furchtbares geschehen.«
»Willst du in einem Lande bleiben«, so fragte mich Plantin, »worin das Eisen herrscht, dessen Glanz vom Tode genommen ist und nicht vom Leben? Willst du unter Menschen wohnen,

die des nachts von der Angst aus dem Schlaf gepeitscht werden und am Tage siebenmal um sich blicken, bevor ihrem Munde ein Wort entschlüpft? Flieh nach Bayern, du hast nicht mehr lange Zeit. Denn deine Kunst wird nicht gedeihen im Angesicht der schwarzen Heere, an deren Ende der Henker steht.«

Ich konnte es nicht glauben, denn ich wollte bleiben. Der Herbst lag über dem Land. Die Städte boten ein Bild des Friedens und der Sicherheit. Noch sah ich auf die Dinge meiner Heimat mit der Freude dessen, der sie besitzt – und nie waren die Niederlande so schön gewesen. Allmählich erst wurde ich inne, daß in meinem Auge schon der Abschied war.

3. Teil

Heute, in meinem Alter, blicke ich befremdet auf den jungen Komponisten Orlando, der damals gegen seinen Willen die Niederlande verließ.

Mein Werk auf dieser Welt ist die Musik. Labyrinthisch ist ihr Klang, aber klar ihre Bahn. Warum konnte ich in jenen Tagen nicht erkennen, daß mein Schicksal nur ihren Gesetzen folgte? Dem Gang der Zeit weigerte ich sein Recht, indem ich den Augenblick schmähte, weil er mir Widrigkeit bot. Heute weiß ich, daß es töricht war. Denn zwar begleiten wir das Ende einer Lebensphase mit Widerspruch, aber Furcht erregt in uns allein der neue Anfang. Ich war auf der Flucht vor einer Gefahr, aber meine Seele floh vor dem, was mich erwartete.

Als ich in Bayern ankam, war es Winter.

Schach dem Herzog – so sah ich ihn zuerst.

Lachend nahm er mich mit in den großen Rat, verkündigte dort, man besäße künftig Orlando und seine Musik – somit sei man in der Tonkunst an die Spitze Europas gelangt.

»Sieh dich um«, so sagte der Herzog zu mir, »auch wenn du

unserer Sprache nicht mächtig bist und unser Leben noch nicht teilst – du wirst genug bemerken. Und deine Kunst wird dir helfen. Morgen zur Tafel laß mich hören, was von unseren bayerischen Dingen dich zuerst gereizt, es in Musik zu setzen.«
Ich ließ es ihn hören mit einem Lied: »Ein guter Wein ist lobenswert!«
Aufgeteilt zwischen Wirklichkeit und Schein war die herzogliche Tafel. Solche Teller waren zu kostbar, um von ihnen zu essen, aber man mußte sie besitzen. Denn es kam auf die Möglichkeit an, einen heroischen Hintergrund zu haben für Wildbret – und einen erotischen für Süßigkeiten. In der Instrumentenkammer war es nicht anders. Diese Wirbel entsandten ihre Spannung in Saiten, die niemals einen Ton geboren hatten. Für die hörbare Musik des Gebrauchs besaß man Geräte minderen Grades. Hier zählte allein der allen Tönen vorausgesetzte Geist. Solchen Körpern Schwingungen zu entlocken, vermochte auch eine sterbliche Hand. Doch erreichte sie niemals den Klang, der entstünde, wenn diese Instrumente in ihrer natürlichen Übereinstimmung mit dem Kosmos begännen, von sich aus zu tönen. Mißfallen erregte ich alsbald bei den Trompetern. Obwohl sie in der Hofkapelle spielten, gehörten sie ihr nicht an, denn sie waren von militärischem Stande. Was sie bliesen, war Kraft, nicht Musik. Der alte Kapellmeister Daser vertröstete mich: über eine kleine Weile werde er sein Amt verlassen und mir damit die Freiheit schaffen, alles zu ändern. Bis es wirklich dazu kam, vergingen sieben Jahre. Dann aber begann in der Hofkapelle mein Werk der Verwandlung. Aus einer Schar musikgewandter Männer von diskretem Können und Charakter wurde allmählich ein einziges Instrument. Und der Prinz Wilhelm, zu des Herzogs Freude oftmals Gast am Cembalo, sagte mir eines Abends, als wir die Empore des Antiquariums verließen: »In der Musik, die wir zusammen vollbringen, beginne ich zu ahnen, was Vollkommenheit sei.« Eines Tages kam der Herzog ins

Orlando di Lasso (1532–1594) – zeitgenössischer Stich

Antiquarium. »Höre, Orlando«, so sagte er, »ich wünschte zum Einzug des Hofes mit dem päpstlichen Legaten eine Motette auf die Worte: in hora ultima – in der letzten Stunde – wird alle Musik: Posaunen, Flöten, Lauten, Lachen, Scherzen, Tanzen, Singen vergangen und zu Ende sein.«

Verwundert tat ich, wie der Herzog geheißen.

In hora ultima – in der letzten Stunde – wird alle Musik vergehen. Eine Laune des Herzogs? Nein. Geheime Absicht? Vielleicht. Es ist das Wesen der Musik, zu vergehen, heute und immer. Was in der letzten Stunde vergeht, ist ihr Prinzip, der Klang der Sphären. Kannte der Herzog ihr Geheimnis?

Lange blieb ich im Antiquarium – grübelnd.

Da stand noch das Tafelgerät, allein für das Auge bestimmt, dem flüchtigen Beschauer nur eine Anhäufung von Gold und Eitelkeit, dem Wissenden aber Wahrzeichen für die Teilhabe an einer Welt, die nicht Schein ist und nicht Wirklichkeit, nicht Trug und nicht Wahrheit, der Materie entrückt wie der Klang und über die Zeit hinausgelangt wie Musik – die Welt der olympischen Götter.

Daß sie noch leben, wußte ich von Mantua her. Von ihrer Tafel genommen ist das Gold, das unsere Kredenzen ziert.

Erhoben über die Häupter der Sterblichen entrollt sich ihr bewegtes Mahl, das die Hochzeit von Amor und Psyche feiert. Von der Herrschaft über den Erdkreis sind sie längst erlöst, geblieben aber sind ihnen die heiteren Träume, die, von Menschen geträumt, sich für die Götter verwandeln in den Nektar der Unsterblichkeit. Wir aber, im groben Stoff der Materie befangen, suchen wir nicht den feinen Geist jenes Zwischenreiches in der Hoffnung, die Vereinigung des Entgegengesetzten werde Kräfte befreien, deren Macht die Seele ergreift und das Schicksal berührt?

»Komponierst du, Orlando?« sagte plötzlich ein Mann neben mir. Es war Jacopo della Strada, ein Italiener, dessen Auge die geheimsten Wünsche eines Menschen erkennen konnte. Seit er dem Herzog das Antiquarium entworfen, war er sein Vertrauter in den Dingen der Kunst. »Wenn es dir gefällt, Orlando«, sagte er, »so komm mit mir.«

Ich hatte die Kunstkammer des Herzogs noch niemals betreten. »Erwäge nun«, so sagte della Strada, »daß diese

Herrlichkeiten dem Tage wohlbedacht entzogen sind. Das Licht zu fassen – nicht nur seine Strahlen – vermag allein, was aus dem Dunkel kommt. Dreifach ist der Wert der Werke, die hier ruhen. Die seltene Materie ist zum Wesen ihrer selbst gebracht. Die Hand des Künstlers hat sie in Formen gefügt, die den Gesetzen der Schönheit folgen. Schönheit aber entfaltet in der reinen Materie eine Kraft, die wir nicht kennen.«
»Doch«, sagte ich, »ich kenne diese Kraft. Sie ist musikalischer Natur. Betrachte dieses leuchtende Gestein. Durch Form und Kunst auf die Höhe seiner Reinheit gehoben, vermag es dich mit dem Planeten zu verbinden, dem sein Stoff zugehört und seine Kraft entstammt. Der Umlauf der Planeten insgesamt aber folgt dem Gesetz der Harmonie, das wir in Tönen hörbar machen durch Musik.«
»Durch jede Art Musik?«
»Nein«, sagte ich, »durch jede nicht.«
»So gäbe es in der Kunst, die Töne zu setzen, ein Reservat?«
»Ja.«
»Dies allein, mein Freund«, so sagte della Strada, »ist der Grund, weshalb der Herzog dich gerufen. Er kennt deine geheime Musik.«
»Für einen Magier«, sagte ich zu della Strada, »wird mich der Herzog doch nicht halten? Ich habe nichts zu schaffen mit dem stürmischen Lauf des Zeitpferdes, das eine blinde Gerechtigkeit durch das Universum schleppt, während der Weltbaumeister gelassen den letzten Schöpfungsplan entwirft, dem eine erschütterte Erde entgegentaumelt.«
»Mein Freund«, so sagte della Strada, »warum solltest du kraft deiner Kunst nicht erkennen, was wir anderen nur in Ahnungen spüren, die des Beweises entbehren und uns dennoch der irdischen Nichtigkeit entreißen? Sage mir, da du dies alles weißt, was ist für dich der Sinn der Musik?«
»Uns selbst und unser Schicksal innig zu vereinen mit dem Gang der Welt.«

Zweiter Akt

1. Teil

Majestät und Gewalt der Krone von Spanien herrschten über die Stadt Neapel, als ich sie betrat – ein achtzehnjähriger Musikant aus den Niederlanden, nach frühreifen Jahren der Wanderschaft im Fürstendienst zum erstenmal aufgenommen in ein Haus. »Nimm dir Zeit«, so sagte der Marchese della Terza, mein Mäzen, »achte auf das Leben und dringe ein in dein Werk.« Alsbald verwandelte Neapels Wesen mir Geist und Welt. Was Handwerk gewesen, wurde Kunst – und was als Erkenntnis begonnen, endete in Phantasie.

Es war ein Neapel jenseits der Wirklichkeit, worin ich lebte – inmitten einer Schar junger Humanisten. »Laßt uns«, so sagten sie, »die Weisheitsfreuden der Antike kosten, laßt uns die Welt in ihre Elemente spalten, um dann durch Intellekt und Kunst das ideale Altertum erneut zu komponieren.« Ich folgte dieser Illusion und diente dem Wohllaut des Augenblicks, bis ich erfuhr, was meine Freunde mir verschwiegen: daß die Musik ein Abbild des Weltgeschehens sei. »Wenn das wahr ist«, so rief ich aus, »dann bin ich ja nur ein nachtönendes Gefäß, nicht mehr!« »Und was möchtest du sein?« »Ein selbsttönender Geist.« »Dazu müßtest du die Gesetze der Musik verwandeln.« »Und wenn es mir gelänge?« »Dann hättest du die Macht, durch Töne auf das Schicksal selber einzuwirken.«

Von solcher Versuchung bedrängt, geriet ich auf den phlegräischen Feldern zum erstenmal in den Bannkreis der Cumäischen Sibylle.

Der Spiegel des Averner Sees, so hatte man mich gelehrt, sei die erste Fläche der Resonanz gewesen für die Sprüche der Sibylle. Ihr Widerhall traf auf eine Zeit, in der der kühne Ikarus vom Himmel stürzte vor den Augen seines kunstreichen Vaters, bestraft für den Übermut, in das Reich der Sonne einzudringen.

Kühl und stolz seien die Menschen damals gewesen, kaum der Erschütterung fähig. Anmaßend hielten sie an dem Glauben fest, den Göttern gleich zu sein. Da habe die Sibylle die Kraft ihrer Magie zu einem Spruch gebündelt und über die Erde geschleudert – und diese sei aufgesprungen in giftigen Atemstößen, den Sterblichen ihre Ohnmacht darzutun. Doch weil die Vernichtung nur drohte, nicht eintrat, begannen die Menschen bald von neuem, mit dem Verhängnis zu spielen.

»Welch ein Glück, daß es diese Zeit gab, ohne sie wären wir unwissend geblieben«, so sagte ein Mann, der die Lava untersuchte. »Die Götter neiden uns die Geheimnisse der Natur – man muß sie ihnen entreißen.«

»Fürchtest du dich nicht, das zu tun?«

»Nein. Denn ich bin ein Alchimist.«

»Deren«, so sagte ich, »habe ich als Kind in den Niederlanden viele gesehen. Sie trachteten alle, Gold zu gewinnen, aber keinem ist es gelungen.«

»Mein Freund«, so sagte jener, »das Gold, das wir suchen, ist nicht das tote Gold der Fürsten dieser Erde. Es ist die reinste Substanz der Welt, die gleich der Sonne das Licht nicht spiegelt, sondern in sich trägt.«

»Und wenn ihr sie nicht findet?«

»Dann liegt es an uns selbst. Neugier oder ein anderer niederer Trieb veranlassen manchen, die Umwandlung der Materie zu beginnen, bevor er selber ohne Makel ist. Wenn du eine reine Substanz gewinnen willst, dann bitte Gott um ein reines Herz, das allein der Unschuld der Natur entspricht. Erst dann wirst du den Zusammenklang erkennen, der die Schöpfung und dich selbst umfängt – und du wirst wissen: Harmonie ist nicht starres Gesetz, sondern eine Kraft, die verwandelt und läutert. Nimm den Stoff, der uns hier umgibt: Sulphur, den Schwefel. Er ist in der Natur, was in dir die Seele ist. Und sieh, wie er

verwandelt wird zum makellosen Kristall.« Im Winter des Nordens trat mir Jahre später erneut vor Augen, was ich damals geahnt: daß die Kraft, den Stoff zur Reinheit des Kristalls zu wandeln, auch in der Musik wirksam ist – in der Entfaltung des Tones zum Klang.
Es ist die Natur, von der wir das vertikale Prinzip entleihen, um aus der Stille die Töne hervorzurufen, die unserem Ohre vernehmlich werden durch den Atem der Luft. Aber die Menschenhand, die der Horizontale folgt, bedarf der Führung durch den geläuterten Geist, wenn sie den Tönen ihre Bahn verleiht durch die Zeit.
So hatte ich in Neapel schon die Alchimie der Töne ahnungsvoll vorausgenommen, als ich der Versuchung unterlag, die Sprüche der Sibyllen in Musik zu setzen. Von den Prophetinnen des Altertums und ihren heiligen Sentenzen hatte ich schon lange Kunde. Doch blieben sie mir Legende, bis jener Alchimist von den Schwefelfeldern aufbrach und mich nach Cumae führte. Vergil zitierend, sagte er, hier habe sich – am Eingang zu der Unterwelt der Alten – in kaum erhellter Vorzeit eine Seherin niedergelassen, in einer Höhle unter der Erde. Wir suchten lange. Schließlich fanden wir die Pforte. Und dann: In Tönen, die mir selber fremd erschienen, vernahm mein inneres Ohr ihre Stimme.
Verschlungen wie ein Pfad in den Gärten des Papstes war der Weg, der mich zu den Sibyllen führte. Frankreich hatte meine Sinne berührt, Mantua mein Auge erweckt. Nun umfing mich das alte Rom, worin die Zeit sich wandelt wie Musik. Und ich begriff: was in der Verwandlung zeitlos bleibt, ist Schönheit. Ihr tausendfältiger Reiz besänftigte die Begierde der Fragen, die mein Geist an das Leben stellte. Mit Schönheit umgibt sich der Papst – denn sie ist der Schleier, den Gott gebreitet hat über die wahren Geheimnisse der Welt.

2. Teil

Wie jenen zu begegnen sei, die den Gipfel der Welt innehaben, lehrte man mich früh. So beugte ich vor dem Papst in Rom mein Knie erhobenen Auges. Er beging den Jahrestag für seinen stolzesten Friedensschluß – die Versöhnung zwischen Frankreich und dem Kaiser. Sinnlos erschien für einen Augenblick das Ringen der beiden Mächtigen Europas. Von ihrem Widerstreit war ich in den Niederlanden schon betroffen worden. Der Kaiser Karl, so hatte man mir als Kind gesagt, sei unser natürlicher Herr, also sei Frankreichs König François unser natürlicher Feind. Als König und Kaiser sich versöhnten, war ich Chorknabe bei einem Feldherrn Karls. Damals sah ich den König François in Person – und ich wußte: ein Mann, der so zu sich selber steht, ist nicht besiegbar. Denn inmitten einer Politik, die ihm zum Nachteil geraten, sagte dieser König, als er uns im Schloß von Chambord beim Probieren traf: »Das Glück, ihr Freunde, wechselt wie der Mond – und man kann ihm nicht trauen: es ist weiblicher Natur. Singt, mes enfants, ich bitte euch, denn ich liebe eine Dame.«
»Mon vieux«, so sagte Frankreichs König François zu seinem Gegner im Kriege, dem Prinzen Ferrante Gonzaga, meinem Herrn, als sie zusammen das Salzfaß betrachteten, das Benvenuto Cellini für die Tafel von Chambord gefertigt, »ich bin«, so sagte der König, »ein Mensch, der von den Dingen dieser Welt, von Kriegen, Jagd und Müßiggang genau *so* viel versteht, wie einem Monarchen gestattet ist. Mein Unglück ist die Venus.«
»Der Planet?«
»Seine Göttin. Sie streut meinen Reichtum in den Wind und erwartet, daß ich dazu lache. Wenn Reue mich befällt, dann halte ich ihr vor, der Regenten Teil am Leben sei Maß und Recht. Doch sie entgegnet: Nur ein König, der ein Dichter sei, verdiene seine Krone.«

»Ihr sprecht von der Göttin?«
»Ich spreche von der Dame, die ich liebe.«
So sagte König François zu seinem Gegner im Kriege an einem Abend in Chambord. Dann zog er sich zurück in die Paläste seiner Phantasie. Ich aber, der ich die Grenze der Kindheit gerade überschritten, spürte zum erstenmal die Macht geheimer Kräfte, die uns regieren. Verzaubert schien, worauf mein Auge fiel, und Melancholie senkte sich in mein Herz.
Vier Jahre später stand ich in Rom vor den Ruhmesbildern des Papstes. »In künftigen Zeiten«, so sagte Don Arnolfo, der Bibliothekar des Kardinals Gonzaga, »soll man hier erkennen, mit welchen Herrlichkeiten dieses Pontifikat gesegnet war. Denn was ist der Ruhm, wenn er nicht Dauer hat?«
»So wäre das Ereignis, das in mein Leben so tief eingegriffen, nur eine Episode, die man vor dem Vergessen schützen muß?«
»Mein Freund«, so sagte mir Arnolfo, »Rom vergißt nicht, Rom verwandelt. In dieser Stadt ist die Geschichte ein alchimistischer Prozeß.«
»Und was ist sein Ziel?«
»Du siehst es hier – im Vatikan.«
Wir betraten die Gemächer Alexanders VI., den viele für einen Zauberer, wenige für einen Pfleger des Friedens gehalten. »Er war der Kirche kein guter Papst«, so sagte Don Arnolfo, »doch hatte Rom ihn gelehrt, daß nichts Heiliges vergeht, ohne eine Spur zu hinterlassen. So huldigte er der Weisheit der Ägypter, weil sie die Gesetze geheiligt, die in der Ordnung des Universums unserem Geiste Richtmaß sind durch ihre Transparenz und unseren Seelen Nahrung geben durch ihre Schönheit. Und sieh, wie zu dem reinen Symbol des Geistes die dumpfe Kraft des Lebens tritt, damit der Mensch erkenne, was er selber ist.«
Diese Worte bewogen mich später, dem Hermes Trismegistos nachzugehen. Ein königlicher Magier sei er gewesen aus dem

Zauber. Doch stärker noch bewegte mich die Ahnung, daß ich von diesem Orte anders gehen würde, als ich kam. Zögernd näherte ich mich dem Schloß.

Frankreich und François auf der Weltkugel – dies war noch der Stolz des alten Königs, der längst in das Reich der Erinnerung zurückgewichen war. Weder sein Lachen noch seine Sicherheit waren geblieben. Von allen seinen glänzenden Gaben hatte nur eine – die Liebe zur Musik – den späten Enkel erreicht, der jetzt als Karl IX. regierte.

»Fontainebleau«, so hatte der junge König nach Bayern geschrieben, »erwartet den Fürsten der Musik, er möge kommen!« Doch hatte sich der Herzog Albrecht dem Wunsche erst gefügt, als ich ihm die Rückkehr in die Hand versprach. Der König empfing mich im blauen Saal. »Tritt ein, Orlando, wir kennen dich längst. Es gibt an Frankreichs Hof kein Fest ohne deine Musik.«

»Höre nun, Orlando«, so sagte der König am Abend, »du siehest dieses Haus angefüllt mit Zeichen, die nur dem Toren Zierat sind. Der Wissende erblickt darin die Boten aus dem Reiche der Magie, dem auch du angehörest. Vernimm also: der Krone Frankreichs droht Gewalt, und irdische Mittel reichen nicht mehr aus, sie abzuwenden. Bewege du das Schicksal – laß die Sibyllen sprechen!«

»Ihr kennt mein Geheimnis?«

»Tu, was ich befehle.«

Da beugte ich mich und brach meinen Schwur.

Voller Zweifel kehrte ich zurück nach Bayern. Wenn die Musik der Sibyllen so mächtig war, wie ich glaubte, nach welcher Seite würde sich das Schicksal unter ihrem Einfluß wenden, da doch nicht das Vertrauen, sondern des Königs Angst sie zum Tönen gebracht? Nur wenn ich in der Magie der Töne mich selbst getäuscht, traf mich keine Schuld.

Den folgenden Herbst verbrachte ich im Tal der Amper, wo ich durch des Herzogs Güte ein wenig Land besaß. Da kam aus geschaffenen Welt. Heute taumeln wir zwischen Orient und Okzident, zwischen Geheimnis und Spiel, zwischen Gesetz und Phantasie. Diese Gegensätze waren vormals eins – und sie werden wieder eins sein, wenn die Sprüche der Sibyllen in Erfüllung gehen.«

»Wer sind die Sybillen?«

»Seherinnen, die in der Nacht den Tag erblickten, im Tode das Leben und im Widerstreit der Welt den Frieden.«

Von Stunde an versuchte ich, durch den Sibyllen-Codex den Sprüchen der Sibyllen neue Macht zu geben. Als das Werk vollendet war, befiel mich Furcht. Vieldeutig wie die Fracht der Worte waren die Stimmen, die ich aus dem Kosmos der Musik gewählt. Keiner meiner Akkorde verriet, in welchen anderen er münden würde. Ein jeder glich dem Scheitelpunkt, von dem aus die Waage des Geschickes sich dem Glücke zuneigt oder dem Verhängnis. Die Verwandlung, die ich mit den Tönen vorgenommen, hatte mich selbst ergriffen. Ich glaubte mich im Besitze einer musikalischen Kraft, die das Weltgeschehen verändern könnte. Und ich mußte diese Kraft vor der Klangbegier des Tages schützen. So schwor ich, die Prophetiae Sibyllarum niemals aufzuführen.

3. Teil

Dreiundzwanzig Jahre später brach ich meinen Schwur. Die Himmelskörper, denen meine Lebensbahn zugehört, hatten bewirkt, daß ich Italien verließ. Über die Niederlande war ich nach Bayern gelangt und hatte dort die Freundschaft des Herzogs Albrecht gewonnen. Auf seinen Wunsch reiste ich im reifen Alter nach Frankreich. Die Handschrift der Sibyllen-Musik, von der ich mich nie getrennt, begleitete mich nach Fontainebleau. Seit den Tagen des Königs François war ich nicht mehr in Frankreich gewesen. Wieder umfing mich sein

Quellbereich des Nil – so erzählten mir die Humanisten. Die Erkenntnisse der Vorzeit habe er niedergelegt in heiligen Büchern, um sie – als Ost und West sich teilten – zwei Männern zu vererben, einem Weisen aus dem Orient und einem Philosophen des Okzidents. Jedem gab er die Hälfte – zusammen aber erhielten sie nur den einen Spruch: »Werde so, daß die Dunkelheit dich flieht.«
Auf welchem Wege der Orient diesem Spruche folgte, erfuhr ich im arabischen Teil der Stadt Palermo. Die Dunkelheit zurückzuschlagen vermag nur ein klarer Geist. Das Reich der Klarheit aber ist die Zahl. Seit ich gesehen, was entsteht, wenn Zahlen ohne Makel ineinandergreifen, weiß ich: Nur die Torheit gibt dem Zufall Raum, nicht die Erkenntnis. Und nur der Verstand haftet am Bilde, nicht der Geist.
Wenn aber ideale Formen allein dem Geiste zugehören – was befähigt uns, sie hervorzubringen? Der Orient, so vernahm ich in Palermo, sieht darin die Spur Gottes. Die bildlose Form ist das Gefäß für die Reinheit der Zahl, in der Gottes Geist Klarheit und Geheimnis vereint. Uns aber muß es nicht bekümmern, wenn unser Staub der Erde beigemengt wird, die der Töpfer zum Kruge brennt.
Mit solchen Gedanken kehrte ich aus der Welt des Orients zurück in den Westen, dem Hermes Trismegistos den gleichen Spruch gegeben: »Werde so, daß die Dunkelheit dich flieht.« Gefeit gegen Dunkelheit, so erkannte ich, ist in unserem Wesen nur die Phantasie. Was wir in uns selbst erschaffen, hat seine eigene Freiheit. Die Materie verliert ihr Gewicht, die Zeit ihre Last, im Gleichnis sehen wir uns verführt zu der Unschuld des Spieles. Im Spiele erfahren wir den reinen Kern unserer Natur. Spielend werden wir gewahr, daß nicht Chaos in uns ist, sondern Schönheit. In der Schönheit aber ist Gottes Spur.
»Erkenne nun«, so sagte Don Arnolfo im Borgia-Appartement des Vatikans, »daß es einst ein Wissen gab von der Einheit der

VI. Sibylla Cumana

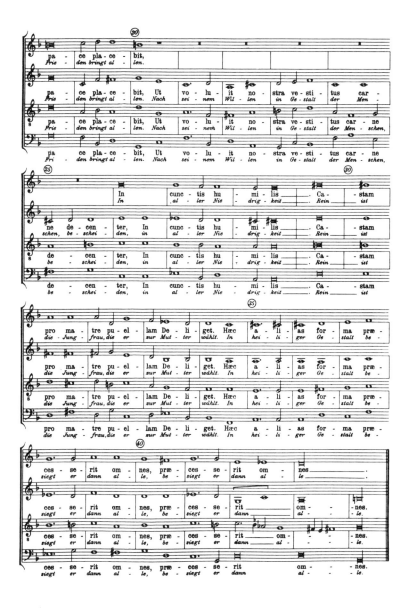

Orlando di Lasso: ›Sibylla Cumana‹ – aus ›Prophetiae Sibyllarum‹

Frankreich die Nachricht, die Krone Karls IX. sei gerettet worden: durch die Ermordung von zweitausend adeligen Hugenotten in einer einzigen Nacht. Stundenlang wanderte ich verzweifelt durch das Tal. War ich es gewesen, der an jenem Abend in Fontainebleau durch die Magie der sibyllinischen Töne die furchtbare Tat der Verwirklichung näher rückte? Hatte die Beschwörung, die der König befohlen, in seiner Seele ein solches Echo gelöst? Ich hatte keinen Beweis. Doch fühlte ich eine geheime Schuld. Denn selbst wenn die Welt der Magie und ihr musikalischer Kern ein Gaukelspiel des Aberglaubens waren – der König hatte daran geglaubt, und ich hatte ihn bestärkt. Mein Wahlspruch war zur Lüge geworden durch meine Taten. So blieb mir nur ein Weg: ich mußte mich von der verhängnisvollen Handschrift trennen. In vier prunkvolle Stimmbücher eingeschrieben, übergab ich die Komposition dem einzigen Menschen, dem ich mich anvertrauen konnte: dem Herzog Albrecht, meinem Herrn. Ihm sagte ich, wie es um mich stand.

»Orlando, mein Freund«, so sagte der Herzog zu mir, während wir den Kodex in die Schatzkammer legten, »diese Musik lebt jenseits der Töne. Wir wollen ihr die Ruhe des Schweigens geben, deren sie bedarf. Sie ist vom gleichen Stoff wie die Welt, die zwischen Sein und Nichtsein existiert. Du hast geirrt, weil du dich mächtiger dünktest, als du bist. So irren wir alle. Denn wir vermeinen, wir könnten die Dinge der Kunst, indem wir sie besitzen, auch beherrschen. Gott aber verleiht ihnen ein eigenes Leben. Und davon wissen wir nichts.«

4. Teil

Immer, wenn ich nach Italien zog, war meine freundlichste Rast das Schloß Ambras in Tirol. Hier residierte der Erzherzog Ferdinand, Familienhaupt des Hauses Habsburg, zusammen mit der schönen Philippine Welser, die heimlich seine Gattin war. Aus Liebe zu ihr war dieses Haus gebaut, und Freude ging von ihm aus.

Skurril, bizarr, auf Seltsamkeit versessen, von allem fasziniert, was der Natur gebricht, löste der Herr dieses Hauses der Phantasie jede Fessel. Der Vernunft zu widersprechen, das Maß durch Üppigkeit zu töten, aus der Ordnung den Keim zum Chaos zu schälen, war hier zum Gesetz der Schönheit erhoben. Dieser Mann liebte den Tod, den er in allem Leben gleich einem Künstler am Werke sah. Aber er fürchtete ihn nicht. »Wenn dich dein Leben freuen soll, Orlando, dann spiele mit ihm«, so sagte der Erzherzog Ferdinand auf meinen Gruß. »Nimm deine Kunst, die Natur, dich selbst, zerlege alles, setze es neu zusammen: sodann beschleunige die Zeit zu einer Bewegung, die sie nicht kennt – und du wirst eine Welt erschaffen, die dir sagt: du bist frei.«

»Hoheit, Ihr könnt das wohl. Ihr seid ein Herr, ich bin ein Diener. Was hat das zu sagen vor der Phantasie?«

»Auch du, Orlando, kannst einen Fisch an die Decke deines Zimmers hängen. Dann nimm einen buckligen Rundschild, überziehe ihn mit Spiegelglas, drehe ihn um seine Achse – und sieh, was entsteht.«

»Ein Bild, gleich der Musik des Meeres.«

»Nein, Leben. Wir können Leben schaffen – wir wissen es nur nicht.«

»Auch die Musik ist Leben, Hoheit.«

»Orlando, alles, was ich sage, hat deine Musik mich gelehrt. Du mußt dich nicht verwundern, Orlando«, so sagte der Erzherzog Ferdinand, »es ist keine Lästerung, unseren Herrn auf den Korallenbaum zu spannen. Er hat auch die Natur erlöst. Und sie dankt es ihm besser als wir.«

»Die Natur ist nicht frei, Hoheit.«

»Wer sagt dir das? Sieh die Göttin Venus, die durch Schönheit alles bewegt. Folgt sie einem Gesetz? Sie kommt aus der Natur,

sie ist ein Teil von uns, warum sollte sie nicht auch dem Himmel angehören? Unsere Sinne sind stumpf – wir sehen nur den Gegensatz: hell oder dunkel, Diesseits oder Jenseits, Glaube oder Natur. Ein paar Glasstücke und eine geschickte Hand genügen, um dies alles zu einem Bild zu fügen, das dein Auge in einem Blick erkennt.«
»In einem Blick, Herr, kann ich nichts sehen. Das Auge muß sich bewegen, wie eine Melodie. Beiden gilt die gleiche Zeit. Erst wenn sie zu Ende ist, erfasse ich die ganze Gestalt.«
»Dann wären Vergangenheit und Zukunft in der Musik eins – wie bei den Sibyllen?«
Ich schwieg.
»Orlando«, so sagte nun der Erzherzog, »wenn aus den Dingen der Natur ein Antlitz auftaucht, das du nie gesehen, was fühlst du dann?«
»Die gleiche Angst, Herr«, sagte ich, »die mich befällt, wenn aus den Tönen der Musik ein Klang sich bildet, den ich nie gehört.«
»Du kannst die Schöpfung nicht hindern, sich ohne dein Zutun fortzusetzen in der Kunst.«
»Nein, Herr. Aber ich hindere meine Seele, im Feuer der Magie zu verbrennen.«
»Wenn du nicht brennst, Orlando, wird deine Kunst erstarren in der Kälte der Vernunft. Ich kann dich nicht schonen, denn du weißt es längst. Kehre zurück, mein Freund, zu dem großen Werk der tönenden Alchimie, worin die Musik aus der Hülle des Schweigens niederfließt in die Gassen des Lebens, sich mit dem Geiste des Menschen vereint zur Musik der Welt, in unseren Instrumenten verwandelt wird zur Musik der Zeit. Geläutert steigt sie wieder auf in die Sphäre des Schweigens – und zur Wahrheit der Sibylle.«
So kehrte ich zurück zu den alchimistischen Stätten der Natur, an denen ich die Stimme der Sibylle zuerst vernommen. Und ich begriff: mein Werk, dem ich im Leben kein zweites gleicher

Art hinzugefügt, war eine Botschaft an mich selbst. In das Innere der Musik zu dringen, blieb mir verwehrt, solange ich suchte, mit Tönen Macht zu üben in der Zeit. Ein selbsttönender Geist zu sein, war mein Ziel gewesen. Jetzt erst war ich verwandelt zum nachtönenden Gefäß, worin die Gegensätze sich vereinten zur Musik des Lebens und der Kreislauf der Schöpfung sich läuterte zur Harmonie der Welt. Die Musik der Ewigkeit aber vernahm ich, als die Sibylle, deren Botschaft mich so lange begleitet, endlich schwieg.

Dritter Akt

1. Teil

Des Alters schwerste Last sind seine Fragen. Weißt du, wer du bist? Warum wolltest du anders scheinen? Verbargst du dich in deiner Musik nur vor der Welt oder auch vor dir selbst? Dein Angesicht zeigt Disziplin und Glätte. Erkennst du darin noch eine Spur deines Wesens? Mein Werk hat es ausgelöscht. Mich selbst zu finden, vermag ich nur in längst vergangenen Jahren.
»Ihr ehrbegierigen Bürger der Stadt Mons«, so sprach in meiner Heimatstadt der Mönch, der meiner Kindheit letzte Predigt hielt, »ihr Tugendvettern allesamt, die ihr euch Ruhmespfähle schnitzt für die Webstühle eures Stolzes und wie zu Heiligem aufblickt zu den Kranen eurer Habsucht – was pflanzt ihr euren Kindern anderes in den Geist als Hoffart und Geiz? Euer täglich Brot ist weiß wie euer Gewissen, ihr mahlt es in Mühlen, die harmlos gehen wie das Werk eurer Tage. Aber im Innern dreht die Mühlsteine der Haß. Eure Augen schweifen über ein gesittetes Land. Aber eure Hände haben schon die Werkzeuge bereitgestellt zu seiner Schändung. Ordnung habt ihr geschaffen zwischen Erde und Wasser. Aber

in euren Seelen züchtet ihr die Geschöpfe der Lüge. Den Vorgeschmack des Paradieses habt ihr euren Gärten verliehen. Glaubt ihr, das sei genug, um die Gnade herabzuziehen auf euer Herz, das ihr böse gewollt habt von Jugend auf? Sonnt euch nicht heute an einer Wärme, aus der morgen die Flammen des Gerichtes hervorbrechen werden, um euch gänzlich zu vernichten. Denn was von euch bliebe am Leben, wenn Hochmut und Wollust verglühen?«

Leere Worte, so sagten die Leute. Ich aber behielt bei mir, was der Mönch gesprochen, und begann, an der Welt meiner Kindheit zu leiden.

Was Eltern und Ahnen uns vorgelebt – war es wirklich Hingabe an Gott? Oder blickten diese Augen, wenn sie beteten, insgeheim auf die Walstatt all der Sünden, die zu begehen sie nicht der Glaube hinderte, sondern die Angst?

Ich verstand den Frieden nicht mehr, der unsere Häuser erhellte, und ich fühlte, wie das Vertrauen erlosch, das mich hatte glauben lassen, der Himmel begänne mit ihrem Gebälk. Man hatte mich gelehrt, es gäbe eine mächtige Welt des Guten, die unserer Schwäche beispringe. Nun sah ich plötzlich die Allmacht Gottes erschüttert durch einen vollmächtigen Feind – und der Mönch klagte mich an, auf dessen Seite zu stehen.

Auch die Musik, bis zur Stunde allein der Abglanz der Reinheit, geriet in den Sog des Kampfes, der auf der Tenne meiner Seele tobte zwischen den Thronen des Himmels und der Hölle. Gebot das Reich der Sünde über Töne, in ihrer Mißbildung zerstörend genug, die Harmonie der erlösten Welt außer Kraft zu setzen? Bricht aus der geschaffenen Natur in der Marter ihrer Verkehrung nicht ein Schrei hervor, dessen Widerhall die Übernatur trifft? Singen wir das Lob des Schöpfers zu einer Begleitung, die jenseits unseres Gehörs eine Schmähung daraus macht?

Gab das Saitenspiel noch den gleichen Ton, von dem der Musikmeister sagte, er steige in liebender Vereinigung empor

zu den Chören des Lichtes, da er doch ebenso niedergleiten konnte zum Inzest mit den Bänkelgesängen des Grauens? Die Harmonien des Universums bleiben nicht ohne Trübung, wenn der Mensch an seiner Seele Schaden leidet. Trauer ist der Engel Teil. Denn in ihre Instrumente mündet die Klage, die unseren Herzen entströmt, wenn sie ihrer Ohnmacht inne werden und die Finsternis naht. In den Jahren zu Mons dachte ich mir den Himmel erfüllt von vollkommener Musik. In jener Predigt habe ich gehört, wie er verstummt. Die Worte des Mönchs hatten mich aus meiner Kindheit vertrieben – ich fühlte mich bestraft für eine Sünde, die ich nie begangen. Von da an quälte mich die Neugier wie ein Trieb. Sollte der Sonntagskirchgang unserer Eltern nur verbergen, daß sie das Laster in die Wohnstätten ihres Alltags aufgenommen? Nur drei Tage im Jahr, am Ende der Narrenzeit, war es erlaubt, die Fesseln der Sitte fallenzulassen – so gaben die frommen Bürger vor. Aber stellten sie nicht im Karneval nur offen zur Schau, was sie das Jahr über insgeheim trieben? Zum erstenmal sah ich die Fastnacht nicht mehr mit den Augen eines Kindes.
So erlag ich in frühen Jahren der Torheit, die uns die Welt verachten läßt, in der wir leben. Inmitten einer Ordnung, die nur nach außen fest erschien, hielt ich für lebenswert allein, was mir verboten war. Als Zwang empfand ich fürderhin, im Chor von St. Waudru zu singen, zum Wohlgefallen geistlicher Damen, in deren Reich die Zeit sich nicht bewegte. Noch klang meine Knabenstimme makellos. Ich erntete Lob, obwohl ich kaum noch glaubte, was ich sang.
In dieses Haus entrückter Heiligkeit brach noch im selben Jahr die Macht der Waffen ein – in der Gestalt des kaiserlichen Feldherrn Ferrante Gonzaga. Zum Schrecken der Stiftsdamen gefiel ihm meine Stimme.
»Ich bedarf«, so sagte er, »dieses Knaben für meine Kapelle.«
»Ihr seid, mein Prinz«, so sagte darauf die Äbtissin, »durch

Eure Schlachten längst daran gewöhnt, daß Menschen ihr Geschick dem Wort aus Eurem Munde opfern.«

»Ich lebe nicht vom Krieg allein, Madame.«

»Aber in seiner Nähe. Niemand schmälert Euch den Wunsch, Eure Siege mit den Illusionen des Friedens zu verbrämen. Bedenkt jedoch die Wirkung solcher Dinge auf ein Gemüt, das zart genug ist, vor Euren unberannten Festungen schon in Furcht zu fallen.«

»Ich kann«, so sagte Don Ferrante, »dem Kaiser keine Schlacht gewinnen, wenn man mir die Musik nicht läßt. Denn sie allein beweist, daß die Gewalt der Waffen, die ich übe, durch Höheres besiegbar ist.«

»Bedürfet Ihr des Trostes einer Knabenstimme, wenn Eure Truppen zum Sturme gehen?«

»Nicht, solange er währt. Wenn er vorüber ist, ja.«

»Das ist nicht Grund genug, mein Prinz. Ich gebe Euch den Knaben nicht.«

»Dann, Madame, werden wir ihn selber fragen.«

»Nein, Hoheit«, sagte ich, »Ihr müßt nicht fragen. Ich möchte mit Euch kommen.«

»Und weshalb?«

»Die Welt muß besser sein, als ich es weiß.«

»Dann also geh, mein Kind«, so sagte die Äbtissin voller Trauer, »und mögest du die Heimat nie vermissen, die du jetzt verlierst.«

2. Teil

Überwach und hellsichtig wurde ich im Lichte Siziliens, wo wir zwei Jahre später landeten. Das klassische Altertum säumte meinen Weg – und wohlgemeinter Weisung folgend, versuchte ich, den Geist darauf zu richten. Aber die Ernte blieb kärglich. Denn im Hause meines Herrn, der nun des Kaisers

Macht als Vizekönig übte, widerfuhr mir ein ernstes Mißgeschick. Don Ferrante Gonzaga hatte mich in seiner Kapelle zum ersten Knabensänger gemacht. Stolz ließ er mich vor seinen Gästen singen – und dabei, unversehens, versagte meine Stimme. Bangend erwartete ich meines Herrn Spruch.
»Da du nicht mehr singen kannst, so mußt du nun erkennen, was Musik ist. Sei Page ohne Pflicht und lerne komponieren.«
In der Palastkapelle saß ich viele Stunden, blind für die Herrlichkeit, die von den Wänden strahlte. Mein kleiner Ruhm war ausgelöscht. Nie mehr würde mein Herr mir sagen: »Mein Sohn, das singt dir keiner nach.« Vor mir lagen glanzlose Jahre.
»Das glaubst du nur«, so sagte der Maestro, der mich fand. »Schwer wird es wohl, doch heilsam für dich sein, des Beifalls zu entraten und die Kunst zu suchen. Du bist dem Ruhme sehr verhaftet, mein junger Freund, und zum Unglück kennst du ihn schon. Bedenke aber, daß uns Gott geschaffen mit so reichen Gaben, als die Musik und alle Künste sind, damit wir über uns hinausgelangen.«
»Was soll ich tun, Maestro?«
»Dienen. Vergiß nicht, daß die Musik dich zu einem Ritter macht, der Glauben erweckt, Hoffnung bestärkt und Liebe wie ein Geschenk verstreut. Du mußt nicht danach fragen, wer dich hört. Gott allein richtet, die Menschen urteilen nur. Sei also vor Gott ein Künstler, der sich beugt, und vor der Welt ein Mann, der ohne Furcht ist und zu lieben weiß. Das ist genug.«
»Ich möchte ein Ritter sein«, sagte ich.
»Dann wähle deine Dame und diene ihr.«
Ein Quell brach auf. Über alle Träume hinaus, die ich gehegt, erschuf ich in mir nun ein Bildnis, das ich liebte. Nur mit der Seele konnte ich es berühren – und doch war es begehrenswert über alles Maß. Solche Abwehr verlangte nicht Verzicht, sondern Hingabe jenseits der Versuchung. Etwas Heiliges war

an der Ungenannten – und ein Geheimnis. Es gab sie nicht, doch lebte sie in meiner Phantasie – und ich war ihr Ritter.
Es gab sie doch. Einen Augenblick stand mein Herz still. Unmerklich war aus der himmlischen die irdische Liebe hervorgegangen. Aber was jene aus Keuschheit verbot, machte diese durch Unschuld zur Qual. Auch sie war ein Geheimnis, aber sie lebte in Wirklichkeit und ließ nicht zu, daß ich ihr diente. Die Traditionen des Landes öffneten der Welt gerade nur soviel an Raum und Licht, als es zur Ahnung künftiger Wirklichkeit bedurfte. Ich aber war zu reif schon für den irdischen Teil der Liebe, als daß ich mich beschieden hätte, in ihr das Kind zu sehen, das sie war. So nahm ich ihre Scheu nur als Verachtung, und während sie sich meinem Blick verbarg, erfand ich kühne Abenteuer, sie dennoch zu gewinnen.
Meiner Erregung Herr zu werden, suchte ich Zuflucht in Palermos Gärten. Zum erstenmal wünschte ich, wieder in meiner Heimat zu sein. Dort gab es Himmel und Hölle und dazwischen ein Menschengeschlecht, das noch in seiner Schwäche fröhlich war. Dort hätte niemand von mir verlangt, ein Ritter zu sein, der zurückgewiesen wurde, sobald er das Reich der Phantasie verließ. Es war doch auch nicht Phantasie gewesen, was sich in Frankreich zugetragen, als Don Ferrante Gonzaga uns an die Liebeshöfe der Loire verschleppte, worin das Zeremoniell des Tages nur ein Versteckspiel war für die Versprechungen der Nacht.
»Du mußt zu seufzen lernen«, so hatte mir damals ein junger Lautenist gesagt, »es steigert die Empfindung. Der Schmerzensschrei des Nicht-Erhörten weckt der Dame Wunsch, dem nächsten Kavalier freiwillig darzubieten, was dieser nicht erreicht – in ihrer Freundin aber das Verlangen, dem ersten zu gewähren, was jene ihm versagt. Am nächsten Morgen geht man dann gemeinsam fromm zur Kirche.«
»Dann reiten also eure Herren zur Jagd, damit die Damen Zeit gewinnen, die Karten neu zu mischen?«

»Auch du kannst eine Karte sein.«
»Das glaubst du?«
»Sei kein Tor. Denn Dummheit gilt als Sünde unter Frankreichs Himmel.«
Der Morgen dämmerte schon, die letzten Gäste des Hofes hatten sich zurückgezogen, als der junge Lautenist sein Instrument beiseite legte.
»Du warst ein Tor«, so sagte er und führte mich durch Hallen und Gewölbe, »nun mußt du warten, bis unsere Damen sich erheben. Dann tritt ein.«
»Ach, mein Kleiner«, so hatte die Dame gesagt, »wie schade, daß dem König gehört, was du siehst – nicht dir.« Die Zofen lachten über meine Jugend. Ich aber wendete den Blick und wußte: jetzt beginnt das Leben. Wohin sollte ich fliehen, um ohne Zeugen zu sein im Augenblick, da ich erkannte, daß meine Knabenträume erblaßten vor Evas Schönheit? Beklommen fühlte ich, wie die Verführung dieses Körpers auch die Natur ergriff und ihre Sinnlichkeit enthüllte – so daß sie mir belebt erschien von Reizen, die ich nie gesehen.
Was war geschehen? Nichts. Was hatte sich ereignet? Alles. Ich war derselbe wie bisher. Aber ich fühlte anders als zuvor. So kam ich nach Sizilien, schuf mir ein Ideal, erlebte seine Wirklichkeit und fand mich ausgeschlossen von der Liebe. Da nahm ich die Musik zu Hilfe. Mit Tönen scherzend wollte ich verführen. Ich kam nicht zum Ziel. Aber ich hatte angefangen zu komponieren. Und mein Begehren löste sich in Melodie.

3. Teil

Jetzt begann der Torheit große Zeit. In Sizilien zurückgelassen hatte ich meinen Kummer, um Schönheit zu seufzen hatte ich gelernt – und damit füllte ich nun die Gärten von Ferrara. Ahi – ahimè – so brach sich's in den Höfen, wo Don Ferrante

Staatsgespräche führte. Im Müßiggang des Tages schärfte sich mein Ohr. Ich vernahm Geflüster, hörte Seide rauschen, sah Augen glühen, schlürfte Zärtlichkeit, kurzum, ich atmete den Duft der weitberühmten Frauen von Ferrara – und blieb allein. Verwirrt von tausendfacher Lockung träumte ich mich in die Gemächer ein, die mir verschlossen waren – bis Don Ferrante, lächelnd über solchen Zustand, mich schließlich einer Dame anvertraute, die, in Ferrara hochgeschätzt, ein Haus von Luxus und Geschmack bewohnte und Freunde abends frei empfing.

»Orlando«, sagte sie, »du mußt erkennen, dies Haus ist ein Olymp – und meine Freunde sind darin die Götter.«

»Und was seid Ihr?«

»Das weißt du nicht? Ich – bin Venus. Ich habe einen Traum. Ich träume, die Welt sei wieder Paradies geworden, doch ohne Sündenfall, von freien Neigungen regiert und von Musik beseelt. Der leichte Wind des Westens haucht darüber hin – und er entrollt ein Spiel der Freude, worin im Glanze der Natur die Menschen einander zeigen, wie schön sie sind. Gibst du mir die Musik zu meinem Traum?« Die Erregung meines Erlebens ging ein in das Lied »O cuore manza mia«.

Am selben Tage wechselte ich meinen Namen. Nicht mehr Roland, wie ich getauft, Orlando wollte ich nun heißen, denn sie zuerst hatte mich so genannt. Fortan sollte Arkadiens Äther erfüllt sein von meiner Musik. Des Bacchus Tanzschritt wünschte ich meinem Schlagwerk, der Eos Rosenfinger meinem Saitenspiel, Grazie und Heiterkeit sollte ich verstreuen, wie es der Traum der Venus mich gelehrt – auch wenn er nun verblaßte vor der Phantasie, mit der die Nymphen Mantuas mich umfingen.

Und da, in Mantua, inmitten der bukolischen Bankette, erkannte ich: die Ängste meiner Kindheit waren ausgelöscht, versunken auch die Drangsal meiner Jugend.

Freude, Anmut, Schönheit war das Leben:

Roland ist tot – es lebe Orlando!
Und er lebte. Er zirpte Melodien, tändelte Akkorde, war zärtlich, träumerisch, ließ sich verführen, entschlüpfte spielend, zeigte falsche Reue und blickte auf die Welt, als sei sie ein beschützter Garten, worin zu scherzen leicht, zu trauern ungehörig, da doch das Glück es wollte, daß man *in* ihm lebte und nicht draußen. Nur einmal noch in meinem Leben verfiel ich in die gleiche Torheit – Jahre später, im Mantua des Nordens, in Landshut, des Landes Niederbayern herzoglicher Residenz.
Als ich dorthin kam, trennte mich von jenen Tagen, da ich in Mantua der Illusion Arkadiens leichtherzig gefrönt, fast ein Jahrzehnt – Neapel, Rom, Antwerpen, schließlich München, von wo aus mich der Herzog Albrecht hierher gesandt, an seines Sohnes Wilhelm kleinen Hof, um ihm den Winter zu erhellen mit Musik. So stand ich nun im Licht des Frostes vor den Mauern, die ich dereinst in Mantua durchsonnt gesehen. Und ich vernahm den lang vergessenen Ruf Italiens: Komm zurück – im Süden liegt des Lebens bester Teil. Doch daran war nicht mehr zu denken.
»Mein sehr willkommener Herr, Ihr findet hier inmitten der rauhen Barbarei von Witterung und Sitten eine Insel nach des Horatius Geschmack: beatus ille qui procul negotiis – nicht nur von Geschäften, auch von der Sonne sind wir fern...« Ich hörte dem Haushofmeister kaum zu. Denn immer noch weilte mein Geist in Mantua, tönte es in meinem Ohr: ritorna, Orlando – komm zurück.
»... und Euch zu sehen, wird«, so sagte jener, »des Prinzen Wilhelm Hoheit sehr erfreuen, da Ihr die Gabe mitbringt, Harmonie zu spenden, wie sie dem Lande leider fremd, nicht aber diesem Schlosse, worin dem Altertume nachzustreben man unablässig sich bemüht...«
»Orlando, höre nicht auf ihn und sei gegrüßt«, so sagte der Prinz Wilhelm, meinen Arm erfassend, »in einem hat er recht:

Wir leben in der Tat hier etwas abgesondert, doch liegt das wohl an meines Vaters Meinung, daß Mode, Gaukelspiel, gelegentliche Weiblichkeit für seinen Sohn genügten. Zum Unglück bin ich so beschaffen, daß mir nichts genügt.«
Italien, Mantua, Arkadien, dachte ich. Auch dieser Prinz weiß nicht, was er versäumt. Ihn schlägt ein Ehrgeiz, den der Süden meidet.
»Sieh doch nur«, so sagte der Prinz Wilhelm weiter, »wie sich das biedere München von hier aus präsentiert. Wo ist die Phantasie in dieser Stadt des Schlafes, wo der weltoffene Sinn, den zu besitzen sich doch alle rühmen, wo die Liebe? Und dieser ganze Mangel schreckt den Herzog nicht – ihn, der des Bürgers Wunsch nach dumpfer Wärme teilt, der sich nicht lösen kann von der Materie Pomp, auch wenn die Klassik die Fassaden liefert, der nie des Gedankens Last durch Eleganz gemildert, der endlich wohl erkennt, wie sehr sein schweres Blut dem seines Landes gleicht, und dennoch will, daß beide, Bayern und sein Herr, dem Ideal Arkadiens näher rücken – obwohl sie nur, was Kraft besitzt, für Schönheit halten und Reize nur begreifen, wenn sie üppig sind.«
Der arme Prinz. Es fehlte ihm an Humor. Und in München war es so einfach, zu lachen.
»Das Unglück will«, so sagte, als ich aus Landshut wiederkam, der Herzog Albrecht, »daß ich, obwohl er mich mißbilligt, meinen Sohn verstehe. Denn unsere Ideale sind ohne Liebe. Wir haben unsere Macht in eine Form gebracht, die wir vor Gott und Menschen würdig hielten. Den Helden Griechenlands und Roms errichteten wir Tempel, weil ihre Welt uns Tugend bot und Ruhm versprach. Die Liebe, eingezäunt mehr durch Moral als Glauben, durfte nur himmlisch sein. Denn wenn sie irdisch war, gehörte sie ins Reich der Sünde – oder sie war antik. Was wundern wir uns also?«
»Zuweilen träume ich davon«, so fuhr der Herzog fort, »es gäbe in dem goldenen Gang der Jahre einen Punkt, da wir die

Keuschheit und die Lust der Sinne so tief vor uns vereinigt sehen, wie sie es einstmals waren, bevor die Zeit begann. Dann taumelten wir nicht mehr zwischen Ideal und Leben und fragten nicht mehr, warum Glück vergeht. Ein schöner Traum, nicht wahr, den wir uns schuldig bleiben.«
»Nein«, sagte ich, »die Kunst erfüllt ihn Euch.«
»Mir wohl nicht mehr, doch hoffe ich, meinem Sohn. Und du, mein Freund, wirst ihm die Welt zu einem wohlbeschützten Garten machen, worin die Freude herrscht und die Musik.«

4. Teil

Im Jahr darauf erfüllte sich des Herzogs langgehegter Wunsch, den Sohn, der seine Herrschaft erben sollte, wohlvermählt zu sehen. Europas Höfe nannten das Ereignis die Hochzeit des Jahrhunderts. Daraufhin hüllte sich die Residenzstadt München in einen Glanz, wie sie ihn nie zuvor gekannt. Da die Musik der Liebe Nahrung ist, galt es, dem Brautpaar volles Maß zu geben, denn beide hatten einander kaum gesehen. Ich probte viele Stunden. Doch selten war das Üben eine solche Qual gewesen. Niemand merkte auf. Selbst beim Stimmen der Instrumente schwatzten sie von der Braut. »Immerhin ist sie eine Prinzessin von Lothringen«, so sagte ich, »wollet das respektieren.«
»O nein«, so sagten sie, »für uns ist sie einfach Renata.« Bald war sie es für uns alle.
In Förmlichkeit verrannen die Stunden der Verlobung, und hier erschien Renata, ganz Zeremoniell, und strafte alles Lügen, was man über sie erzählt. »Gestern«, so flüsterte es während der Predigt in mein Ohr, »hat sie sich unters Volk gemischt, um die Beliebtheit ihres Bräutigams zu prüfen.«
»Sie soll«, so wisperte die Damenseite, »allein aus vollem Halse lachen und durch die Gänge tanzen.« Die Herrenseite hatte

Zeugen, daß sie den Herzog Albrecht, sobald sie ihn zuerst gesehen, auf den Mund geküßt.
Sie habe, so sagte sie ohne Verlegenheit, dabei an ihren Vater denken müssen, der seinerseits der Grund sei, warum sie eine Schwäche hege für große Männer, die der Jugend Charme bewahrt. Man werde ihr verzeihen, hoffe sie.
»Und der Herzog?«
»Hat nur darum gebeten, Renatas Scherze milder darzustellen, wenn ihre Schwiegermutter danach fragt.«
»Und der Prinz Wilhelm?«
»Der hat seinem Vater sagen lassen, es sei ihm rätselhaft, wie ein so zartes Wesen, ein solcher Ausbund von Demut und Gehorsam, mit einem Wort die Sanftmut in Person, ihm dennoch nicht ganz heimlich sei.«
»Er fürchtet sich vor ihr?«
»Welchem Mann gelingt es schon, sich bei der Hochzeit nicht zu fürchten?«
»Er ist in sie verliebt?«
»Über die Maßen.«
»Und sie?«
»Sie liebt in ihm den großen Mann, den sie aus ihm zu machen wünscht.«
»Und damit hat sie schon begonnen?«
»Bei der Verlobung sagte der Sohn dem Vater, er werde ihm ewig dankbar sein, Renatas wegen.«
»So hat man sich versöhnt?«
»Ja. Es ist Renatas erstes Werk.«
Von da an war das Fest das meine. Ich eilte, mein großes Madrigal zu beginnen – für Renata.
»Nach der Turniere Prunk und Drohung«, so sagte nun Prinz Wilhelm zu Renata, »verlangt es mich zurückzukehren nach Landshuts klassischer Residenz. Hier will ich lernen, was ich nie geübt: die schwere Kunst, geliebt zu werden – da ich die leichte Kunst, zu lieben, schon besitze.«

»Mein lieber Herr«, so sagte da Renata, »ich folge Euch mit Freuden auf die Insel, die dem Geschmacke des Horaz entspricht.«
Ich aber wäre gerne in München geblieben. Denn ich spürte den Zauber, der von Renata ausging. Sie konnte nichts ahnen, dennoch schien es mir, als fände sie Freude daran, dem leisen Spiele meines Herzens zuzusehen. Dringend lud sie mich ein, hierher zu kommen.
»Ich brauche«, sagte sie, »einen Bundesgenossen für meinen Plan. Du weißt, Orlando«, fuhr sie fort, »daß unseres Prinzen Wilhelm liebenswerter Sinn zuweilen umschattet wird von Melancholie. Wir kommen aus dem schweren Ernst des Nordens nicht heraus, wenn wir nicht die Komödie spielen, die wir selber leben könnten. Orlando – ich habe eine Leidenschaft für das Theater!«
»Und der Prinz Wilhelm?«
»Der muß den Pantalone spielen.«
»Dann spiele ich den Zanni?«
»Ja! Du liegst im Keller und bist betrunken.«
»Und mach' die Musik dazu.«
Addio Renata – so befahl ich mir endlich. Was ich empfing, war – von Theater und Musik umhüllt – die Freundschaft einer klaren Frau, in die sie mit Zartheit auch den Prinzen Wilhelm einbezog. Und Freundschaft nur durfte ich erwidern.
So lebten wir nun wirklich in dem beschützten Garten bei Arkadiens Göttern und gaben den Träumen des Augenblicks nach. Zwischen Renata und dem Prinzen Wilhelm keimte aus der Neigung ein Glück, das beide nicht erwartet hatten. Ich aber wanderte durch den Park und bedachte mein seltsames Los. Aus dem Zwiespalt meiner Kindheit war ich erwacht zum Begehren – in Frankreich, zum Ideal – in Sizilien, zu meinen Sinnen – in Italien, zum Verzicht – hier. Ich hatte nur einen Weg – die Musik. Sie allein vermochte, die Regung meines Herzens tönend zu verschweigen.

»Orlando«, so sagte Renata zu mir, »du beschenkst uns jeden Tag – und bist selbst allein. Doch laß dir von mir sagen: auch du wirst einst ein Wesen finden, worin des Himmels Reinheit und der Erde Lust so tief vereint sind wie in der Musik. Sag nicht, dies sei nur Phantasie. Wir alle tragen ein Traumbild der Liebe in uns, das sich verwandelt wie die Jahreszeiten – doch eines Tages stimmt es mit dem Leben überein. Dann wissen wir für einen Augenblick, was Glück ist. Und dann, Orlando, wirst du Töne finden, die nicht Musik sind, sondern Liebe.

VIERTER AKT

1. Teil

Es ist nicht wahr, daß das Alter die Zeit der Ruhe ist. Mit dem Erinnern steigt auch das Leiden auf und die Frage nach seinem Sinn. Ich sehe mich noch an einem Nachmittag meiner Jugend im Kreuzgang des Klosters von Monreale. Stumm wanderte der Zug der Mönche an mir vorüber. Der Prior gab Worte der Meditation:
Frieden,
Schweigen,
Zeit,
Gebet,
Nachhall,
Stille.
Nicht Frieden, Trost zu suchen, kam ich damals hierher. Vier Jahre zuvor war ich als Knabensänger vom Hause fortgezogen – im Hader mit Eltern und Heimat. Nun war ich einsam. Aber niemand sollte davon wissen.
»Komm in die Kühle«, so sagte der Prior, »und erzähle, wie es bei dir zu Hause ist.«

»O Padre«, sagte ich voll Trotz, »die Niederlande sind ein Paradies, worin Sanftmut die Sitte regiert. In den Gassen hört Ihr kein lautes Wort. Freudig streben die Kinder dem Vorbild der Eltern nach und suchen es ihnen in allem gleich zu tun. Dafür hat Gott uns die Armut erspart und für der Menschen rechten Weg gesorgt.«
»Warum bist du dann hier?«
»Ich wurde gezwungen.«
»Ich glaube dir.«
»Ach Padre, tut es nicht. Ich wollte nicht lügen. Ich wollte nur, es wäre wahr, was ich Euch gesagt.«
»Lenket nun, meine Brüder«, so sagte der Prior zu den Mönchen, »Eure Augen nach innen und meditiert mit mir:
Wahrheit,
Mensch,
Hoffnung,
Licht,
Seele,
Frieden.«
»Es gab keinen Frieden bei uns, Padre, schon als Kinder haben wir der Eltern Haß nachgeahmt: Katholiken gegen Protestanten, Kaiserliche gegen Rebellen – und beim Spielen haben wir nicht gelacht, denn jeder hielt den Gewinner für schlechter als sich selbst.«
»So lenke denn auch du«, sagte der Prior, »deinen Sinn auf das Absurde des menschlichen Daseins, das nicht zu erkennen vermag, ob es beschützt wird oder vernichtet.«
»Ist es böse, Padre, wenn uns die Natur bedroht?«
»Nein.«
»Ist das Meer böse, wenn Schiffe darin untergehen?«
»Nein.«
»Ist das Dorf gut, das uns hegt und wärmt?«
»Nein.«
»Ist der Tag gut, der weichen muß vor der Nacht?«

»Nein.«
»Was ist gut, Padre?«
»Lenken wir, meine Brüder, und auch du, mein Sohn«, sagte nun der Prior, »unseren Sinn auf diese Erde, die dürstet, und meditieren wir:
Erde,
Wasser,
Schuld,
Sühne,
Erkenntnis,
Hoffnung,
Gott.«
Pax et gloria – im Himmel, aber auch auf Erden. Ziehen nicht die Herrschenden das Recht auf Herrlichkeit aus dem Versprechen, den Frieden aufzurichten? Nach welchem Gesetz sind wir verurteilt, auf ihn zu warten über die Zeit hinaus? Wenn unseres Kaisers Wahlspruch auch die Grenzen der Erde dehnte, wo ist der Friede geblieben, um den er ein Leben gerungen? Er ist an der Macht gescheitert. Denn Macht gibt nur vor, den Frieden zu schützen. In Wahrheit zerstört sie ihn, indem sie ihn verteidigt. In des Kaisers Reich ging die Sonne nicht unter, aber worauf das Licht fiel, war Vergeblichkeit.
»O glücklicher Orlando«, so sagte einst ein Mann, dem Kaiser und Könige bloße Schuldner waren, »du schenkst der Welt Musik, die wahrer ist als Worte und Gott mit uns versöhnt. Wir aber umgeben uns mit schönen Dingen – und Sorge bedrückt unser Herz.« So sprach zu mir Johannes, der über Macht und Schätze des Hauses Fugger als Herr gebot.
Warum muß Reichtum immer klagen, dachte ich. Um weniger reich zu scheinen? Doch fuhr Johannes Fugger anders fort, als ich erwartet. »Erblicke«, so sagte er, »in diesem großen Werk aus Zedernholz ein Labyrinth geheimer Kommunikationen. Erkenne darin die Pfade, auf denen der Handelsherr der Macht vorauseilt, sie zu fördern oder zu lähmen. Denn so wie du beim

Entwurf einer Motette schon ihren Abschluß voraus hörst, so ahnten meine Väter im Lärm der Willkür und der Waffen den Sieg der realen Vernunft voraus. Das Reich, das sie geschaffen, ruht auf schwankendem Boden, aber es ist sicherer als eine Krone. Dennoch hat es seine Grenze erreicht. Ich mehre es nicht weiter.«

Ich verstand ihn nicht. Man hatte mich den Fürsten der Musik genannt. Ich wollte mein Reich vermehren. Warum nicht er das seine?

»Blicken wir«, so sagte nun Johannes Fugger, »über das atlantische Meer hinweg auf jene fürstliche Dame, die in die unwirtlichen Anden aufsteigt, um zu sehen, wie Silber zu Tage kommt. Ein faszinierendes Metall, ein Ingrediens des Lebens. In der Hand der Macht sorgt es dafür, daß Tyrannei zu Recht besteht, Kriege zu Recht geführt, Sklaven zu Recht geknechtet werden. Was also ist Recht?

Blicken wir aber nach Italien, wo das reine Gold die Schmelzöfen verläßt, um sich gefügig den Formen der Eitelkeit einzuschmiegen. Eine wunderbare Substanz, das Gold, ein Stimulans der Schönheit. In der Hand der Macht weiß es die Gier zu wecken, betört es der Frauen Ehre, hilft falschem Verdienst zur Ehre, kauft des Ehrlichen Ehre. Was also ist Ehre?«

»In den fernsten Zonen der Erde«, so fuhr Herr Johannes in Bitterkeit fort, »schürfen Männer, die nichts an ihrem Leibe verbergen dürfen, nach dem klarsten Kristall der Natur, dem Diamanten. Die Hand der Macht setzt ihn auf Kronen des Ruhmes, schenkt ihn dem Kriegsmann zum Ruhme, rühmt sich selbst seines Ruhmes. Tand ist dies alles, mein Freund, ich weiß es, da ich es besitze. Schon hat die Macht dafür gesorgt, daß nach geheimen Rezepturen Stoffe entstehen, zerstörend über Menschenkraft hinaus. Seit dies geschieht, kann der Kaufherr dem Übermut der Herrschenden nicht mehr zuvorkommen. Die reale Vernunft ist eingeholt worden durch die

Mechanik der Gewalt. Mein Haus ist auf den Tugenden des Friedens errichtet. Die Zeit der Gewalt wird anderer Formen bedürfen, um sich in der Welt einzurichten. Deshalb halte ich stille. Deshalb ist für mich das Leben nur noch ein Schiff, das den Hafen verläßt.«
»Gott wird es lenken«, sagte ich.
»Orlando, dein Glaube schließt die Hoffnung ein. Auch ich glaube. Doch hoffe ich nicht mehr.«
Die Einsamkeit dieses Mannes umgab mich wie ein trüber Tag. War unser Glaube an die Zukunft in Wahrheit nur die Regung, mit der das Chaos in uns zu keimen begann? Die besten Geister der Zeit verlangten: die Welt werde neu gebaut! Und sie entwarfen einen Plan, der in den Himmel reichte. Woher rührte zugleich ihre Lüsternheit, zu zerstören, was sie selbst geschaffen?
In der Musik ist es sehr einfach, einen Akkord seiner Herkunft zu entfremden und ihm ein Ziel zu geben, das seinem Wesen widerspricht. Er bleibt derselbe Akkord, aber er zeigt seine Schwäche. War mit der Welt das gleiche geschehen? Und was gab sie preis?
Elend hatte seit der Kindheit meinen Weg gesäumt. Jetzt klagte es mich an, als hätte ich es selber verschuldet. Ich aber ging mit Gott ins Gericht, weil er es zuließ.
Barmherzigkeit – ein leeres Wort.
Ein leeres Wort auch – Tröstung der Betrübten –, wenn Schmerz ins Übermaß geriet und Tränen ohne Linderung ins Schweigen flossen. Phantastisch aber erschien mir plötzlich die Heuchelei, womit der Bürger sein Gesicht zu glätten wußte, wenn er in Vollmacht des Gesetzes Böses tat, dazu die regungslose Zeugenschaft der Grausamkeit, die hinnahm, wie Biedermänner Werke des Entsetzens begingen und doch sie selber blieben – brave Väter, denen das Wohl der Ihren nicht aus dem Sinn geriet, indessen sie ihr Opfer in die Marter spannten, die sie in warmen Stuben ausgesonnen. War dagegen

Orlando di Lasso: Psalm ›Miserere mei...‹ – aus ›Handschrift der Bußpsalmen des Orlando di Lasso‹ von Hans Mielich (1516–1573)

nicht ein Individuum, das sein begangenes Verbrechen offen eingestand, ein guter Mensch?
War endlich dieser Heuchelei nicht jene ebenbürtig, die aus dem Prunkgebrauch der Waffen kam? Solches Eisen mochte Schutzwehr sein, nichts sonst – doch wirkte es nicht auch nach innen, auf den Träger? Waren das noch die Menschen, die Gott geschaffen nach seinem Gleichnis? Sein Ebenbild so zu verkehren – war das nicht Frevel? Und diese Welt hielt ich noch gestern für gottgewollt?
In der Nacht meiner Zweifel erinnerte ich mich des großen Hospitals von Palermo – und erkannte: So grausam diese Welt auch sein mag, solange wir leben, steht der grausamste Feind noch aus. Auch den schickt uns Gott. Hört er uns nicht? Warum läßt er uns ein ganzes Leben in Drangsal verbringen – und senkt uns dazu noch die Angst vor dem Tod ins Herz? Weil wir Unrecht getan? Wir bereuen doch. Weil er gerecht ist? Wir begehren Gnade. Warum läßt er uns, wie wir sind?

2. Teil

»Orlando, dein Gemüt bedarf der Heilung«, so sagte mir der Pater Fabianus, ein Freund von weiten Wanderungen. »Blick auf die Natur. Sie ist ein Teil der Schöpfung wie du selbst und stirbt den Tod gleich dir. Doch hat gemäß dem Gesetz, das der Herr seinem Werke gegeben, die Wiederkehr des Lebens schon eingesetzt. Glaubst du wirklich, der du als Mensch der Schöpfung Krone bist, du seist allein von ihren Prinzipien ausgenommen? Fürchte nicht den Tod, preise das Leben und den Herrn, der es dir gab.«
In den nächsten Jahren änderte sich in der Stadt München das Leben. Ursache dafür war jene Gruppe von Priestern, der der Pater Fabianus angehörte. Vielen schien es Anmaßung, daß sie sich die Gesellschaft Jesu nannten. Aber sie waren voll

Nachsicht, Geduld und Freimut – und schließlich glaubte man ihnen. Unter dem Herzog Albrecht hatten sie noch ein kleines Ordenshaus bewohnt, der Herzog Wilhelm aber baute ihnen ein geistliches Kastell und die Kirche des Erzengels Michael, den sie zu ihrem Patron erkoren. Für mich war es ein Schauspiel, das mich tief berührte, aus dem Munde dieser Patres Worte zu vernehmen, jenen gleich, die ich in jungen Jahren zu Rom von ihrem Stifter gehört. Der Fürst der Welt hat, was wir wünschen: Gold und Wollust. Der Herr des Himmels verlangt, was wir nicht wünschen: Gehorsam und Armut. Dem einen hier, dem anderen dort zu dienen, verhindert der Tod. Denn nach ihm gilt, was wir vor ihm entschieden. Also müssen wir uns entscheiden – hier und jetzt. Das ist der erste Punkt. Der Fürst der Welt ist logisch. Er handelt wie ein Kaufmann: ich gebe dir – du gibst mir – ja oder nein.

Gott der Herr widerspricht sich. Wir sollen arm sein im Geiste, aber auch klug wie die Schlangen. Für den Kaufmann reicht der Verstand, für Gott nur der Glaube. Wenn wir glauben, müssen wir den Widerspruch glauben: ja und nein. Das ist der zweite Punkt.

Der dritte Punkt aber ist die Freiheit, die Gott uns schenkt, zu entscheiden und zu glauben. Wir werden nicht vom Himmel aus gelenkt. Gott hat Wohnung genommen in der Höhe unserer Augen. Er blickt nicht auf uns herab – er blickt uns an. Wir aber kreuzigen ihn täglich. Und vergeblich wartet sein Engel, daß es uns endlich reue.

Der Herzog Wilhelm, der nun über Bayern herrschte, hatte seine Prinzenjahre in einem beschützten Garten verbracht, den ich mit Madrigalen geziert und mit Komödien belebt – die Hofräte wurden mit derberer Unterhaltung versorgt. Die Eitelkeit der Fürsten war ihm fremd, doch faszinierte ihn der Prunk des Lebens. Da er von körperlicher Zartheit war, erregte ihn das Schauspiel, das die Entfaltung kriegerischer Kraft zu bieten weiß. Auch mochte er im Lenken der Turniere das Gefühl genießen, den Spuren Cäsars oder Alexanders nachzufolgen. Sein Geist war verfeinert genug, das Groteske in der Kunst mit einer leichten Distanz zur Natur zu verbinden und die Plage der Menschen nur zögernd wahrzunehmen. Eingewoben in den Lauf der Gestirne, verstand er die Bahnen seines Geschickes, gefährdet nur durch die Drohung des Chaos im All. Und so bemerkte er nicht, wie das Ereignis langsam in die Gegenwart glitt, das sein Leben gänzlich verändern sollte – und das meine zugleich.

Noch heute, nach so vielen Jahren, bin ich in der Tiefe berührt, wenn ich an den Herzog Albrecht denke. Er war ein großer Herr und mir ein Freund – und noch in seinen Schwächen ein lauterer Mensch. Sein Bild ist mir nie verblaßt. Zuweilen entdecke ich, daß ich mit ihm rede. Wer ihn nicht gekannt, weiß nicht, was ein großes Herz vermag.

Drei Plagen schickte ihm Gott vor seinem Tod. Die erste war die Täuschung. Er wußte, wie es um ihn stand, doch in frommer Lüge widersprachen ihm Ärzte und Hof. Daraus entstand die zweite, die falsche Hoffnung, dem Jonas gleich ins Leben zurückzukehren. Das Warten auf sein Ende war die dritte. Als Christ ertrug er alle drei. Doch als man ihm die Sakramente dann gereicht, verlangte er, noch einmal aufzustehen von seinem Lager. Er habe seinen Freunden noch ein Wort zu sagen. Der Hof leistete Widerstand. Da tat der Herzog, was er im Leben nie getan: er befahl.

So sah ich ihn zuletzt aufrecht stehend. »Hört, meine Freunde«, so sagte der Herzog, »danket Gott für jeden Tag, den ihr lebt. Aber erwartet keine Gnade vom Tod. Macht ihn euch zum Freund. Nehmt ihn auf in euer Haus in euren guten Tagen. Sonst fällt er euch – wie mich.«

Drei Tage später, gegen Mitternacht, läutete die Glocke. Zur Huldigung der Stände komponierte ich eine Motette auf Wilhelm V. und seine Familie. Feierlich zog der neue Herzog mit Ferdinand und Ernst, Renata und Salome durch die Residenz. Ich aber wurde inne, daß ich die Musik für den Triumph eines anderen geschrieben.

3. Teil

»Es ist nicht der Tod«, so sagte der Herzog Wilhelm, »es ist die Zeit, die mich quält. Einst glaubte ich, sie sei Musik, wie du, Orlando, mir gesagt. Aber Musik ist wahr, und die Zeit lügt. Ich sehe meinen Erlöser. Die Zeit trägt ihn fort, entfernt ihn von mir in jedem Augenblick, da ich nicht an ihn denke. Ein Mensch kann auch beten durch seine Taten, ein Fürst zumal. Aber können meine Werke Gott einholen? Die Zeit vervielfacht ihn. Die Welt ist eine Nacht voller Kreuze. Welches trägt den, der mich von der Zeit erlöst? Wer sagt mir, daß solche Gedanken keine Lästerung sind? Die Plagen sind gering. Furchtbar sind jene, die Gott in unserem Geiste zuläßt. Wohin ich blicke, sehe ich Diener der Zeit. Papst und Kaiser glauben, sie zu beherrschen. Der Fürst versucht, ihr vorauszueilen. Der Edelmann verspielt sie. Den Bauern verrät sie. Der Advokat rafft sie. Der Arzt umwirbt sie. Sie aber haßt uns alle, denn sie liebt nur einen.«

Was würde sein Vater sagen, so dachte ich, wenn er ihn so verändert sähe – er, der das Leben so geliebt.

»Mein Vater«, sagte der Herzog, »bereute sehr spät. Und mein Großvater, dessen Namen ich trage, vielleicht zu spät. Beide vertrauten der eigenen Kraft mehr als dem Himmel. Beide sind mir kein Beispiel. Denn ich fühle mein Inneres erschüttert von einem Kampf, den sie nicht kannten. Mein Vater sagte, wir sollten den Tod in unser Haus aufnehmen. Wie vermag ich das, wenn ich ihn nicht sehe? Wer ist es, der mich blind macht? Gegen diesen Feind kämpfe ich – aber nur mit einem Teil meiner selbst. Denn auch der Feind ist ein Teil von mir. Er versperrt mir den Weg, der aus der Zeit hinausführt. Ich muß ihn besiegen. Und der Sieg muß sicher sein. Also bete ich um Hilfe.«

»Vergeßt nicht«, so rief der Prediger in der Kirche des Erzengels Michael, »daß es jenseits der Zeit eine Stätte gibt, die keines Schutzes bedarf. Nach dem Worte des Herrn ist sie uns zugedacht, sofern wir bereit sind, seinen Weg zu gehen. Erkennet aber: jeder Baum in der Natur ist geeignet, ein Kreuz zu sein, und jeder Mensch ist fähig, den Herrn daran zu schlagen. Überall auf der Welt ist Golgatha. Wenn wir die Reben sind an jenem heiligen Weinstock – wer sagt uns, daß nicht auch dieser Weinstock längst zum Kreuz geworden? Auch wir selbst sind Golgatha. Und wenn die Zeit des Kelterns gekommen, die Reben gewählt und gehäuft sind, wer ist es, der sie preßt, und unter welcher Last berührt uns sein Fuß? Wir sterben auf dem Weg nach Golgatha. Und Engel sammeln den Wein, zu dem wir geworden. So vieler Mühe bedarf es, uns von uns selbst zu erlösen.«

Ich aber gedachte aufs neue jenes Tages, an dem ich einst zu Rom, im Ordenshaus der Gesellschaft Jesu, wo man meine Musik schätzte, mich in der Türe geirrt.

Der Mann, dem ich begegnen sollte, war einst der spanische Ritter Inigo gewesen. Ein merkwürdiger Weg hatte ihn später dazu geführt, seinen Namen zu ändern. Auf mein Klopfen öffnete sich die Tür, und vor mir stand Ignatius von Loyola in der letzten Woche seines Lebens. »Wie geht es deiner Musik, Orlando?«

Tand war meine Musik, ich wußte es auf der Stelle. Nicht ein Ton, den ich geschaffen, hielt diesem Manne stand.

»Müssen wir nicht«, so fragte er behutsam, »wenn Musik im Spiele ist, ein wenig abrücken von uns selbst, ein wenig leichter werden, damit sie uns trägt? Alles an ihr ist zart – die Instrumente, die Stimmen, das Ohr. Ihre Kraft ist groß, doch kennt sie keine Schwere. Wie ist es für dich, Orlando, wenn

Musik erklingt? Dringt sie in dich ein, oder nimmt sie dich aus dir fort? Ist es, wie wenn du Liebe empfängst – oder Liebe gibst?«

»Ich habe sie in mir«, sagte ich.

Heute weiß ich: ich habe die Musik verstreut wie Angebinde der Eitelkeit. Und ich glaubte, sehr reich zu sein. Die Welt, die mich umgab, war voller geheimer Regungen, denen ich tönendes Leben verlieh. Dem Wohllaut habe ich gefrönt, dem Gefühl nicht die Wahrheit, nur die Schönheit zum Richtmaß gegeben. Wenn mir Schönheit gelang, prüfte ich sie durch meine Kunst, nicht durch mein Herz. Und doch gab es keine Empfindung, in die ich nicht eindringen, keine Erregung, die ich nicht steigern, keine Lust, der ich nicht huldigen konnte – wenn ich es wollte. Denn die Welt war ein Reich, belebt von Musik, die mir gehorsam war. War ich ein Heuchler?

»In eines jeden Menschen Leben«, so sagte Ignatius, »tritt der Augenblick, da Gott ihm die Freiheit gibt, über sich selbst Gericht zu halten. Der Jüngste Tag kommt nicht mit einem Mal. Er keimt in jedem von uns – schon jetzt. Wenn die Erkenntnis unseres ganzen Wesens auf uns niederfällt, bricht er an.

O Gott, laß mich sehen – laß mich sehen, wessen ich fähig wäre ohne Deine Liebe. Gib mir das volle Maß des Bösen, das in meiner Natur verborgen liegt. Fülle mein Herz mit der Heuchelei und mit der Wollust der Zerstörung – unter dem Bilde des sorgsamen Gärtners im Weinberg Deiner Welt. Verkehre mein Erbarmen mit den Gefolterten in die kalte Freude ihrer Henker und laß mich den Kitzel spüren, den die vollbrachte Schändung ihnen bietet. Und von den Relikten des Fleisches laß mich aufsteigen zu seinen Reizen, gib mir den Rausch, den Duft, das Arsenal der Verführung, bis die Liebe auf Erden der Deinen nicht mehr bedarf. Dann gib mir Musik, wie sie der Himmel nicht kennt, meinen Stolz zu besingen auf das gelungene Werk, und gewiß sei mir der Menschen Beifall für die Lüge, in die ich Deine Schöpfung gestürzt.

Wenn dies geschehen ist, o Herr, dann werde ich, Dein Geschöpf, meinen Eid ablegen vor dem Fürsten dieser Welt, das Reich seiner Macht aufzurichten auf dem Boden Deines Paradieses. Der Schrei der Angst wird sich an seinen Mauern brechen – Musik für die Bankette der Lästerung und die Pavanen der Unzucht, die sein Inneres füllen. Und dann wird meine Seele, die Du unsterblich gewollt, die Zeichen Deines Ebenbildes ablegen wie ein morsches Kleid und in den Prunkgewändern der Unmenschlichkeit hinabsteigen in die Verliese des Hasses und des Verrats. Und sie wird alles vergessen, auch das Leben, in ihrer namenlosen Gier, das Böse selbst zu werden. Nur eines wird sie nicht vergessen können: Dich.
Und so begreife ich, welches Übermaß an Gnade die Zeit ist, die Du mir geschenkt, die Pilgerschaft der Hoffnung anzutreten. Denn wenn ich all das Böse denken kann, dann wäre ich auch fähig, es zu tun, hättest nicht Du meinen Fuß auf Deinen Pfad gesetzt. Beschleunige also die Zeit und führe das Ende herbei, das Ende der Versuchung, den Anfang meines wahren Lebens. Der Tod wird meinem gefesselten Auge die Freiheit geben, das jetzt in Trübung noch befangen auf Deine Schöpfung blickt. Regungslos verharrt sie, denn schon hat die Zeit ausgesetzt vor Deinem Ruf. Einst vernahm ihn der erste aller Menschen – heute gilt er mir: Adam, wo bist du? Erbarme Dich meiner, o Herr.
Geh nun, Orlando. Und Gott schütze die Musik, die du in dir trägst.«
Ein Leben lang war ich taub, jetzt beginne ich zu hören. Uns selbst und unser Schicksal innig zu vereinen mit dem Gang der Welt, dies sei der Sinn der Musik – so habe ich geglaubt.
Heute weiß ich – der Sinn der Musik ist: uns selbst und den Gang der Welt innig zu vereinen mit Gott.
Mein Leben geht zu Ende. Musik war sein Maß, Schönheit sein Traum, Liebe sein Geschenk – was ist sein Ziel?

Alle Musik durchläuft die Zeit, um zu ihrem letzten Akkord zu gelangen, der ihre Bewegung stillt, ihre Spannungen aufhebt und ihren Klang erlöst – in die Stille. Erst wenn sie nicht mehr tönt, findet sie ihre wahre Gestalt. Die Musik meines Lebens steigt auf zum letzten Akkord. Der Erlöser naht.

Monumentum pro Gesualdo

Dreieinhalb Jahrhunderte war diese Seele verstummt. Wir heute – wir hören sie. Der die Stimme dieses Menschen wiedererweckt hat, ist Igor Strawinsky. Nach dreieinhalb Jahrhunderten hat er aus vergilbten Folianten italienischer Bibliotheken die verschraubten Harmonien des Komponisten Don Carlo Gesualdo ans Licht gehoben und damit der Welt zum Bewußtsein gebracht, daß sie einen Titanen vergessen hatte. Er hat die Aufführung seiner Werke gefördert und selbst zur Feder gegriffen, um diesem Genie ein Denkmal zu setzen. Es heißt »Monumentum pro Gesualdo«. Die Uraufführung erfolgte im September 1960, im Dogenpalast zu Venedig. Das internationale fachkundige Publikum erwartete einen echten Strawinsky – und wurde enttäuscht. Denn was erklang, trug zwar Strawinskys instrumentales Kleid, war aber – beinahe Note für Note – die Musik Gesualdos.

Für die meisten Zuhörer bestand die eigentliche Überraschung in einer Anmerkung im Programmheft, die Person Gesualdos betreffend: Die Musik, die da erklang, war die Musik eines Mörders.

Dieser Mörder war ein Fürst. Seine höchst illustre und serene Hoheit, Don Carlo, dritter Fürst von Venosa, achter Graf von Consa, fünfzehnter Herr von Gesualdo, Marchese von Laino, Rotondo und Santo Stefano, Herzog von Caggiano, Herr von Frigento, Acquaputida, Paterno, San Manco, Boneto, Luceria, San Lupolo und so weiter und so weiter. In Wirklichkeit ein dünngestaltiger, eierköpfiger, spinnenfingriger Mensch, eingebildet und pervers – und von herzzerreißender Melancholie. Er liebte es, mit großer Meute tagelang zu jagen. Denn nur wenn er völlig erschöpft nach Hause kam, gelang es ihm, nachts zu schlafen. Wenn er ausging, kleidete er sich nach letzter spanischer Mode; zu Hause aber trug er gleich einem Magier lange, wallende Talare. Seine Seele und sein Körper litten an derartigen Krampfzuständen, daß er sich einen Diener hielt, der die Pflicht hatte, ihn mehrmals am Tage zu schlagen, um seine inneren Spannungen zu lösen und ihm zu ermöglichen, daß er sich wieder einige Stunden als ein normaler Mensch fühlen konnte. Einige Jahre vor seinem Tode hörte sein Organismus fast völlig auf zu funktionieren. Er starb, weil sein Körper sich langsam selbst vergiftet hatte.

Als Kind ist Gesualdo sehr einsam gewesen. Er war der zweite Sohn seines Vaters, und er wuchs auf in dem Bewußtsein, weder Titel noch Besitz zu erben, da diese naturgemäß an seinen älteren Bruder fallen mußten. Wie viele einsame Kinder baute er sich sein eigenes Reich. Und wie bei den meisten einsamen Kindern waren es auch bei ihm die Dienstboten, die sich seiner annahmen. Es war ein unerhörtes Glück für den zarten Gesualdo, daß unter diesen Diensttuenden am Hofe seines Vaters eine Reihe hervorragender Musiker waren. Das Resultat zeigte sich bald: kaum ein Jüngling, war er als Meister auf der Baß-Laute schon in ganz Italien berühmt. Als ihm sein Vater eine eigene, wohl ziemlich bescheidene Hofhaltung erlaubte, fügte Gesualdo seinem Ruhm als Virtuose sogleich den eines musikalischen Mäzens hinzu.

Scipione Cerreto, ein Musikschriftsteller seiner Zeit, sagt von ihm: »Dieser Prinz fand in der Musik mehr als nur ein großes Vergnügen. Zu seiner Erheiterung und Unterhaltung hielt er an seinem Hof – und auf seine eigenen Kosten – viele hervorragende Komponisten, Spieler und Sänger. Im Gedanken an ihn erinnere ich mich oft der alten Griechen, bei denen niemand für gebildet galt, der von Musik nichts verstand, wie

Igor Strawinsky (1882–1971) – Porträt aus dem Jahr 1951

große Kenntnisse er sonst auch haben mochte; hätte Gesualdo zu jenen Zeiten gelebt, man hätte seinem Gedächtnis eine Statue errichtet, nicht aus Marmor, sondern aus purem Gold.« Diese Worte sagen eine Menge aus – nicht über Gesualdo, aber über seine Situation. Er wünschte Qualität. Er brannte darauf, ein Fürst der Musik zu sein. Daß er selbst komponierte, davon wird nichts bemerkt. Daß er das Ziel vielfältiger und plumper Schmeichelei war, ist offensichtlich. Jedoch wußte er wohl zu unterscheiden zwischen den Lobreden bedürftiger Musiker und dem Können, das er ihnen und sich selbst abverlangte. Die Musik war das einzige Reich, in dem er Fürst sein konnte. Und die Leidenschaft zu ihr war schon zu tief in seine Existenz gedrungen, als daß er sie hätte eindämmen können, als er plötzlich auch im Bereich der irdischen Macht zum Fürsten wurde. Er war gerade fünfundzwanzig – da starb plötzlich sein älterer Bruder. Carlo erbte Titel und Güter des Hauses Gesualdo. Fortgang und Dauer seines Geschlechtes legten sich plötzlich mit schwerem Gewicht auf seine schmalen Schultern, die in der Freiheit der Kunst sich längst entwöhnt hatten, Lasten dieser Art zu tragen. Carlo mußte, um seinen Besitz zu erhalten und die Krone von Neapel am gierigen Erbzugriff zu hindern, eine Familie gründen und einen Sohn haben. Denn sein Bruder war kinderlos gestorben. Hier – in dem natürlichsten Ereignis des Menschenlebens – liegt der Keim für seine spätere Tragödie.

Durch sein ganzes Werk, soweit es auf uns gekommen ist, zieht sich der Gedanke an das Sterben und den Tod. Verdächtig klingt schon, was er auf sich selbst bezieht: Komm Tod, komm zu Hilfe (Deh, morte, danne aita), töte dieses Leben (uccidi questa vita).

Und damit ist das Wort gefallen: uccidere – töten. Töten – davon kam er nicht mehr los. Er hat dreimal Menschen getötet in seinem Leben. Und er hat tausendmal sich selbst getötet in seiner Kunst.

»Könnte ich dir doch sagen, einen Augenblick bevor ich sterbe: ich sterbe.«

Wem will er sagen: ich sterbe – wem schildert er so genau, wie es sein könnte, wenn es mit ihm zu Ende geht? Er kennt die Hölle. Man hört es, wenn er in seinen Karsamstagsgesängen Christus hinabsteigen läßt. Aber warum hüllt er, dem doch kein Mißklang fremd ist, die Mächte des Teufels in so klare Harmonie?

Er weiß, daß das Töten eine Lust sein kann, er kennt die Schönheit Luzifers. Er hat mit Vorsatz getötet, nach genußvollem Plan, denn er brauchte etwas vom Leben, was nur durch Töten zu erreichen war – die Reue. Wie er einen Diener brauchte, der seinen Körper schlug, so brauchte er die Reue, um seine Seele zu schlagen – und um zu komponieren. Das ist entsetzlich, kann aber die Wahrheit sein.
Es wird uns erzählt, daß Don Carlo Gesualdo dem Gedanken an die Ehe völlig fernstand. Das muß nicht heißen, er habe an Frauen nichts finden können. Fraglos – und von Menschen bestätigt, die ihn gekannt haben – ist nur die Tatsache, daß sein Verhältnis zur Musik erotisch war wie niemals das zu einer Frau. Für seine übersensible Natur waren die Frauen weniger ein gegenpoliges Geschlecht als die Saiten seiner Laute. In einer Zeit, in der es unter den großen Familien üblich war, Ehen fast noch im Kindesalter zu schließen, war er beinahe dreißig Jahre alt geworden – und noch immer Junggeselle. Nun aber, nach seines Bruders Tod, verlangte das Geschick von ihm die Heirat, und er setzte sie mit einer Lustlosigkeit ins Werk, die in seltsamem Gegensatz steht zu dem hereinbrechenden Glück seiner ersten Ehejahre.
Die Frau seiner Wahl, aus dem Geschlecht der Herzöge d'Avalos, kam aus einer Familie, die mit den Gesualdos vielfach und nah verwandt war. Sie selbst, Maria d'Avalos, war Carlos rechte Cousine. Sie zählte zweiundzwanzig Jahre, war eine üppige neapolitanische Schönheit, bäuerlich, breit und gesund, voll natürlichen Temperaments und jenseits jeden Verständnisses für die komplizierte Seelenlage ihres Bräutigams. Trotz ihrer Jugend war sie schon zweimal verheiratet gewesen. Mit fünfzehn hatte man sie einem sanften Sohn des Hauses Caraffa vermählt, dem sie zwei Kinder gebar, bevor er mit achtzehn, wie es heißt, an körperlicher Erschöpfung starb. Marias zweiter Gatte war der etwas robustere Sohn des Marchese di Giuliano, der sich jedoch schon nach wenigen

Monaten mit päpstlicher Dispens von ihr trennte. Die Ehe war, wie es heißt, niemals vollzogen worden. Und nun stand Carlo Gesualdo vor der Tür – nervös, ruhelos, tagsüber auf der Hetze nach dem Wild, nachts auf der Jagd nach nie gehörten Tönen, reich, berühmt und grotesk. Das schwarze Haar kurzgeschoren, die Brauen hochgewölbt, den fischmäuligen kleinen Mund in spanischen Bart gerahmt, schwarzäugig stechenden Blicks, vielredend, neugierig und frech, dabei aus Hemmung hochmütig und auf Grund naher Verwandtschaft von lasziver Vertraulichkeit – gegenüber diesem lachenden und sinnenfreudigen Stück Leben, das seine Frau werden sollte. Mit großem Pomp wurde die Hochzeit gefeiert, und die Chronisten berichten, im Palazzo San Severo, dem Stadtpalast Carlos nahe der Kirche San Domenico Maggiore zu Neapel, habe das Festefeiern noch viele Tage gedauert.

Was niemand erwartete, trat ein: das Paar bot ein Bild des Glücks. Gesualdo schien sich an das neue Leben spielerisch zu gewöhnen, und beide Familien, seine eigene und die seiner Frau, waren geneigt, in den bisherigen Absonderlichkeiten des fürstlichen Komponisten nur den Ausdruck zielloser Jugendtorheiten zu sehen. Ein Sohn wurde geboren und erhielt den Namen Emmanuele.

Niemand kann sagen, wieweit die innere Geschichte dieser Ehe ihrem äußeren Bild entsprach. Wir wissen nicht, ob Maria der Liebe Carlos und ihrer vielleicht ungewöhnlichen Äußerungen überdrüssig wurde oder ob Carlo es war, der sich von ihr abwandte, um in die Gewohnheiten seines früheren Lebens zurückzufallen. Die Chronik redet von dem ewigen Feind des Menschengeschlechtes, der sich außerstande fühlte, dem Schauspiel so großer Liebe und Harmonie, so tiefer Gemeinsamkeit von Geschmack und Wünschen in einer Ehe zuzusehen. Jedenfalls war es Maria, die in ihrer unbekümmerten Vitalität den ersten Schritt vom Wege tat.

Es gab damals in Neapel einen Caraffa, einen Vetter von Marias

erstem Mann, der den Titel eines Herzogs von Andria führte, in glücklicher Ehe lebte und vier Kinder hatte. Er war noch nicht ganz dreißig Jahre alt, und Augenzeugen verglichen ihn ob seiner Eleganz mit Adonis und in seiner Männlichkeit mit Mars. Vielleicht genügte ein Blick, ein verborgener Austausch von winzigen Zeichen der Sympathie zwischen Donna Maria und dem Herzog, um jenes merkwürdige Spiel in Bewegung zu bringen, das in der Stadt Neapel seit uralten Zeiten zur Kunst geworden ist: eines der sublimen Laster des Menschengeschlechtes, und damit dieser Stadt, die sich im Glanz ererbter Durchtriebenheit räkelt und sich darin gefällt, verbotene Liebe zusammenzuführen. Maria und der Herzog trafen sich in einem Pavillon der Gärten auf dem Borgo di Chiaia, und es geschah, was geschehen sollte. Binnen kurzem war jeder Neapolitaner über die Beziehung informiert, mit Ausnahme von Don Carlo Gesualdo. Es wurde bald zur Gewohnheit, dem doppelt ehebrecherischen Paar zu erleichtern, was es wünschte. Wenn Gesualdo außerhalb war, wußte jedermann, daß der Herzog innerhalb des Palastes zu finden sei. Und nicht, weil man den betrogenen Teilen der beiden Ehen die Schande gönnte, sondern weil die Teilhabe an Verbotenem so genußvoll war, stand die ganze Stadt auf seiten der Liebenden. Ausgenommen ein Mensch, Don Giulio Gesualdo, Carlos Onkel.
Nicht, daß dieser ältliche Herr ein reines Gewissen gehabt hätte. Seit Jahren hatte er Donna Maria belagert, mit Tränklein und Juwelen nicht gespart, ohne den geringsten Erfolg zu haben. Da er schließlich nach langen Mühen zu der Überzeugung gekommen war, Donna Maria sei eine uneinnehmbare Festung ehelicher Treue, hatte er sich zurückgezogen. Und nun mußte dieser abgehalfterte Kavalier erleben, daß der Herzog von Andria genoß, was ihm verweigert worden war. Er verschaffte sich Gewißheit über den Ehebruch, ging zu seinem Neffen Carlo und teilte ihm alles mit.

Wie auch immer Gesualdos Seelenlage in diesem Augenblick gewesen sein mag, er mußte zurückfallen in die Einsamkeit seiner Jugend. Hatte er sich von Maria schon vorher zurückgezogen, so fand er jetzt die Bestätigung, recht getan zu haben. War es Maria, deren Liebe sich gewandelt hatte, so hatte Gesualdo jetzt die Sicherheit, daß seine Rückkehr zur allgemein-menschlichen Lebensform eine Illusion gewesen war. In jedem Fall war diese Ehe für ihn nichts mehr wert. Über seine gefährdete Seele mußte sich eine Glocke von Melancholie stülpen, ähnlich der, die der Dichter Torquato Tasso durch das Leben trug.

Zwei Jahre vor dem großen Betrug war dieser herrliche und gebrochene Dichter in Gesualdos Leben aufgetaucht. Wie ein düsterer Geist, dessen Sprachgewalt den Grund der Menschenseele aufrührt, war er über Gesualdo hereingebrochen und hatte ihm erzählt von seinem siebenjährigen Aufenthalt im Irrenhaus von Sant'Anna in Ferrara, wohin ihn eigener Verfolgungswahn, verflochten mit fremder politischer Intrige, gebracht hatte. Dennoch waren makellose Verse aus dem Mund dieses bitteren Mannes geströmt – und Gesualdo hatte mit ihrer Schönheit das Gift des Mißtrauens gierig eingesogen. Nun aber, da er den großen Versuch gescheitert sah, sein Leben nach der Norm seiner Zeit zurechtzubiegen, mußte er Tassos Trauer als eine Wahrheit empfinden, die jenseits der Gefühle lag. Trotzdem kam ein Unterschied zutage zwischen den beiden Männern: Tasso verbrannte an seinem Geschick, Gesualdo erkaltete.

Von nun an handelt er mit eiskalter Berechnung. Er heuchelt. Er weiß von nichts. Er wartet. Da in Neapel noch nie etwas verborgen geblieben, war das Paar sehr bald davon unterrichtet, daß Gesualdo von dem Ehebruch wußte. Der Herzog von Andria verhielt sich, wenn man den Quellen glauben kann, sehr klug. Er teilte seiner Dame mit, das Risiko sei ihm nunmehr zu groß. Donna Maria ließ ihm darauf sagen, die

Natur habe sich offenbar geirrt, da sie in sich selbst den Mut eines Ritters verspüre, während er offenbar nur ein Weiberherz besitze. Als er zu ihr kam, fragte sie ihn, ob er zu feige sei, für ihre Liebe sein Leben herzugeben. Darauf der Herzog: »Wenn du sterben möchtest, so sterbe ich mit dir. Da es dein Wunsch ist, soll es so sein.« Daraufhin ging alles weiter wie vorher. Das war es, was Gesualdo erwartet hatte. Er fingierte eine große Jagd, erklärte, die Nacht über auszubleiben, zwang seine Diener, die Tore nur zum Schein zu schließen, und ritt mit Hörnerklang aus. Während sich sein Gefolge tatsächlich auf die Jagd begab, verbarg sich Gesualdo im Hause eines seiner Hofleute, wurde verabredungsgemäß davon unterrichtet, daß der Herzog den Palast betreten habe, wartete bis Mitternacht und stürmte sein eigenes Haus. Er fand die Liebenden schlafend, befahl, sie auf der Stelle zu töten – und dies geschah, noch bevor sie recht erwacht waren. Dann ordnete Gesualdo an, die Körper des unglücklichen Paares öffentlich auszustellen, gab seine Tat und ihre Gründe zu Protokoll, und ritt, seinen kleinen Sohn Emmanuele mit sich nehmend, nach der festen Stadt Venosa, deren Fürst er war.

Es wird uns berichtet, die Ermordeten hätten in der großen Halle des Palastes San Severo den ganzen nächsten Morgen aufgebahrt gelegen, und alle Welt sei hingerannt, um das wundervolle Liebespaar noch einmal zu sehen. Wenig später schon erhoben seltsame Volksdichter – darunter auch solche geistlichen Ursprungs – ihre Stimme zu gereimten Schmähungen gegen Carlo Gesualdo. Der Palast, in dem der Doppelmord geschehen war, blieb lange leer. Bis auf den heutigen Tag erhält sich in Neapel das Gerücht, wer sich um Mitternacht in die Nähe des weitläufigen Gebäudes begebe, könne den Schreckensschrei von Donna Maria noch immer hören, und wer den Mut habe, das Haus zu betreten, dem begegne sie als weißgekleidete, ruhelose Gestalt. Der einzige spätere Bewoh-

ner des Hauses, der sich darin wohlgefühlt habe, sei ein Fürst von San Severo gewesen, zu dessen Lebzeiten der Palast nächtens des öfteren in höllischen Flammen gestanden hätte. Auch habe man, so erzählen sich die Leute, den Besitzer zuweilen über die Wasserfläche des Golfes fahren sehen – in einer feurigen Kutsche mit übernatürlichen Pferden. Bis heute hat das Haus seinen unheimlichen Ruf nicht verloren.
Wir finden Don Carlo zunächst in Venosa. Wenig später zieht er sich in das noch festere Bollwerk zurück, das den Namen seiner Familie – Gesualdo – trägt. Jeden Baum, der die Sicht auf einen möglichen Angreifer verdecken konnte, ließ der fürstliche Mörder damals fällen. Wohl waren Donna Marias Verwandte auch die seinen, wohl war es nicht die Regel, daß innerhalb blutsverwandter Familien Blutrache zum Austrag kam – aber der Mord hatte ein phantastisches Aufsehen erregt. Und das instinktsichere Volk von Neapel, das dem betrogenen Ehemann jeden Mord aus Wut verziehen hätte, kam über den unmenschlich-geplanten Anschlag Gesualdos nicht hinweg. Auch als – Jahre später – die Versöhnung mit den Familien d'Avalos und Caraffa zustandekam, blieb Gesualdo für das Volk der Mörder, der er war.
Und wie wenn ihm selbst noch etwas gefehlt hätte zu dem gräßlichen Bild, das er uns bietet, schreitet er eines Tages von diesem Mord zur nackten Untat. Vielleicht hat er den Blick seines Kindes nicht mehr ertragen, vielleicht hat dieses Kind die Augen seiner Mutter gehabt. Eines Tages, auf dem Schloß von Gesualdo, nimmt er seinen kleinen Sohn, setzt ihn auf eine Schaukel und beginnt, ihn hin und her zu schwingen, immer heftiger. So lange, bis das Kind an Todesangst und Atemnot stirbt. Der entsetzten Dienerschaft gibt er an, er habe Gewißheit erhalten, daß dieses Kind ein Bastard seiner Frau gewesen sei und nicht sein eigener Sohn.
War er geistesgestört? Es wäre erleichternd, wenn man es glauben könnte. Eines spricht dagegen: seine Musik. Ein paar

Jahre nach dem Mord – er ist inzwischen wieder verheiratet, diesmal mit Donna Leonora d'Este, der Tochter des letzten Herzogs von Ferrara – läßt er den ersten Band seiner Madrigale drucken. Man hat glaubwürdig festgestellt, daß sie zum großen Teil noch aus der glücklichen Zeit seiner ersten Ehe stammen. Aber diesem Band folgen weitere. Wir können auf nüchternste Weise feststellen, daß sein Stil immer kühner, persönlicher, regelwidriger wird. Aber er wird nicht inkonsequent. Er ist keinen Augenblick verworren. Er schweift nicht ab. Er nimmt zu an Raffinesse, an Kunst und an Schamlosigkeit.
Immer sorgfältiger wählt er seine Texte. Widerstreit der Gefühle, Widerspruch der Leidenschaften auf knappstem Raum. Sterben und Tod. Das will er. Und er münzt alles um auf sich selbst. Wenn ein Dichter Worte für einen Menschen findet, der aus Liebeskummer zu sterben meint, dann stirbt er in Gesualdos Tönen wirklich, und Gesualdo stirbt mit ihm. In einem Masochismus sondergleichen quält er sich durch sein Lebensproblem bis zum bitteren Ende. Es gibt kaum einen Menschen in der Geschichte der Kunst, der sich so wenig erspart hat, dem Takt gegen sich selbst ein solcher Greuel war. Gesualdo kann alles. In Tönen produziert er jedes Gefühl, in einer Wahrheit, die schaudern macht.
Mit Ausnahme einiger geistlicher Gesänge aus der Karfreitags- und Karsamstags-Liturgie sind uns von Gesualdo fast nur Madrigale erhalten. Kleine, auf Gedichten ruhende Musikgebilde also, die Ausdruck sein wollen für den Seelenzustand eines menschlichen Wesens in einem bestimmten Augenblick. Da es aber immer ein Bündel von Empfindungen ist, das einem Menschen innewohnt, und da es in der Natur der Gefühle liegt, miteinander im Streit zu liegen, wird der Ausdruck dieses Seelenzustandes aufgeteilt in vier, fünf, sechs verschiedene Stimmen. Im Auseinanderstreben und Zusammenfließen dieser Stimmen wechseln Wohlklang und Mißklang, brauen sich Spannungen zusammen, die sich überraschend lösen. In den so

gewonnenen Harmonien liegt, dem schweifenden Geist des Menschen folgend, schon neue Dissonanz bereit, die den Aufschrei braucht und die Stille sucht. Im komplexen Gang der Stimmen und der Stimmungen spricht also ein einzelner Mensch – aber nicht für sich allein: er braucht einen Partner oder eine Partnerin, an die er sich wenden kann. Die große Frage ist, wenn wir dieses unselige Leben bedenken: Wer ist Gesualdos Partner? Zu wem schreien, jauchzen, weinen, für wen leben und sterben diese Stimmen, die er aus den dürren Worten seiner Dichter zieht?

Io pur respiro in così gran dolore, e tu pur vivi, o dispietato core?
Ahi, che non vi è più spene di riveder il nostro amato bene.
Deh, morte danne aita,
Uccidi questa vita.
Pietosa, me ferisci, e un colpo solo alla vita dia fin ed al gran duolo.

Warum atme ich noch in diesem Meer von Schmerz – und warum lebst du noch, mein hoffnungsvolles Herz?
Ach, niemals mehr werden wir schauen, was wir geliebt.
Komm, Tod, komm zu Hilfe.
So töte dieses Leben.
Erbarm dich, triff gut – unter deinem Streich soll Schmerz und Leben mir zugleich entschwinden.

Hier ist die Antwort auf die große Frage. Gesualdos Partner ist die Frau, die er ermordet hat. Weil sie tot ist, kann sie ihm nicht mehr entrinnen. Sie, die im Leben untreu war, hat er im Tod zu seiner unsterblichen Geliebten gemacht. Und weil er es war, der Blut und Leben aus ihrem Leib hinweggelockt, so kann er ihr eine Reue bieten, die niemals endet. Sie kann sich nicht mehr wehren gegen diese Reue. Sie muß es anhören, wenn er ihr vorsingt, wie aus seinen Adern das Blut schwindet, wie

Don Carlo Gesualdo (1560–1613) – Titelkupfer (1611) der ›Responsoria‹

seine Lippen sich verfärben, wie sein Atem stockt. Die lachende, sinnliche Neapolitanerin ist erst als gespenstische Hörerin hinter seiner Musik durchlässig genug für Gesualdos wildes, erbarmungswürdiges Gefühl. Er muß sie beschwören, wie ein Maler, der das Bild seiner toten Geliebten tausendfach wiederholt – und da nach dem antikischen Glauben seiner Zeit die Seelen der Verstorbenen sich nur erinnern, wenn sie lebendiges Blut zu trinken bekommen, benutzt Gesualdo die letzten Jahre seines Lebens zu grauenhafter seelischer Selbstverwundung. Mit Verdüsterung komponiert er – als persönliches Bekenntnis – die Worte der Karsamstags-Mette: Sie haben mich gelegt in den See der Tiefe, in die Finsternis und den Schatten des Todes.

Maria also ist es, seine Frau, die er beschwört, wenn seine Seele anhebt zu tönen. Die Frage, die offenbleibt, lautet: Hat er sie wirklich nur aus verletzter Ehre, aus Eifersucht und Rache getötet? Er ist doch – mit der Kenntnis ihres Fehltritts in der Seele – tage- und wochenlang neben ihr gewesen, er hat ihre Schritte beobachtet wie der Jäger den Wechsel seines Wildes. Hat er sich etwa nicht ihren Körper vorgestellt, wie er aussehen würde, durchbohrt? Hat er nicht im lebenden schon das gebrochene Auge gesehen, im Goldnetz schon das verblichene Haar? Hat er diese durchtriebene Falle planen können – ohne Zorn –, wenn er diese Tote nicht gewollt hätte? Es gibt eine alte italienische Legende von einem Maler, der einen ahnungslosen Jüngling in seine Werkstatt lockte und ihn dort überwältigte. Er geißelte ihn, krönte ihn mit Dornen und schlug ihn schließlich ans Kreuz – nur um das wahrste aller Bilder des Gekreuzigten malen zu können. Dies ist Gesualdos Fall. Maria d'Avalos und alles, was zu ihr gehörte: ihr Geliebter und ihr Kind – waren sie nicht am Ende die tragischen Opfer eines Verbrechens, dessen Gesualdo bedurfte, um zu schaffen, was er schuf?

Das meisterhafteste seiner Madrigale ruht auf den Worten: Du

Claudio Monteverdi, der Vater der Oper

In unserem öffentlichen Leben gibt es einen Begriff, der sich auf die verschiedenartigsten Gegenstände anwenden läßt und auf die angenehmste Weise dehnbar ist: die »Kulturpolitik«. Sie geistert durch unsere Presse, durch die Reden im Parlament, durch die Haushaltsberatungen der Kabinette. Zuweilen werden ihr zuliebe Kongresse veranstaltet, in denen klar zutage tritt, daß jedermann unter Kulturpolitik etwas anderes versteht – und daß jedermann glaubt, er allein verstehe das Richtige. Clausewitz sagt vom Kriege, er sei die Fortsetzung der Politik mit anderen Mitteln. In Parallele dazu wird behauptet, Kulturpolitik sei die Fortsetzung der Politik mit den Mitteln der Kultur. Dabei wird als gewiß vorausgesetzt, die Kultur sei in der Lage, durch ihre Güter einen Menschen so tief zu ergreifen, ihn so ganz in Besitz zu nehmen, daß auf dem Weg über seine künstlerischen Empfindungen und sein humanes Gefühl auch seine politischen Entscheidungen beeinflußt werden können. Wenn man als sicher annimmt, daß dies gelingt, so gibt man aber gleichzeitig zu, daß Kulturpolitik nur dort möglich ist, wo Menschen sich von etwas Nicht-Materiellem, etwas Geistigem in ihrem Wesen beeindrucken lassen. Und das heißt: es ist wahr, daß der Geist in jedem Menschen seine Spur hinterläßt, auch dort, wo man ihn ablehnt oder zu zerstören sucht.
Wenn wir nun in der Gegenwart ein wenig um uns blicken, wird uns gegenüber dieser Behauptung die Skepsis leichter fallen als die Überzeugung: der Materialismus schreitet fort

– und die Heuchelei, die mit Kultur getrieben wird, ist nicht mehr wegzuleugnen. Dennoch verhalten wir uns in unserer Politik, wie wenn wir beinahe verbissen an die Wahrheit glauben würden, die hinter ihrer Fortsetzung auf dem Gebiet der Kultur bereitsteht: wie wenn es keines Beweises dafür bedürfte, daß die Menschen auch heute noch mehr aus dem Geist leben als aus ihrem Bedürfnis nach Macht und Komfort. Warum, so frage ich, warum glauben wir das immer noch?

Unter den vielen Gründen, die ich zur Antwort aufzählen könnte, kommt es mir heute nur auf einen an: auf unsere eigene geschichtliche Erfahrung. Wir ziehen unsere Überzeugung, der Mensch lasse sich durch die Werke des Geistes in seinem Wesen fördern und in seinem Verhalten stützen, aus einer Lebenswirklichkeit, die unserer Vergangenheit angehört. Zwar haben wir vieles vergessen. Wir machen einen Sonntagsausflug in die Wies – und wir verschwenden keinen Gedanken mehr an den Abt von Steingaden, der dieses Wunderwerk zu Ende baute, obwohl er wußte, er würde durch die Kosten sein Kloster an den Rand des Ruins und sich selbst um den Prälatenstuhl bringen. Wir stehen vor einem Gemälde von Rubens – und denken nicht mehr daran, daß es vielleicht einmal dazu gedient hat, die Fürsten zweier Staaten einem Bündnis geneigt zu machen, ja daß es vielleicht zu diesem Zwecke gemalt worden ist. Wir hören Händels »Feuerwerksmusik« – und haben längst vergessen, daß sie dazu diente, das Ende eines Krieges zu feiern. Aber immer noch ahnen wir, daß es in Europa eine Zeit gegeben hat, in der die Kultur eine Angelegenheit aller Menschen, ein von allen Menschen geteiltes Anliegen gewesen ist. Wir haben heute einen vorzüglichen sozialen Wohlfahrtsstaat – aber die Teilnahme an den Gütern der Kultur ist Privatsache geworden, auch wenn das Angebot staatlich gefördert wird. Vor dreihundert Jahren war Europa ein durch Kriege, Seuchen, Hunger, soziale Ungerechtigkeit und Feudalismus zerrissenes Gebiet. Aber die Kultur – vor allem in ihrem feinsten Ausdruck, in der Kunst – nahm einen Rang ein, von dem sich heute weder ein mäzenatischer Industrieller noch ein kultur-sozialistischer Gewerkschaftler und schon gar nicht der Staat mehr etwas träumen lassen. Eine Sammlung von Gemälden berühmter Meister seiner Zeit zu besitzen, konnte für einen Fürsten des siebzehnten Jahrhunderts mehr wert sein als eine gewonnene Schlacht. Einen Hof zu halten, an dem sich die größten Dichter und Musiker ihrer Zeit begegneten, war ebenso wichtig wie der Besitz der modernsten Artillerie. Die Republik Venedig, von der man wirklich nicht sagen kann, sie sei von Träumern regiert worden, zahlte dem Kapellmeister von San Marco ein Gehalt, das mit dem eines Staatssekretärs von heute vergleichbar ist, weil man überzeugt war, daß sich mit guter Musik auf dieser Welt fast alles erreichen läßt.

Man mag sagen, das gehe uns nichts mehr an – nur darf man dabei nicht vergessen, daß auch heute noch die großen und kleinen Mächte dieser Welt die Armeen ihrer Orchester auf die Schlachtfelder der Konzertsäle entsenden, zumeist mit erheblichen staatlichen Unterstützungen. Man will also auch heute noch mit guter Musik etwas erreichen – vielleicht weniger als damals, aber sicher nichts anderes. Wenn wir es also auch nicht ganz leicht haben, uns in jene Zeit hineinzudenken, in der die Kunst eine so wesentlich aktuellere Rolle im allgemeinen Leben spielte, so sind wir doch mit jener Zeit noch durch so vieles in unserem Denken verbunden, daß sich eine nähere Betrachtung lohnt.

Der hauptsächliche Unterschied von damals zu heute besteht darin, daß man vor dreihundert Jahren die Politik mit den Mitteln der Kultur nicht fortsetzte, sondern vorbereitete. Wer ein Herzog war, wartete nicht, bis er eine Königskrone hatte, bevor er anfing, die Künste zu fördern. Im Gegenteil: er förderte als Herzog die Künste so, wie wenn er schon König

wäre. Er wies sich durch die Huldigung, die die Künste ihm darbrachten, als ein geborener König aus.
Diese ungemeine Hochschätzung der Kunst hat allerdings der sozialen Stellung des Künstlers keineswegs immer entsprochen. Schlecht bezahlt, mißbraucht und ausgenutzt wurden alle, deren Kunst von den Mächtigen dieser Welt als reiner Luxus betrachtet wurde. Denn Luxus wollten sie zwar haben, aber kosten sollte er wenig. Hervorragend bezahlt, hofiert und hochgeehrt wurden jene, deren Persönlichkeit und künstlerisches Genie sich politisch auswerten ließ. Und es gibt aus jener Zeit das Schicksal eines Menschen, der beide Stufen durchlaufen hat: Schwierigkeiten und persönliche Not, solange er für seinen Fürsten ein Luxus war. Glanz, Wohlhabenheit und Ruhm, als er der Würdenträger eines Staates wurde. Es ist das Schicksal eines der größten Genies der europäischen Musik. Sein Name ist Claudio Monteverdi.
In seiner Wirkung auf die Welt war Monteverdi schon weit über die Grenzen Italiens hinaus berühmt, als er die »Missa in illo tempore« im Jahre 1610 Papst Paul V. in Rom persönlich überreichte. Die sechsstimmige Komposition erregte solches Aufsehen, daß die Sixtinische Kapelle, der erste Chor der Christenheit, um Erlaubnis bat, sie in die Chorbücher des Vatikans eintragen zu dürfen. Persönlich aber hatte Monteverdi von seinem Ruhm damals noch keinen Vorteil. Seit zwanzig Jahren diente er dem Herzog von Mantua. Er hatte als Violaspieler angefangen, seinen Herrn auf zwei Feldzügen gegen die Türken und auf einer Winterreise nach Flandern begleitet, er hatte elf Jahre unter anderen Meistern als Hofmusikus gespielt und gesungen, er hatte Tag und Nacht für den Mantuaner Hof und seine Gäste eigene und fremde Musik gemacht. Dann war er schließlich Hofkapellmeister geworden, aber auch als solcher hat er auf die Auszahlung seines geringen Gehaltes oft Monate warten müssen. Noch zwei Jahre vor jener Rom-Reise hat er dem Finanzminister von Mantua geklagt:

Claudio Monteverdi (1567–1643) – anonymes Porträt

»Der Herzog hatte ferner bestimmt, mir monatlich 25 Scudi zu gewähren, aber er hat zu meinem Unglück fünf davon wieder genommen. Soll ich Euch noch deutlicher meine Lage schildern? Man gab 200 Scudi an Marco da Gagliano, der so gut wie nichts tat, und mir, der ich tat, was ich tat – nichts – ... e a me

che feci quello che feci – niente.« Nichts – das war nicht übertrieben. Das Fürstentum von Mantua war klein, aber reich. Das Fürstenhaus von Mantua, die Familie Gonzaga, hatte die herrlichste Perlensammlung der Welt. Der regierende Fürst, der Herzog Vincenzo, war verschwenderisch, wenn es um Frauen, Feste, Hochzeiten und Theater ging. Er stellte seinem Kapellmeister ein wunderbares Ensemble aus Sängern und Instrumentalisten zur Verfügung. Er sorgte dafür, daß Monteverdi jede Chance bekam, seine Kunst und seinen Ruhm zu vermehren. Er war ihm ein Freund, der mitfühlend und taktvoll mit ihm trauerte, als der vierzigjährige Maestro seine sehr geliebte Frau verlor. Er forderte, drängte, applaudierte – aber er gab ihm kein Geld. Als Monteverdi, gesundheitlich zusammenbrechend und in tiefster materieller Notlage, um die Entlassung aus dem herzoglichen Dienst bat, sagte er nein. Vincenzo Gonzaga wußte, was er an Monteverdi hatte, aber Armut war ihm lästig. Der Hofkapellmeister war ein Luxus, und Luxus durfte nicht viel kosten.
Trotzdem hat Monteverdi diesen Fürsten geliebt. Und er hat diese Liebe auf das ganze Haus Gonzaga ausgedehnt, bis zu seinem Tode. Auch dafür gibt es Gründe. Einer der wichtigsten ist, daß der Herzog den Maestro schützte in einem Streit, der die Gemüter in ganz Italien erregte. Monteverdi hatte schon als sechzehnjähriger Student in seiner Heimatstadt Cremona einen Band Madrigale herausgegeben. Dem ersten Band folgten weitere, und mit dem fünften Buch der Madrigale war sein Ruhm so gefestigt, daß die Neider nicht ausbleiben konnten. Ein gelehrter Kanonikus von Bologna, mit Namen Artusi, griff ihn direkt an. Er veröffentlichte ein erfundenes Gespräch, worin sich zwei junge Leute, Luca und Vario, anläßlich eines Konzerts in Ferrara über die »Unvollkommenheiten der modernen Musik« unterhalten. Als Beispiel für diese Unvollkommenheiten werden Stellen aus dem Madrigalwerk des jungen Monteverdi zitiert. Und Luca ruft aus: »Wahrhaf-

tig, schon die geringe Erfahrung, die ich von der Kunst besitze, läßt mich erkennen, daß der Autor solcher Dinge niemals auf einen grünen Zweig kommen wird!« Als Antwort darauf läßt Monteverdi den Band mit den kritisierten Madrigalen neu drucken – er erlebt innerhalb kurzer Zeit neun Auflagen – und schreibt dazu im Vorwort, er habe vor, »der Welt kundzutun, daß ich meine Sachen nicht ins Blaue hinein mache«. Der Streit geht über viele Jahre – und Herzog Vincenzo hält seinem Kapellmeister die Treue, auch als die ganze traditionelle Musikwelt Italiens beginnt, über ihn herzufallen.
Er war also ein umstrittener Mann, der häßliche Musiker mit dem schönen Namen Claudio Monteverdi. Und er war, das wissen wir aus seinen und seiner Freunde Briefen, durch die Aggressivität seiner Gegner tief deprimiert. In der Sache hatte er recht, das wußte er. Aber er war wehrlos gegen die Art und Weise, wie Artusi ihn zu beschämen suchte. Und am meisten deprimierte ihn, daß seine Gegner ihn angriffen, ohne ihn zu verstehen. Denn für Monteverdi ging es bei dem Streit, der da entbrannt war, nicht nur um die Kunst, sondern noch um etwas anderes. Es ging um den Menschen. Viel später, als er schon die Opern »Orfeo« und »Arianna« komponiert hatte, legte man ihm einmal ein Textbuch vor, das ihm nicht gefiel. Er sagte bei der Kritik dieses Textes: »Wie soll ich denn die Sprache der Winde nachahmen, da sie ja doch nicht sprechen können? Und wie soll ich damit die Affekte erregen? So gewiß Arianna nur als Weib die Gemüter der Zuhörer zu erregen vermochte, so gewiß erschütterte Orfeo die Herzen nur als Mensch.«
Monteverdi ist der erste Künstler der Welt, für den die Musik das tönende Abbild des Menschen war. Die Revolution, die dieser Gedanke und seine künstlerische Verwirklichung in den Geistern der damaligen Zeit hervorgerufen hat, können wir kaum noch ermessen. Sie ist auf dem Felde der Musik vergleichbar mit der Entdeckung Galileis vom Umlauf der

Erde um die Sonne. Jahrhundertealte Gesetze wurden eingerissen, die gleichförmige Harmonie, worauf Musik bisher gegründet war, zerfiel plötzlich in Konsonanz und Dissonanz – und beides diente nicht mehr der Erbauung der Zuhörer, sondern ihrer Erschütterung. Auch wo sie unterhaltend war, sollte Musik nach Monteverdis Forderung Affekte erregen, auch wo sie belehrte, sollte sie das Gemüt in Bewegung bringen, auch wo sie repräsentierte, sollte sie von den Zuhörern etwas verlangen, was ihr von jedermann bisher verweigert worden war: das Mitgefühl.

Monteverdi hat es gewagt, die Töne der Musik den Leidenschaften des menschlichen Herzens zu überantworten. Wenn aber die Leidenschaften reden dürfen, dann fallen die Gesetze von Takt und Zurückhaltung, dann läßt sich nicht mehr nur das Gute darstellen und das Böse meiden, dann ist es der Mensch mit den Höhen und Tiefen aller seiner Empfindungen, der einzelne Mensch, der seine Seele ausspricht und damit die gleichgestimmten Saiten verwandter Seelen anrührt. Dies erfordert eine Musik, die alles leistet, jeden Seufzer, jedes Jauchzen, jede Grausamkeit und jeden Verzicht. Claudio Monteverdi war entschlossen, sie zu schreiben.

Ursprünglich war das berühmte Lamento der Arianna »Lasciate mi morire« eine Opernarie, die die Klage der Ariadne um den geliebten Theseus, der sie verlassen hat, zur Darstellung bringt. Die Oper ist verlorengegangen, nur die Klage ist übriggeblieben – und Monteverdi hat später daraus ein Madrigal gemacht. Darin singen – wie in den meisten seiner Madrigale – fünf Stimmen die Empfindungen eines einzigen Menschen. Und sie singen wortgetreu – so wie dieser einzelne Mensch spräche, wenn er nicht fünf Zungen hätte, die über seine Sprache hinaus den Zuhörern bedeuten, was in ihm vorgeht. Es gibt fast kein einziges Madrigal von Monteverdi, worin die Sänger das Wort »wir« benutzen. Nicht die Gesellschaft spricht aus, was sie empfindet, sondern der Mensch spricht aus,

was ihn beseelt. Einem berühmten Madrigal-Zyklus, dessen Grundstimmung Trauer ist, hat Monteverdi den Titel gegeben: »Lagrime d'amante al sepolchro dell'amata – Tränen des Liebenden am Grabe der Geliebten«.
Musik als Sprache der menschlichen Leidenschaften und des Gefühls – das ist es, was Monteverdi erreichen wollte. Uns fällt es manchmal schwer, ihm dabei zu folgen. Denn längst haben wir uns daran gewöhnt, zu sagen: Musik ist Ausdruck. Für Monteverdi aber ist Musik Sprache – Sprache über das Wort hinaus, aber nicht ohne das Wort. Für Monteverdi muß die Musik aus dem Wort kommen, wenn sie menschlich sein soll. Denn ein Mensch teilt sich im Wort mit – und nur das, was er nicht mehr sagen kann, setzt Monteverdi in Töne. Er bettet die Worte der Dichter in die tönenden Stimmungen und Regungen des menschlichen Herzens. Wenn sich alle Leidenschaften in einer einzigen Liebesklage vereinigen, so gibt Monteverdi diese Stimme einer Frau – und läßt zwei Männer dazu singen: »Ach du Arme – ah, miserella«.
Claudio Monteverdi war seinem Elternhause nach ein Bürger, seinem Einkommen nach – wenigstens solange er in Mantua war – ein Handwerker und in seiner Musik ein Aristokrat. Mit dreiundzwanzig Jahren war er an den Hof des Herzogs Vincenzo Gonzaga gekommen, er sah sich ohne Vorbereitung aus der geordneten Bildungswelt seiner Heimatstadt Cremona in das internationale Gefüge von Politik und Kunst versetzt, das in Mantua die Struktur des Hofes bestimmte. Wir haben kein Anzeichen dafür, daß dieser einschneidende Wechsel des Milieus ihm Schwierigkeiten gemacht hätte. Er muß schon in jungen Jahren ein vollendeter Hofmann gewesen sein, und das bedeutete damals, nicht nur ein Mensch mit Manieren und Takt, sondern vor allem ein gebildeter Mensch zu sein. Monteverdi stellt durch dieses mühelose, fast graziöse Sich-Einfügen in die prunkvoll-komplizierte Welt des Mantuaner Hofes seinem Vater ein glänzendes Zeugnis aus. Denn dieser

Vater war es gewesen, der weit über die Grenzen seines bescheidenen Einkommens als Arzt hinaus für eine umfassende Ausbildung des jungen Claudio gesorgt hatte – nicht nur auf dem Gebiet der Musik, sondern dazu noch in allen Wissenschaften, die die humanistische Bildung umfaßt. So konnte es geschehen, daß Monteverdi schon sehr bald nach seinem Eintreffen in Mantua einen Freund gewann, der dort allmächtig war: den Herzog Vincenzo selbst, den anspruchsvollsten Fürsten, den Italien damals aufzuweisen hatte.

Dieser Vincenzo Gonzaga war das, was man in jener Zeit einen glänzenden Mann genannt hat. Elegant, von raffiniertem Geschmack, vielsprachig, geschmeidig, von ausgesuchtem Raffinement in seinen Vergnügungen, streute er das Geld seines reichen Landes mit vollen Händen aus, wenn sich eine Steigerung seines Lebensgefühls, seines Vergnügens, seines Ruhms erhoffen ließ. In jeder Wissenschaft und Kunst war er so weit bewandert, daß auch Fachleute sich seines Urteils nicht zu schämen brauchten. Drei Jahre vor dem Eintreffen Monteverdis hatte Vincenzo seinen berühmten Ausflug nach Ferrara gemacht, von dem er mit einer friedlich gewonnenen Beute nach Mantua zurückkehrte, um die ihn ganz Italien beneidete: den Dichter Torquato Tasso. Dieser eigenartige Mann, ein tiefer Melancholiker und ein ungeheures Genie, war auf Grund eines Zerwürfnisses mit dem Herzog von Ferrara sieben Jahre dort in Haft gehalten worden. Lange hatte man geglaubt, er sei geistesgestört. Aber er war das Licht der italienischen Sprache, und seine Verse waren damals in Italien bekannter als heute bei uns der Text der Nationalhymne. Als es Vincenzo Gonzaga gelang, den Dichter aus der Gefangenschaft zu befreien und nach Mantua zu bringen, ging ein Seufzer des Entzückens durch das Land, und der junge Herzog wurde gefeiert, wie wenn er Jerusalem befreit hätte. Wie ein anhaltender, dunkler und ernster Ton in einem heiteren Madrigal, so schritt Torquato Tasso durch den pathetischen Tageslauf des Mantua-

Torquato Tasso (1544–1595) – Gemälde von Allessandro Allori

ner Hofes, unbehelligt in seiner Schwermut und von allen scheu verehrt. Vor seiner Gegenwart verblaßten die vielen kleineren Sterne, die Vincenzo um die Sonne seiner Gunst kreisen ließ. Und die Gestalt dieses Dichters war es auch, die

den jungen Monteverdi in Mantua am meisten faszinieren mußte. Wir wissen nicht, wie ihre erste Begegnung verlief. Aber wir sehen aus dem Werk Monteverdis, wie oft und intensiv er sich mit den Versen Tassos beschäftigt hat.
Tassos Einfluß auf Monteverdi ist nicht an der Zahl der Kompositionen abzulesen, die der Maestro auf Verse des Dichters geschrieben hat. Möglicherweise hängt der ganze Gedanke, Musik als Sprache der Seele aufzufassen, mit Tasso zusammen. Nicht daß diese Idee damals nur von jenen beiden gedacht worden wäre, aber ihre Verwirklichung bis zur letzten Konsequenz ist erst durch die Tatsache hervorgerufen worden, daß am Hof von Mantua zu einer unbekannten Stunde des Jahres 1590 der junge Monteverdi dem alten Torquato Tasso begegnet ist.
Damals muß an den jungen Musiker jene Flamme gelegt worden sein, die das Talent verbrennt, um das Genie zu befreien. Und mit einer Kühnheit sondergleichen entfaltet Monteverdi seinen neuen Stil. Und wir werden noch sehen, wohin er ihn führt.
Stellen wir uns Europa im Jahre 1600 einmal ohne einen Seitenblick auf seine politischen oder sozialen Verhältnisse vor. Dann werden wir erstaunt bemerken, daß es zwei Dinge gab, die völlig international waren: in der Wissenschaft die lateinische Sprache – und in der Kunst die Musik. Wer nicht lateinisch konnte, war nicht gebildet, und wer nicht Musik machen konnte, gehörte nicht in die Gesellschaft. Niemand genierte sich, ein Dilettant zu sein und sich trotzdem öffentlich hören zu lassen, in den Familien wurde noch mehr gesungen als in den Kirchen. Die Musik war anonym. In ihr konnte ausgesprochen werden, was man als Privatmann vielleicht schwer über die Lippen brachte. Geheimnisse des Herzens, Dinge der Liebe – der himmlischen und der irdischen. Es gab dafür in der Musik eine eigene Kunstform: das Madrigal. Das war Musik zu mehreren Stimmen, die man nach Belieben und

Können auf Singstimmen und Instrumente verteilen konnte. Stets liegt eine Dichtung zugrunde, und die Töne folgen dem Sinn der Verse. Wo vier oder fünf Personen sich zusammenfanden, wo also eine kleine Gesellschaft gebildet war, dort erklang das Madrigal als ein intimes Zeichen für das freundliche Einverständnis der Versammelten. Auf diese Weise kam ein ungeheurer Verbrauch an madrigalistischer Musik zustande – man wollte stets das Neueste haben und riß dem Notendrukker die Kompositionen frisch aus der Presse. Monteverdis fünftes Madrigalbuch hat innerhalb kurzer Zeit neun Auflagen erlebt – ein Beweis nicht nur für die Qualität seiner Kompositionen, sondern auch für den Bedarf und die musikalische Neugier seiner Zeit. Alles, was Monteverdi in seinem neuen Stil zu verwirklichen suchte, hat er in den Madrigalen erprobt. Bedächtig, mit Sorgfalt und Unbeirrbarkeit schritt er über die Tradition hinaus, er verließ immer öfter die Regeln der alten Satzkunst, wagte Dissonanzen und Sprünge, die man vorher nie gehört hatte – alles, um eine intensivere Kraft für das Wort in der Musik zu finden, um deutlicher bloßzulegen, was in der menschlichen Seele vorgeht, während sie das Wort Liebe oder das Wort Tod im Mund führt. Und er fühlte sich durch die Gesellschaft seiner Zeit wunderbar bestätigt. Alles machte mit – der Herzog, die Höflinge, die Bürger, die Offiziere, selbst die Klöster, in denen man Mönche beauftragte, im Text die Dinge der irdischen Liebe mit denen der himmlischen auszuwechseln – nur um der neuen Seelensprache teilhaftig zu werden.
Als Monteverdi den Herzog auf einer Reise durch Flandern begleitete, lernte er französische Musik kennen – und mit ihr die Leichtigkeit und die Anmut in der Musik. Er entdeckte, daß das Madrigal nicht nur ein Gefäß für das Feuer der Liebe, sondern auch ein Preis für die Geliebte sein konnte. Das Resultat waren die Scherzi Musicali wie beispielsweise »Zefiro torna« oder »Chiome d'oro«.
So reizend diese Stücke sind, unsterblich gemacht hätten sie

Monteverdi nicht. Man könnte fragen: ja – ist er denn unsterblich? Die Antwort muß lauten: ja – er ist es, er wäre es selbst dann, wenn kein einziger Ton von ihm mehr aufzufinden wäre, wenn keine seiner Kompositionen je in unserer Zeit noch erklänge. Denn er ist der Vater der Oper. Sein wahres Genie begann sich erst zu zeigen, als er vierzig Jahre alt war.

Etwas mehr als hundert Jahre vor Monteverdis Geburt war Konstantinopel den Türken in die Hände gefallen. Damit war der griechische Teil des alten römischen Reiches, das byzantinische Kaisertum, aus dem politischen Spiel der Weltgeschichte verschwunden. Um so leuchtender blühte in Italien auf, was aus den Trümmern von Byzanz gerettet worden war. Die Wiederentdeckung der Antike, schon lange eingeleitet, bekam durch die byzantinischen Gelehrten, die vor den Türken flohen, neue Nahrung. Ein Jahrhundert brauchte man in Europa, um wissenschaftlich zu verarbeiten, was damals aus den byzantinischen Bibliotheken nach Italien gebracht worden ist. Nur eines ließ sich nicht entdecken: die Musik, die in der Antike gemacht worden war. Man wußte zwar, daß bei den großen Theateraufführungen im alten Athen und im alten Rom Musik erklang, man wußte, daß ganze Partien der Tragödien des Aischylos, des Sophokles, des Euripides für die Begleitung durch Musik geschrieben waren – aber wie das geklungen hat, konnte niemand sagen. Am Ende des sechzehnten Jahrhunderts versammelten sich in den Häusern der Bardi und Corsi in Florenz, unter dem Schutz mächtiger Mäzene, einige Gelehrte, Dichter und Musiker, um dieser Frage der Rekonstruktion des antiken Musiktheaters zu Leibe zu gehen. In langen, sehr komplizierten Abhandlungen unterrichteten sie die Öffentlichkeit über den Stand ihrer Forschung – und endlich wagten sie sich an einen künstlerischen Versuch. Der Komponist Peri, ein feinsinniger theoretischer Kopf, stellte den ersten singenden Menschen auf die Bühne. Alles war noch blaß, dürftig, leblos. In jeder szenischen Kantate von heute wird mehr agiert als in jener ersten Oper. Aber das Prinzip war gefunden. Und man nahm es ernst – so ernst, daß man gar nicht erkannte, wie unwichtig es war, nun eine Vorstellung vom antiken Theater zu haben. Das Wichtige blieb verborgen: daß nämlich Claudio Monteverdi von diesen Bemühungen Kenntnis erhielt und sofort die ungeheure Chance für seinen neuen Stil erkannte. Musik als Sprache der Seele: das war bisher – im Madrigal – beschränkt gewesen auf die Stimmung des Augenblicks. Auf der Bühne konnte man damit ein Schicksal darstellen. Wenn es jemals in der Geschichte der Kunst eine Situation gegeben hat, die den Vergleich mit dem aus der Asche aufsteigenden sagenhaften Vogel Phönix und seinem Flug zur Sonne rechtfertigt, dann ist es der Mantuaner Karneval des Jahres 1607. Im Februar dieses Jahres erscheint auf der Bühne der »Accademia degli invaghiti« der Sänger Orpheus, um vor den hingerissenen Zuschauern sein ganzes Schicksal zu durchleben, und es wird in jedem Augenblick von der Musik Monteverdis beseelt. Was alles hat dieser Mann, ohne irgendein Vorbild zu haben, in der Oper »Orfeo« aufgeboten! Die personifizierte Musik als Prolog; Orfeo, den Sänger, Euridice, seine Gemahlin; einen Chor von Nymphen und Hirten; die Gestalt der Hoffnung; den Fährmann Charon, der die Seelen über den Fluß der Unterwelt bringt; einen Chor der abgeschiedenen Geister; den König des Totenreiches, Pluto, und seine Gemahlin Proserpina; den Sonnengott Apoll; und nochmals einen Chor von Hirten und Landleuten. Dieses Aufgebot an auf der Bühne singenden und handelnden Menschen wurde begleitet von folgenden Instrumenten: zwei große Cembali, zwei Kontrabässe, zehn Violinen, eine Doppelharfe, zwei kleine Violinen, zwei große Baßgitarren, zwei kleine Orgeln mit Flötenstimmen, noch einmal drei Bässe, vier Posaunen, eine kleine Orgel mit Zungenstimmen, zwei Zinken, eine Piccolo-Flöte, drei gedämpfte Trompeten und eine hohe Trompete, alles zusammen sechsunddreißig Instrumente. Mit diesen großzügigen

Mitteln huldigt Monteverdi der Macht des Wortes; die erste Oper der Welt ist geschaffen.

Auf seinem Weg in das Reich der Unterwelt wird Orfeo von einer göttlichen Figur begleitet, der Hoffnung. Am Eingang zum Totenreich halten sie inne, und die Hoffnung erklärt dem Sänger, sie könne nicht weiter mit ihm ziehen, denn auf dem großen Tor stünden Worte, denen sie nicht gewachsen sei. Und die Hoffnung liest den Vers, den Dante auf die Pforte der Hölle gesetzt hat: »Laßt, die ihr eingeht, alle Hoffnung fahren – Lasciate ogni speranza, voi ch'entrate.«

Der tiefe Eindruck, den Monteverdi mit dem »Orfeo« auf die Welt machte, war für den Herzog Vincenzo gleichbedeutend mit seinem eigenen Ruhm. Als Monteverdi ihn wenig später, noch im Jahr der Uraufführung, aus Erschöpfung und Geldmangel um Entlassung bat, verweigerte er sie. Aber selbst der Glanz, den »Orfeo« dem Hause Gonzaga zugebracht hatte, änderte nichts an dem Grundverhältnis zwischen Monteverdi und dem Mantuaner Hof. Er war und blieb ein Mensch, den man sich zum Luxus hielt und nicht aus Notwendigkeit. Monteverdi wußte das. Trotzdem begab er sich, aus Liebe zu seinem Herrn, wieder in die Mantuaner Fron zurück und hielt darin aus, bis Vincenzo Gonzaga im Jahre 1612 verstarb. Sein Nachfolger hielt Monteverdi nicht mehr auf – wenige Monate nach Vincenzos Tod verließ der Maestro Mantua, um nicht mehr dahin zurückzukehren. Er hatte nach zweiundzwanzig Jahren Hofdienst fünfundzwanzig Scudi in der Tasche.

Er ahnte nicht, daß sich inzwischen die Diplomatie mit ihm beschäftigt hatte, und zwar die beste Diplomatie, die es damals auf der Welt gab, die der Republik Venedig. Es ist schon erstaunlich, was man damals in einem so raffinierten Staatswesen wie Venedig alles in Bewegung setzte, um einen Kapellmeister zu engagieren. Der Posten an San Marco war frei geworden. In der musikalischen Welt von heute gibt es wohl

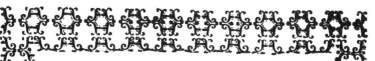

L'ORFEO
FAVOLA IN MVSICA
DA CLAVDIO MONTEVERDI
RAPPRESENTATA IN MANTOVA

Anno 1607 & nouamente data in luce

AL SERENISSIMO SIGNOR
D. FRANCESCO GONZAGA
Prencipe di Mantoua, & di Monferato, &c

In Venetia Appresso Ricciardo Amadino.

MDCIX.

Claudio Monteverdi – Titelblatt zur Partitur der Oper ›Orfeo‹

keinen Posten, der sich an Bedeutung, Würde und Annehmlichkeit mit ihm vergleichen läßt. Die Prokuratoren der Republik schickten zunächst einmal ein geheimes Sendschreiben an alle ihre Residenten in Italien, an die Gesandten an den Fürstenhöfen, selbst an den päpstlichen Hof nach Rom, und erbaten eingehende Informationen über Persönlichkeit, Charakter, Leistungsfähigkeit, Gesundheitszustand und moralisches Verhalten des Herrn Claudio Monteverdi. Dieses Material wurde im Dogenpalast gesichtet und mit dem aller möglicher anderer Kandidaten verglichen. Sodann wurden eine Reihe hervorragender Musiker gehört, die ihr künstlerisches Urteil über Monteverdi abzugeben hatten – wobei man seine Feinde ebenso aufmerksam notierte wie seine Anhänger. Über seine Fertigkeit auf Instrumenten, seine Fähigkeit als Lehrer, sein Verhalten gegenüber seinen Musikern, sein Verhältnis zu Geld und Lebenssicherheit war man genauestens unterrichtet. Die Inquisition hätte das Bild eines Menschen nicht schärfer durchleuchten können, als Venedig es tat. Ohne daß er irgend etwas davon wußte, bestand Monteverdi diese subtilen Prüfungen eine nach der anderen. Und schließlich schickten ihm die Prokuratoren die feierliche Ernennungsurkunde als Überraschung ins Haus. Man bot ihm ein Gehalt von dreihundert Dukaten (seine Vorgänger hatten nur zweihundert bezogen) und fügte gleich noch fünfzig Dukaten für seine Reisespesen an. Einträgliche Nebenbeschäftigungen waren ihm erlaubt, eine geräumige Dienstwohnung stand zur Verfügung, Benefizien in Form von Naturallieferungen waren selbstverständlich.

Monteverdi kam sich vor wie im Traum. Er fuhr nach Venedig, wurde auf das höflichste empfangen, stellte fest, daß er in seiner Kapelle wie ein souveräner Fürst regieren durfte und daß vor der Macht und dem Kunstsinn der Republik alle Lebensschwierigkeiten in Nichts zerflogen. In der goldstrahlenden Basilika des heiligen Markus trat er sein Amt an, und innerhalb kurzer Zeit war es eine Art von Naturgesetz geworden, daß die ganze Stadt zusammenlief, wenn es hieß: Monteverdi macht Musik. Der Maestro hat sich für diese Fülle von Glück und Gunst gegenüber der Serenissima auf eine Weise revanchiert, die ihn nicht nur als einen Fürsten der Musik, sondern auch als einen Venedigs würdigen Diplomaten ausweist.

Sein Amt in der Lagunenstadt umfaßte nur die Kirchenmusik. (Sehr bezeichnend ist dabei für den venezianischen Geist, daß die jährlich gefeierte symbolische Vermählung des Dogen mit dem Meer als kirchliche Zeremonie betrachtet wurde.) Als Monteverdis Ruf sich gefestigt und er die einflußreichen Familien für seine Kunst gewonnen hatte, durchbrach er im Jahre 1624 zum erstenmal seinen Amtsbereich. Er arrangierte im Haus eines reichen venezianischen Aristokraten eine Privatveranstaltung und schrieb dazu ein Musikstück, das einen Erzähler und zwei handelnde Personen aufwies. Die Begleitung ist sehr klein gehalten, da man sich ja in einem Privathaus befand – aber trotz des bescheidenen Aufwands ist dieses Stück für Venedig eine künstlerische Offenbarung geworden. Man brauchte nämlich, um es aufzuführen, eine Bühne.

Es ist eine musikalische Erzählung aus dem 12. Buch der Dichtung »Das befreite Jerusalem« von Torquato Tasso. Und es war ein sehr geschickt ins Werk gesetzter Versuch, die Oper in Venedig einzuführen. Dieses Werk trägt den Titel »Il Combattimento di Tancredi e Clorinda«.

Monteverdi setzt voraus, daß den Zuhörern nicht nur der Inhalt der Dichtung Tassos, sondern auch die besondere Situation des gewählten Ausschnitts und womöglich sogar die Verse bekannt sind. Denn erst wenn man weiß, was Tasso gesagt hat, kann man ermessen, wie wunderbar Monteverdi es in Tönen wiedersagt. Wir stellen uns also die Bühne vor. Zuerst tritt der Sänger auf, der die Handlung erzählt. Dann die beiden Helden, Tancred und Clorinde. Man befindet sich vor der

Stadtmauer von Jerusalem, während der Kreuzzüge. Tancred ist einer der großen Helden des christlichen Belagerungsheeres, Clorinde ist Heidin. Sie lieben einander. Clorinde, die oftmals wie ein Ritter in Waffen geht, wird von Tancred auf einem nächtlichen Rundgang nicht erkannt, gestellt und zum Zweikampf aufgefordert. Beim Morgengrauen hat er sie besiegt und tödlich verwundet. Zu spät erkennt er, wer sie war. Eine erschütternde Fabel, aber für Monteverdis Absicht, die menschliche Seele in allen ihren Leidenschaften durch Musik sprechen zu lassen, wunderbar geeignet.
Wir wissen, daß die Zuhörer weinten, als dieses Stück zum erstenmal erklang. Jeder Kavalier im Saal konnte Tancred sein und jede Dame Clorinde. Sie fühlten sich in ihrer menschlichen Existenz angerührt, und niemand wollte das soeben Gewonnene wieder missen. Unaufhaltsam zog von da an die Oper in Venedig ein, und Monteverdi erlebte es noch, daß in der Lagunenstadt fünfzehn Opernhäuser gleichzeitig spielten. Er selbst aber begab sich zurück nach San Marco, um dort seinen Zuhörern begreiflich zu machen, daß auch die erhabenen Texte der Liturgie die menschliche Seele zu wunderbarer Bewegung veranlassen können.
Die schönste der erhaltenen Kirchenmusiken Monteverdis ist die »Marien-Vesper« von 1610, ein zweistündiges Musikwerk, das mit dem Magnificat abschließt. An ihr läßt sich zeigen, wie ungewöhnlich Monteverdi auch sakrale Texte behandelt hat.
Der Psalm »Laudate pueri Dominum«, ein eindeutiger Lobgesang, schließt mit einem Amen, das immer leiser wird. Zum Schluß singen nur noch zwei Stimmen, die einander immer näher kommen, bis sie sich im letzten Ton völlig vereinigen und verhallen. Vielleicht gibt es in der ganzen abendländischen Musik keine Stelle, die eindringlicher zeigt, wie die menschliche Stimme die Erde verläßt, um in die unhörbare Harmonie der Schöpfung aufgenommen zu werden.

Claudio Monteverdi: ›Vesperae Beatae Mariae Virginis‹ – Schluß des Psalmus 112: Laudate pueri (Auszug aus der Partitur)

An einer anderen Stelle der »Marien-Vesper« ist von der Dreieinigkeit die Rede. Es heißt: »et hi tres unum sunt – und diese drei sind eins«. Bei den Worten »et hi tres« – und diese drei – setzt Monteverdi einen dreistimmigen Akkord. Bei den Worten »unum sunt« – sind eins – ist eine einzige Stimme zu hören. Dies ist mehr als nur Ausdeutung, es ist Symbol. Monteverdi hat in seiner Kirchenmusik versucht, die Sprache der menschlichen Seele zur Sprache des Glaubens zu machen. Im Alter ist Monteverdi in den geistlichen Stand eingetreten. Dies hat ihn aber nicht gehindert, alle Seiten seiner Kunst weiter zu entfalten – auch die Oper. Das letzte Werk, das wir von ihm besitzen, ist eine große, schon barocke Prunkoper mit dem Titel »L'incoronazione di Poppea« – die Krönung der Poppea, der Gemahlin des Kaisers Nero. Darin kommt eine Szene vor, in der Monteverdi sich so eindringlich wie nie zuvor mit dem Tod beschäftigt. Der alte Philosoph Seneca war bei Nero in Ungnade gefallen und hatte vom Kaiser den Befehl erhalten, aus dem Leben zu scheiden; er ruft seine Freunde zusammen, teilt es ihnen mit und spricht mit ihnen über den Tod.
Wer war Claudio Monteverdi? Man sagt, er habe Michelangelo

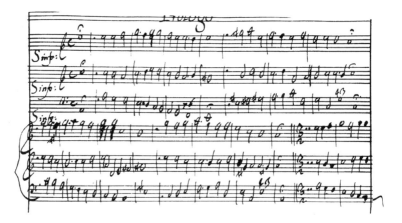

Claudio Monteverdi: ›L'incoronazione di Poppea‹ – Notenhandschrift

ähnlich gesehen. Wenn er sich nicht mit Musik und Dichtung beschäftigte, galt sein besonderes Interesse der Alchimie. Seine hundertzweiundzwanzig erhaltenen Briefe zeigen ihn als besorgten und getreuen Familienvater, als einen Mann, der dem Kaiser gab, was des Kaisers ist. Daß er Gott gab, was Gottes ist, erfahren wir aus seinen geistlichen Werken. Daß er zum erstenmal in der Musik versuchte, dem Menschen zu geben, was des Menschen ist, dankt ihm die Welt zu wenig.

Arcangelo Corelli:
das Weihnachtskonzert

Das weihnachtliche Rom ist laut bei Tage und düster in der Nacht. Wer zu später Stunde noch durch die Altstadt geht, trifft kaum auf Menschen. Sie sind geflüchtet vor den Regenschauern, die ein brausender Wind vom Meer hereinweht. In den Häusern brennen die Kamine, und der Rotwein gleicht aus, was sie an Wärme nicht geben. Die alten Paläste mit ihren riesigen Fronten und den vergitterten Fenstern im Erdgeschoß haben ein abweisendes Gesicht, stolz und verwittert wie entthronte Könige der Vorzeit, die in geheimnisvollen Verliesen ihr sinnlos gewordenes Gold hüten.

Die großen Familien, denen diese Paläste gehören, sind zumeist schon lange aus ihren Prunkräumen geflohen; Banken, Industriegesellschaften oder diplomatische Vertretungen sind dafür eingezogen. Und wenn noch irgendwo ein Träger eines erlauchten Namens seinen Palast bewohnt, dann hat er heute seinen Weihnachtsbaum in einer der kleinen Dachwohnungen angezündet, worin früher die Dienerschaft seiner Familie hauste. So sind die römischen Paläste die einzigen Bauwerke der Ewigen Stadt, an denen die Freude der Weihnachtsbotschaft vorübergeht, ohne daß auch nur ein Kinderlächeln ihre kalte Pracht erwärmen würde.

Einer dieser Paläste hat einen dreieckigen Grundriß wie das Auge Gottes. Er gehört dem Papst, obwohl er nicht im vatikanischen Gebiet liegt, sondern in der Tiberniederung, nicht weit vom linken Ufer des Flusses. Er beherbergt eine goldgewölbte Basilika, das päpstliche Archäologische Institut, die Wohnung des Kardinal-Camerlengos der Heiligen Römischen Kirche und die gefürchtete Sacra Romana Rota, jenes verschwiegene, langsam und präzis arbeitende Gericht, das unter schwerster Gewissensbelastung darüber zu entscheiden hat, wann eine vor Gott geschlossene Ehe von den Menschen getrennt werden darf. In den Aktenschränken dieses Gerichts türmen sich Kümmernisse und Irrtümer des menschlichen Herzens aus Jahrhunderten der Vergangenheit bis herauf in unsere Gegenwart. Und nur die blassen Hände einiger sehr ernst gewordener Prälaten und Mönche sind befugt, diese Schätze des Leidens zu heben.

Der Palast der Cancelleria ist in jeder Kunstgeschichte zu finden. Man rühmt sein Ebenmaß, die klassische Linie seiner Fronten, die Harmonie der Säulengänge seines Innenhofs. Überall drückt er Majestät aus, den Willen zur Größe, das Bewußtsein unverrückbarer Macht. Aber er ist ein kaltes Haus, ein starres Gefäß für die sauber zusammengebündelten Leidensgeschichten des Menschenherzens, und seine Vergangenheit ist nicht heiter. Unter Napoleon war er das Hauptquartier der französischen Besatzung, im siebzehnten Jahrhundert bewohnte ihn ein Kardinal, der gegen Ende seines Lebens seinen ganzen beweglichen Besitz versteigern mußte, um die Schulden seiner prunkvollen Lebensführung zu bezahlen. Im sechzehnten Jahrhundert gehörte er den Riari, denen Papst Leo X. das Vermögen konfiszierte, weil sie eine Verschwörung gegen ihn angezettelt hatten. Und im vorigen Jahrhundert wurde ein Minister der römischen Republik, die hier gegen den Papst ausgerufen worden war, auf der großen Treppe der Cancelleria ermordet. Ein düsteres Bild.

Die Wände der weiten Säle in diesem Palast sind bedeckt mit Malereien. Antike Helden in Waffenrüstung und Prunkhelmen haben ihren Platz neben den Heroen des christlichen Glaubens im Glanz ihrer himmlischen Verherrlichung. Aber kein Seidenstoff, kein Silber und kein Kerzenschimmer ma-

chen aus den öden Hallen Räume, in denen Menschen wohnen könnten. Das einzige Leben, das diesen Palast zur Nachtzeit durchzieht, ist von geisterhafter Art. Steigen wir in den Keller hinab, dann werden wir es sehen. Da stehen, an den Wänden der endlosen Gewölbe aufgereiht, Götter-Statuen aus dem alten Rom, verstümmelt, beschädigt, von Sprüngen durchzogen. Und zu ihren Füßen gluckst leise das Wasser. Ist es eine Quelle? Nein, es ist der Fluß, der Tiber, der sich unter der Stadt Rom bis hierher ausdehnt. Im Steigen und Fallen seiner Fluten berührt der alte Strom Latiums hier, an einem Ort, wo der Spruch des göttlichen Rechts über viele schwere Schicksale gefällt wird, die Füße seiner alten Götter. Seltsamste Verkettungen von Chaos und Gesetz, von Erde und Geist spielen sich hier seit langen Jahrhunderten geheimnisvoll ab. Und die menschlichen Leidenschaften haben sich in diese Mauern gesenkt wie in ein ungeheures Grab.
Was sollen wir in diesen verlassenen Räumen, wo unsere Schritte ein langhallendes Echo erzeugen und kein Ton an unser Ohr dringt, der uns Tröstung und Freude bringen könnte? Weil es einen Tag in der Geschichte dieses Hauses gibt, der zu uns gehört, zu unser aller Leben, ein Tag, an dem im Prunksaal dieses Palastes eine geistige Quelle aufsprang, aus der Jahrhunderte ihren weihnachtlichen Trost geschöpft haben.
Wir wissen nicht genau, an welchem Datum das war. Sicher ist nur, daß es um die Weihnachtszeit des Jahres 1712 gewesen sein muß. Hausherr war damals der Kardinal Pietro Ottoboni, Vizekanzler der Heiligen Römischen Kirche, Protektor der päpstlichen Kapelle, mit zweiundzwanzig Jahren zum Purpur erhoben durch seinen Onkel, den Papst Alexander VIII. Ein Mann von feinem Körperbau, energischem Gesicht und einer Leidenschaft für die Kunst, die ihn sein gesamtes Vermögen kostete. Kardinäle, Hofherren, Fürsten, Gesandte fremder Mächte, Gelehrte und Künstler, dazu ein Damenflor von

gefährlicher, juwelenglitzernder Schönheit sind an diesem Winterabend in die Cancelleria geeilt, die von Tausenden von Kerzen erleuchtet ist. Der Kardinal veranstaltet ein Konzert, und das Orchester, das auf der mit rotem Samt ausgeschlagenen Bühne Platz genommen hat, umfaßt eine Reihe glanzvoller Namen der italienischen Musik aus jener Zeit. Der Höhepunkt des Programms ist die Uraufführung eines Musikstücks, das noch nicht im Druck erschienen ist und den Titel trägt: »Concerto per la felicissima notte di Natale – Konzert für die glückselige Nacht der Geburt Christi«.

Der Komponist dieses Stückes ist mit dem Kardinal seit vielen Jahren verbunden, und alle Welt weiß, was Pietro Ottoboni für diesen Mann getan hat. Aber er ist heute abend nicht erschienen. Er liegt in seinem kleinen Haus an der Piazza Barberini, inmitten seiner herrlichen Violinen und Clavicembali, und nimmt Abschied vom Leben. Sein Name ist Arcangelo Corelli.

Arcangelo Corelli: ›Concerto fatto per la notte di natale‹ (Weihnachtskonzert) – Anfang: Vivace-Grave (Auszug aus der Partitur)

Das Weihnachtskonzert beginnt mit entschlossenen Schlägen; so kündet der Mann, dessen Vorname Arcangelo ihn unter den Schutz der Erzengel stellte, den Eintritt des Ereignisses von Bethlehem an. Dahinter kann sich keine Zärtlichkeit verbergen, höchstens ein Geheimnis.
Nur Streicher sind es, die spielen. Es gibt in diesem Orchester überhaupt nichts anderes. Keine Flöten, keine Trompeten, keine Orgel. Die Geige allein, die dem Menschenherzen am nächsten steht, verkündet den Anstieg des Geschehens. Die Akkorde sind nicht aufgelöst, sie schieben sich ineinander wie ein in Bewegung geratenes Gestein. Ist es der Gram, der jede Geburt begleitet, ist es die Melancholie des Weltgeschehens, die hier beschworen wird?
Dann geraten die Elemente in Bewegung. Zwei Geigen und ein Cello, das gibt drei Stimmen, eine Dreieinigkeit der Melodie, und die Schläge der harmonischen Entladungen folgen einander im größten Glanz. Das Ganze steht in Moll, denn es ist ein Ereignis der Schöpfungsgeschichte, das sich hier in Musik niederschlägt, und das Universum hat seinen Schlußakkord noch nicht gefunden. Keine Engelchöre, kein Gloria, keine Malerei in Tönen, sondern reine Musik in ihrer strengsten und gespanntesten Gesetzmäßigkeit nimmt uns mit sich fort, und das Kreisen der Gestirne hat keinen anderen Verlauf.
Was mag wohl den Kardinal in diesem Augenblick bewegen? Denkt er daran, wie er den jungen aristokratischen Geiger Corelli, dessen schönes und ebenmäßiges Gesicht mit den großen Augensternen ihm bei einem Orchesterkonzert in der Kirche des heiligen Ludwig von Frankreich zum erstenmal auffiel, nach dem Konzert zu sich rufen ließ und wie er nach einigen Minuten entschlossen war, diesem Jüngling seinen Einfluß und sein Vermögen zur Verfügung zu stellen? Erinnert er sich, welchen Eindruck es ihm damals machte, daß der Siebzehnjährige nichts anderes wollte als immer neue und bessere Lehrmeister? Wie Corelli noch als weitbekannter

Virtuose nicht aufhörte, sich als Schüler und nicht als Meister zu betrachten? Wie zögernd er seine Kompositionen herausgab und wie konsequent er jeden Wunsch zurückwies, für ein anderes Instrument zu schreiben als für die Geige und das Streichorchester? Nun liegt dieser Mann mit seiner sonnenhaften Natur im Sterben, von Trauer überschattet, von der Vergeblichkeit seines Schaffens tief überzeugt, zurückgeworfen hinter den Ausgangspunkt seiner leidenschaftlichen Bemühung um die Welt der Töne, und er findet es bedeutungslos, daß Europa seinem Stil in ganzen Generationen von Komponisten huldigt. Pietro Ottoboni weiß: der Meister hat den Frieden nicht, der aus dem Adagio klingt.

Wie kommt es, daß es Töne gibt, die in unserer Phantasie die Vorstellung von Licht erzeugen? Ist es, weil wir die Schönheit nur im Licht erkennen können und weil alles Licht in unseren Augen und in unseren Herzen Licht von jenem Lichte ist, dessen Ankunft hier durch Musik gefeiert wird?

Es bleibt nicht ruhig. Der Friede ist ein Preis, nicht ein Geschenk. Da ist plötzlich eine Ahnung kommender Dinge in die Musik geraten, gerade nur ein Hauch, der die Kerzen zum Flackern bringt, wenn die Streicher die Tonstärke steigern. Wer weiß, was kommen wird?

Ist nicht ein Anflug von Demut in die Musik eingedrungen, die ihr größeren Glanz verleiht, weil die Ahnung künftigen Geschickes sich in Ergebung verwandelt hat?

Plötzlich weiß man in diesem Saal, was Weihnachten ist. Das hat vielleicht nicht mehr viel mit der Musik zu tun. Die Gäste des Kardinals sind keine aufmerksameren Zuhörer als wir heute. Aber die Geigen Arcangelo Corellis finden ihren Weg zu den unerfüllten Wünschen und den uneingestandenen Sehnsüchten, die sich unter dem Glanz von Seide und Edelsteinen ebenso verbergen wie unter der rauhen Kutte des Mönches. Weihnachten, das ist ein zukünftiges Ereignis. Das ist ein Abend der Hoffnung, eine Vorwegnahme der Harmo-

nie, auf die der Weltlauf seufzend zustrebt, eine Verheißung, so flüchtig wie die Musik und so unsterblich wie sie.
Als das Weihnachtskonzert, zusammen mit elf anderen Concerti grossi, im Druck erschien, ruhte Arcangelo Corelli schon im Pantheon, der alten Zwölfgötter-Halle in den Thermen des Agrippa. Der Kardinal Ottoboni setzte ihm einen Grabstein in klassischem Latein, der Bildhauer Angelo de Rossi schuf die Büste, die uns noch heute von dem kleinen Monument anblickt. Ein offenes, großflächiges, kühnes Gesicht unter wallender Allonge-Perücke, ein klares, aufblickendes Augenpaar unter dem weitgespannten Doppelbogen der Brauen, ein voller, festgeschlossener Mund über einem energischen Kinn. Ein Fürst der Musik, dessen Anblick uns verstehen läßt, daß er sich unter den großen Herren dieser Welt wie einer von ihnen bewegte. Ein Mann, von dem die Mitwelt der Nachwelt eine Eigenschaft überlieferte, die wahrscheinlich die seltenste Tugend der menschlichen Natur ist und in unseren Tagen fast gänzlich verschwunden scheint: ein Mann ohne Neid.
Als Corelli nach Rom kam, war er gerade in die berühmteste musikalische Akademie Italiens berufen worden, in die Filarmonica von Bologna. Nur Mozart, der sich dort siebzig Jahre später bewarb, war an Jahren noch jünger, als er aufgenommen wurde. Trotzdem finden wir Corelli in Rom nicht als Virtuosen, sondern als einfachen Orchestergeiger in der Kirche San Luigi dei Francesi, unweit der Piazza Navona. Die französische Nationalkirche war damals von Ludwig XIV. mit reichen Gütern ausgestattet worden und bildete einen kulturellen Mittelpunkt der Ewigen Stadt. Man hielt sich dort eine ausgezeichnete Kapelle und veranstaltete mit ihr nicht nur Musik zum Gottesdienst, sondern auch Konzerte mit halbgeistlichem Inhalt, wie sie durch das Oratorium aufgekommen waren. Das Fest des heiligen Königs Ludwig von Frankreich bildete für diese spirituellen Zusammenkünfte der päpstlichen Gesellschaft den jährlich wiederkehrenden Höhepunkt. Der

junge Corelli saß – wie wir wissen – im ersten Jahr seiner Tätigkeit als erster Mann am zweiten Pult, also zwar nicht in einer untergeordneten, aber auch keineswegs in einer führenden Position. Dabei war er in Rom schon kein Unbekannter mehr. Denn die Königin Christine von Schweden, die Tochter Gustav Adolfs, die nach ihrer Abdankung und dem Übertritt zum katholischen Glauben im Palazzo Corsini residierte, hatte ihn an ihren Hof gezogen und dort als jungen Virtuosen mit großen Ehren behandelt. Schon war Corelli daran gewöhnt, goldgestickte Börsen mit sehr schwerem Dukateninhalt als Dankgeschenk für seine Kunst in Empfang zu nehmen, und trotzdem wird uns niemals berichtet, er habe etwas anderes getan als studiert.

Die Stadt Rom hatte damals ihre glanzvollste Zeit. Die großen Monumente des Barock waren vollendet. Bernini hatte die Colonnaden wie zwei die Menschheit umfassende Arme des Heiligen Stuhles vor die Front von St. Peter gelegt. Auf der Piazza Navona sprang aus dem alten Boden des domitianischen Zirkus das Wasser der drei Prachtfontänen auf, deren mittlere Bernini mit der Steinnadel des pharaonischen Obelisken krönte. Im Deckenfresko von Sant'Ignazio öffnete sich vor den Verdiensten des Jesuitenordens der Himmel, um die trostbedürftigen Bürger Roms einen Blick in jenes Reich tun zu lassen, worin man auf einem Wolkenthron den heiligen Ignatius erblicken konnte, der noch hundert Jahre vorher ein Bürger dieser Stadt gewesen war.

An Hunderten von Kirchen und Palästen wurde gebaut und dekoriert, Tausende von Künstlern bevölkerten die Stadt. Die Gesandten der fremden Mächte ließen zu ihren Einzügen die Hufe der Pferde mit Gold beschlagen und sorgten dafür, daß ein paar solcher Hufeisen auf der Straße liegenblieben. Für Festzüge, Maskeraden, Puppenspiele, für die Geburtstage der Könige und die Geburten der Thronfolger brauchte man eine ungeheure Fülle von Musik. Fast jeder Kardinal hielt einen

Hof, viele davon hatten ihre eigenen Kammervirtuosen, andere hielten sich ein ganzes Theater, wofür auch ein Papst sich nicht zu erhaben dünkte, Opernlibretti mit geistlichem Inhalt zu schreiben. Die Luft schien von Musik erfüllt, und wie eine tönende Sonne beherrschte der Glanz barocker Melodien die strahlenden Säle der Residenzen.

In dieses Feuerwerk der Künste geriet Arcangelo Corelli. Er rückte, nach einigen kürzeren Reisen, in San Luigi dei Francesi bald zum Kapellmeister auf, der damals noch nicht mit einem Stab, sondern mit einer Notenrolle oder im Mitspielen auf der Geige dirigierte – und nun dirigierte er die ganze neue Musik seiner Zeit. Die Instrumente hatten damals noch nicht den Glanz, den wir heute an ihnen kennen. Die Geigen wurden noch mit rundem Bogen gespielt, die Blasinstrumente waren noch ohne Klappen, das Klangvolumen war deshalb viel geringer. Da aber der Zeitgeist ins Großartige ging, brauchte man Musik von beträchtlicher Stärke und großem klanglichen Pathos. So kam es, daß Arcangelo Corelli, als er im Palast der Schwedenkönigin ein Konzert zu Ehren der Thronbesteigung des unglücklichen Jakob II. von England dirigierte, über 150 Musiker verfügte, zu denen auch noch ein Chor in gleicher Stärke trat. Noch großartiger war das Aufgebot in jenen Aufführungen geistlicher Musik, die von Venedig her inspiriert waren. Dort hatte der Kapellmeister Francesco Cavalli die Kunst der Doppelchörigkeit, die durch die beiden Emporen von San Marco bedingt und von Gabrieli und Monteverdi zu wunderbarer Blüte gebracht worden war, mit einem barocken Pathos ohnegleichen ausgestattet. Und nun ergriffen Rom und Arcangelo Corelli diese phantastischen Entfaltungen tönender Macht als sinngemäßen Ausdruck des Wesens der Ewigen Stadt.

Aber die Zeit und ihr Geschmack waren weitergeschritten. Und Arcangelo Corelli hatte seinen Teil dazu beigetragen. Er hielt an der Geige fest. Er ließ sich nicht vom Theater, nicht vom Ballett, nicht vom Oratorium verführen. Seine Idee war, durch den reinen Klang seines Instruments mehr auszusagen, als die menschliche Stimme und alle Poesie der Welt zusammen es vermöchten. Die Verführungen waren groß. Denn gerade damals kam in Rom ein malerisches Element in die Musik. Man entdeckte, daß es möglich sei, Vorgänge und Zustände in Tönen zu schildern. Das Oratorium, die in Musik erzählte Bibel-Geschichte, war die größte Pflegestätte dieses Stils, und wir haben herrliche Beispiele dafür, wie virtuos die ersten Komponisten dieser neuen Musikform dramatische Ereignisse ohne Szene deutlich zu machen wußten. Stellvertretend sei hier Carissimi und sein Oratorium »Jephte« genannt.

Man versammelte sich zum Anhören solcher Musik in kleinen halbkirchlichen Räumen, die meistens einer ehrwürdigen Erzbruderschaft gehörten. Die Zuhörerzahl hat zweihundert kaum überschritten. Durch die Intimität des Raumes war ein Kontakt zur Musik möglich, wie man ihn bei großen Festen oder in den weiten Hallen der römischen Kirchen niemals haben konnte. Corelli hat viele solcher Oratorien aufgeführt, in vielen anderen als Geiger mitgespielt und kein einziges selbst geschrieben. Die Liebe zur Geige hat ihn daran gehindert. Er wollte in Tönen nicht malen und nicht singen, er wollte etwas ganz anderes.

Der Kardinal Pietro Ottoboni wußte es. Inzwischen haben seine Musiker die Manuskriptblätter gewendet und setzen an zum nächsten Satz des Weihnachtskonzerts.

Corelli: Weihnachtskonzert – Vivace (Auszug aus der Partitur)

Da erinnert sich der Kardinal, der gesenkten Hauptes in seinem goldenen Sessel sitzt, an einen denkwürdigen Abend, den er mit den Mitgliedern seines engeren Hofstaates auf der Terrasse seines Schlosses verbracht hatte, das Pius IV. in den Gärten des Vatikans erbaut und mit den kühlenden Wassern einer köstlichen, weitausladenden Fontäne umgeben hatte. Damals warf man sich im Gespräch die Verse wie die Bälle zu – eine in den höheren Rängen des päpstlichen Klerus vielgeübte Sitte. Horaz wechselte mit Marini, Vergil mit dem neuesten Sonett der Gaspara Stampa, und plötzlich sprach ein junger Geistlicher aus Dantes »Paradies« den Vers dazwischen: »Ridur lo mondo a suo modo sereno.« Die Welt zurückführen auf ihr feierliches Maß. Da war Arcangelo Corelli aufgestanden und hatte sehr ernst zu dem Kardinal gesagt: »Das ist es, was ich meine: die Welt zurückführen auf ihr feierliches Maß.«
Wie war es dazu gekommen? War es einfach die Natur dieses Mannes, schlichte und überschaubare Verhältnisse im Leben wie in der Kunst dem Ausdruck der Leidenschaften vorzuziehen? Sein eigenes Werk spricht dagegen, denn niemand kann leugnen, daß diese Musik voller Leidenschaft steckt. Es war die Welt, worin er lebte, die ihn zu der Einsicht brachte, daß der menschliche Geist Grenzen braucht, um wahrhaft frei zu sein, daß die Töne das Schweifen der Gefühle zwar darstellen, aber nicht beruhigen können und daß die Kunst nicht nur die Abgründe der menschlichen Seele zeigen, sondern auch die Schwingen verleihen kann, darüber hinwegzufliegen. Die Welt, in der Arcangelo Corelli lebte, war weit von dem feierlichen Maß entfernt, auf das der Meister sie zurückführen wollte. Es war längst nicht mehr eine Mode, sondern die Regel, frivol zu sein. Die ererbten Formen der Religion wurden in großen Ehren gehalten, doch entschuldigte man sich untereinander, wenn es einmal den Anschein hatte, man könne ihrem Inhalt zuviel Gewicht beimessen. Man suchte der Dämonen habhaft zu werden, indem man sie auf dem Theater darstellte,

und man war fast sicher, auf einen Platz im Himmel rechnen zu können, wenn man nur getreulich in die Vorstellung ging. Dabei war man fromm, aber man war es durch Pomp. Die phantastische Darstellung der Schuld schien wichtiger als ihre Sühne. Man lebte in einer Welt der Extreme, in der tiefe Zerknirschung über die Last begangener Irrtümer scheinbar übergangslos in den Taumel barbarischer Stierhetzen oder in den anmaßenden Theaterluxus des Todes mündete. Die Gestalt, in der diese Welt innerhalb der Stadt Rom ihren reinsten Ausdruck fand, war die Königin Christine von Schweden. Papst und Kardinäle waren verführt gewesen, auf die Nachricht von ihrem Übertritt zur katholischen Kirche große Hoffnungen zu setzen. Denn daß die Tochter Gustav Adolfs vor dem Papst das Knie zu beugen bereit war, mußte auf die Protestanten einen tiefen Eindruck machen. Dabei rechnete man nicht mit Christines barockem Charakter. Sie entpuppte sich als ein gutherziges Wesen, das sich in erster Linie dem Vergnügen, in zweiter dem guten Essen und Trinken und allenfalls noch dem Klatsch hingab. Die Königin hatte einen beweglichen Geist, aber sie betrachtete es als einen Teil ihres Genies, keinen Gegenstand ernsthaft behandeln zu müssen, da sie sich auf ihre gottesgnadenhafte Vorstellungskraft verließ, mit der es leicht zu rechtfertigen war, niemals bei der Stange zu bleiben. Sie war an allem interessiert, ohne bei den Menschen, die sie befragte, den geringsten Unterschied im Urteil zu machen. Der Papst und die Kardinäle wurden hauptsächlich von ihr bemüht, wenn sie den Zipfel eines theologischen Problems in die Hand bekam, aber sie war bereit, ihn wieder fahren zu lassen, sobald sich ein Höfling ihr mit schlechten Versen auf ihre Tugend nahte.

Sie begann, ihre Erinnerungen aufzuzeichnen, kam jedoch nicht einmal bis zu ihrem Thronverzicht, was sie nicht daran hinderte, auf das Titelblatt zu schreiben: Geschichte der Königin Christine – Gott gewidmet. Und im Vorwort steht der

Satz, der an Gott gerichtet ist: Ich bin durch Eure Gnade diejenige von Euren Kreaturen, die Ihr mit den meisten Vorzügen ausgestattet habt. Ihr Hof wimmelte von Scharlatanen und Schmarotzern, zumal sie die Eigenschaft besaß, Geld mit vollen Händen auszugeben, auch wenn es geborgt war. Da sie andererseits von der Idee beseelt war, den Künsten und Wissenschaften ein strahlender Leitstern zu sein, mischten sich bedeutende Gelehrte unter ihr Gefolge, denen sie in der arkadischen Akademie einen Rahmen von jahrhundertelanger Bedeutung gab. In dieser Arkadia, die eine Art geistiger Republik mit antikischem Zeremoniell war, nahm man besondere, meistens griechische Namen an. So wurde Christine von Schweden einfach Basilissa, die Königin, genannt, und Arcangelo Corelli, der nicht fehlen konnte, trug den Namen Arcomelo Erimanteo. Wir wissen, wie bedeutsam die Beziehung zwischen der extravaganten Königin und dem Virtuosen Corelli war. In ihren Salons stellte er sich der schillerndsten Gesellschaft, die die Welt aufzuweisen hatte, nicht mehr als braver Orchester-Geiger, sondern als gefeierter Solist dar. Und er muß, nach dem Zeugnis von Zeitgenossen, ein herrlicher Geiger gewesen sein. Nicht so sehr seine Technik war es, die die Zuhörer berückte. Er selbst hatte die Zauberkünste gesehen, die seine deutschen Zeitgenossen auf der Geige fertigbrachten, und hat sie niemals nachzuahmen versucht. Es waren sein Ton und der Adel seines Ausdrucks, was ihm die Herzen gewann. Da ihm der Neid gänzlich fremd war, teilte er das Geheimnis seines Spiels freimütig an seine Kollegen mit, wurde ihr natürlicher Führer und erzog so das erste Streichorchester der Welt zu einer Klangpracht, die die Menschen jener Zeit darauf vergessen ließ, daß man anders als auf der Geige noch Musik machen konnte. So sehen wir ihn inmitten des Barockgetriebes als einen römischen Orpheus den Bogen heben, der unberührt von Pomp und Laster den reinsten Ausdruck menschlicher Empfindung aus vier Saiten zu ziehen weiß.

Das sind Töne, wie sie die Zuhörer in der Cancelleria noch niemals gehört haben. Ein Hirtenmotiv, als freundliche Musikbeigabe zur Weihnachtszeit, das war von vielen schon geschrieben worden. Corelli hatte es bis zu diesem Augenblick nie getan. Und was nun erklingt, heißt zwar Pastorale, aber es könnte ebensogut »melodia eterna« heißen, die unaufhörliche Melodie, die auf geheimnisvolle Weise aus einem Ton ans Licht tritt und Welt und Menschen in Bewegung hält. Welch ein Weg ist zurückgelegt, bis es zu dieser Musik kommen konnte. Da ist

Corelli: Weihnachtskonzert – Pastorale (Auszug aus der Partitur)

das Hirtenidyll von Bethlehem, noch vom Glanz der Engel umleuchtet und schon vom Stern der Könige überstrahlt, das gibt die Grundvorstellung. Da ist die Bewegung des Menschenherzens zu seinem Schöpfer hin, der allein die Ruhe ist und der Schlußakkord aller Musik und aller Zeit, das hat an Afrikas Küsten der heilige Augustinus hinzugefügt. Da ist der Gang des Saitenspiels aus dem Orient nach Europa, von den Arabern vielleicht aus Indien übernommen, in die Höfe der spanisch-maurischen Burgen gebracht und dort vom Abendland entdeckt. Aus dem alten Boden des antiken Rom steigt der Gotenkönig Theoderich der Große auf, der die Streichinstrumente besonders liebte. Generationen von Minnesängern und Fahrenden führen über das raffinierte Hoforchester Burgunds zu den Meistern der Stadt Cremona, deren Dreigestirn unter den Namen Amati, Guarneri und Stradivari dann endlich das Wunder schafft, das wir eine Geige nennen. Und nun ergreift dieser aristokratische römische Kapellmeister das tausendjährige Instrument und entdeckt in ihm eine neue Eigenschaft: die Geige ist ein beseeltes Wesen. Sie ist nicht einfach eine kunstvolle Fortsetzung der menschlichen Stimme, sie ist ein belebtes Geschöpf, und die Seele des Spielers muß mit ihr reden, wenn sie klingen soll. Ein Gebilde aus zartem Holz und beschwingter Luft gibt dem Menschen tönende Antwort auf alles, was sein Herz bewegt. Corelli hat das Geheimnis hundertfach erprobt, und seine Partituren sind voll von einfachsten Melodien, die den Spieler zu dem wunderbaren Zwiegespräch mit seinem Instrument verführen sollen. Und dies alles, seine ganze Kunst und Erfahrung, mündet nun am Ende seines Lebens in die unaufhörliche Melodie des Hirtengebetes von Bethlehem.

In Italien gibt es eine Stadt, die zu Corellis Zeiten die Musik in Erbpacht genommen hatte: Venedig. Das siebzehnte Jahrhundert wurde dort von einem Mann beherrscht, dessen Stern sich in unseren Tagen zu neuem Ruhm erhellt hat: Claudio Monteverdi. Er war ein pompöser Mann und ein unfaßbares Genie. Die Entdeckung, die er in der Geschichte der abendländischen Musik gemacht hat, war nicht kleiner als die Corellis. Aber sie war ganz anders. Monteverdi hat in der Musik den Menschen als leidendes und handelndes Wesen dargestellt, er hat versucht, die Wandlung der Empfindungen seinen Gestalten im dramatischen Geschehen in den Mund zu legen, er hat seine Sänger stets auf der Bühne gesehen, auf der des Theaters, auf der des Lebens und auf der Bühne des Welttheaters. Das rauschende Bläsergetöse zur Einleitung glanzvoller Feste war ihm ebenso vertraut wie die einsame Klage der verlassenen Frau, die nur noch den Wunsch hat zu sterben. Er läßt einen antiken Kaiser die Schönheit einer Frau über alle Macht der Welt hinaus preisen, er bindet den Schlag der Nachtigall in die

Sehnsucht eines Liebenden ein, der seine Geliebte im sinkenden Abend in der Ferne sucht. Den Philosophen Seneca läßt er in breitem Baßgetön den gelassenen Abschiedsgesang vor dem Tod anstimmen, und er gibt dem Orpheus Klänge mit auf den Weg in die Unterwelt, die das Herz des Schattenfürsten Pluto rühren und bewegen. Der Ruhm des Hofes von Mantua, der märchenhafte Glanz der Seestadt Venedig, die erhabene Aura des Wiener Kaiserhofes sind ihm der Hintergrund für dramatische Tonwerke, in denen der Mensch die Macht des Gesanges bis zur äußersten Grenze erprobt. Als Kapellmeister in der Markus-Kirche hat dieser Mann das Gold von Byzanz zu seinen Häupten gespürt und in Töne umgemünzt, die das ganze geistige Reich des Orients in die Musik des Abendlandes einbeziehen. Wenn er sich anschickte, Worte der Bibel zu komponieren, geriet in seine Werke eine alttestamentarische Majestät, und die Stimme des Königs David vor der Bundeslade ist darin lebendig.
Ist ein größerer Gegensatz denkbar als von der Musik Monteverdis zu den Geigen des Arcangelo Corelli? Würden wir nicht alle glauben, daß der Riese Monteverdi des römischen Geigers zarten Versuch mit der Gewalt seiner Tonsprache erdrücken mußte? Es verhielt sich anders. Monteverdi starb, noch ehe Corelli geboren wurde. Auf seinem Weg fortzuschreiten, war nur in der Oper möglich, nicht im Konzert. Denn Monteverdi, der Dramatiker, brauchte Text, und Corelli hat nicht ein einziges Wort vertont. Der Römer spürte, daß der venezianische Weg zu Ende gegangen war. Er setzte anders an. Er wollte nicht schildern, sondern spielen. Und noch zu seinen Lebzeiten gibt es einen rothaarigen jungen Geistlichen, der Corellis Idee in Venedig gegen die monteverdische Tradition zum Sieg führen wird: Antonio Vivaldi.
Dieser seltsame Mann, der zeit seines Lebens Direktor eines ob seiner Musikaufführungen berühmten Waisenhauses war und von den Venezianern »il prete rosso«, der rote Priester,

genannt wurde, hat seinen Lehrmeister Corelli nie gesehen. Aber er hat, selbst ein Geiger von hohen Graden, tiefer als viele andere die Möglichkeit erkannt, die in der Idee des Instrumentalkonzerts verborgen lag. So begann er zu komponieren, mit einer unfaßbaren Leichtigkeit und in solcher Fülle, daß heute noch nicht alle seine Werke im Druck erschienen sind. Konzerte für zwei Violinen, drei Violinen, vier Violinen und Streichorchester, in denen man das Meer und die Brandung und das Flüstern der Lagune hört. Er hat die Jahreszeiten in einen Zyklus von Streicherkonzerten eingefangen, er hat seinen Stücken dichterische Titel gegeben, etwa »La tempesta del mar« – der Sturm auf dem Meere – oder »La notte« – die Nacht. Er war ein Poet, ein sensibler Aufspürer geisterhaften Lebens, ein hellhöriger Venezianer mit geschärften Nerven, unruhig, brillant, virtuos, den Elementen, dem Gold, den Geheimnissen seiner Stadt in der Tiefe seiner Seele verbunden. Weit mehr noch, als Corelli sich hatte träumen lassen, verlangte er der Geige ab, feinste Nuancen mußten die Spieler seiner Werke zur Verfügung haben, um nicht zur Langweiligkeit verurteilt zu sein. Er ließ die Geige nicht nur singen, er ließ sie schreien, seufzen, stöhnen, in Jubel ausbrechen und zitternd hinsterben. Niemand weiß, welcher Form der Musik Vivaldi sich zugewandt hätte, wäre Corelli nicht gewesen. Und hätte Vivaldi anders komponiert, so wäre auch das Schaffen Johann Sebastian Bachs in anderen Bahnen verlaufen. Vivaldis Musik öffnet der Geige, der Corelli das Menschenherz erschlossen hatte, die Reiche der Natur.

Wenden wir uns nun von Italien ab und dem fernen Irland zu. In Dublin hat sich in der ersten Hälfte des achtzehnten Jahrhunderts ein italienischer Kunsthändler niedergelassen, der der irischen Aristokratie heroische Landschaften aus seiner Heimat verkauft. Viele der Meisterwerke des großen Pannini, die sich heute in England, Schottland und Irland in Privatbesitz befinden, sind durch seine Hände gegangen. Sein Name ist

Francesco Geminiani, und in seiner Bildergalerie befindet sich ein Konzertsaal. Denn Geminiani lebt zwar vom Kunsthandel, aber er lebt für die Musik. Er hat in Rom studiert, sein Lehrer ist Arcangelo Corelli. Und so kommt es, daß der Stil Corellis sich über die grüne Insel ergießt, und die Reinheit des Geigentons vermischt sich mit der verhaltenen Poesie der irischen Seele zu einem Ozean von Streicherharmonien.

Corelli hat nicht gewußt, wie weit seine Werke wirkten. Er vermutete in Venedig keine Freunde, und Irland lag gänzlich außerhalb seines Gesichtskreises. Daß er in Frankreich Vorbild war, hat er auf Reisen selbst erlebt. Aber das Herz dieses Römers hing an einem anderen Land, an Deutschland. Wir wissen nicht genau, wann und wie lange Corelli in Deutschland war, aber sicher ist, daß er zwei Reisen machte, die ihn für Jahre ins Rheinland und nach Bayern führten. Ein Zeitgenosse, der ihn in München getroffen hat, berichtet belustigt von dem seltsamen Deutsch, das der Meister gesprochen habe. Und es ist kein Zufall, daß die Widmungsseite des sechsten Bandes seiner Konzerte, unter denen sich auch das Weihnachtskonzert befindet, den Namen des wittelsbachischen Kurfürsten Johann Wilhelm trägt, dem Corelli sich durch Jahrzehnte verbunden fühlte. Am 3. Dezember 1712 schrieb Arcangelo Corelli, schon vom Tod gezeichnet, im vollendeten Stil des Hofmannes dem Kurfürsten folgenden Widmungsbrief: »Eure Kurfürstliche Durchlaucht, der Genius des Krieges, der unsere Zeiten beherrscht, hat es notwendig gemacht, daß die Großmächte ihr Augenmerk hauptsächlich darauf richten, den Lärm ihrer Kriegstrompeten zu verstärken. Unser Jahrhundert geriete in Gefahr, als kunstfeindlich zu gelten, weil es die leichteren Vergnügungen souveräner Geister zu vernachlässigen scheint – wäre nicht in der Person Euer Gnaden ein Schutzherr des freundlichen und angenehmen Bereiches der schönen Künste aufgestanden. So wage ich es, Euer Gnaden demutsvoll zu bitten, die Erhabenheit Eures Blickes wenigstens flüchtig auf diese

Arcangelo Corelli (1653–1713) – zeitgenössischer Kupferstich von Howard

meine Blätter zu werfen, was allein schon genügen würde, ihnen einen glorreichen Wert zu verleihen. Ich bin Euer Gnaden untertänigster und demütigster Diener – Arcangelo Corelli.«
So hat das Auge dieses Mannes einmal auf unserer Landschaft geruht. Er hat unsere Weihnachtsglocken läuten hören, er hat an unseren Tischen gesessen und hat unseren Weihnachtslie-

dern gelauscht. Und er ist in unserer Christmette gewesen. Wir wissen nicht, ob es ihn beeindruckt hat. Aber der menschliche Geist ist eine seltsame Schatzkammer. Corelli hat sein Weihnachtskonzert im römischen Stil geschrieben, in der Klarheit lateinischer Linienführung, in der Sicherheit einer vollendet gebauten Form. Er hat den Ereignissen von Bethlehem einen musikalischen Kommentar größter geistiger Spannung beigegeben und nur einmal seinem Gefühl freien Lauf gelassen: im letzten Satz, im Pastorale. Niemand weiß, ob dabei die Bilder unserer schneebedeckten Berge ihm die Landschaft Bethlehems ersetzten, die er nie gesehen hat. Vielleicht hat er von der Wärme unserer Weihnacht jene winzige Lichtspur mitgenommen, die genügt, um noch nach vielen Jahren die zarteste Regung unseres Herzens hervorzurufen: die Dankbarkeit, daß es Weihnachten gibt.

Aus der Cancelleria haben sich die Schatten verflüchtigt; der goldne Sessel des Kardinals Ottoboni steht leer. Die Prunkräume ruhen im Schweigen der Nacht, verschlossen stehen die Schränke der Sacra Romana Rota, die die Leidensgeschichte des menschlichen Herzens enthalten. Corellis Weihnachtsbotschaft kehrt nicht an den Ort zurück, von dem sie ausging. Die Welt hat sie aufgenommen und willkommen geheißen. Überall auf dem Erdkreis erklingt das »Concerto per la felicissima notte die Natale«. Es ist leicht, bei dieser Musik sich seine eigenen Gedanken zu machen, denn sie schreibt uns nichts vor und trägt uns nichts auf. Sie ist da und tönt aus den Körpern der Geigen und aus den Herzen der Spieler. Sie führt keine Bilder mit sich, die wir uns vorstellen müßten, um sie zu verstehen. Sie erklärt nur, wenn man alle ihre Bewegungen zusammennimmt, ohne Wort und Absicht, warum die Nacht der Geburt Christi eine glückselige ist. Diese Musik ist ernst, denn Weihnachten ist ein Fest der Hoffnung. Sie ist klar, denn Weihnachten ist ein Fest des Glaubens, und sie leuchtet, denn Weihnachten ist ein Fest der Liebe.

Johann Sebastian Bach:
»Schlage doch, gewünschte Stunde...«

Im Jahre 1750 hatte die sehr angesehene Mizlersche Musikalische Sozietät in Leipzig den Tod eines ihrer Mitglieder zu beklagen. Nach den Gepflogenheiten der Gesellschaft wurde ein Leipziger Literat damit beauftragt, ein Sinngedicht auf den Heimgegangenen zu verfassen, das – bei dessen Gedenkfeier – in Töne gesetzt dargeboten werden sollte. Herr Dr. Georg Wenzky versuchte, die Trauergefühle der Gesellschaft in Verse zu kleiden, die mit folgendem Chor beginnen:

> »Dämpft, Musen, euer Saitenspiel!
> Brecht ab, brecht ab die Freudenlieder!
> Steckt dem Vergnügen itzt ein Ziel:
> Und singt zum Trost betrübter Brüder.
> Hört, was euch das Gerüchte bringt,
> Hört, was für Klagen Leipzig singt.
>   Es wird euch stören:
>   Doch müßt ihrs hören.«

Sodann hat nach der Absicht des Verfassers eine Personifikation der Stadt Leipzig aufzutreten und in einem freien Sprechgesang der Welt mitzuteilen:

> »Der große Bach, der unsere Stadt,
> Ja der Europens weite Reiche
> Erhob, und wenig seiner Stärke hat,
> Ist – leider! eine Leiche.«

Grotesk klingt das heute, da wir wissen, wer Johann Sebastian Bach gewesen ist. Damals wohlgemeint, und noch unter das Beste zu zählen, was geschah – im Zusammenhang mit dem Sterben dieses Mannes.

Der Rat der Stadt Leipzig gab – acht Tage nach dem Tode Bachs – routinemäßig zu Protokoll, »der Cantor der Thomas-Schule, oder vielmehr der Capell-Director Bach sey ebenfalls verstorben«. Keine Andeutung seiner Größe, nicht einmal ein Wort für seinen Fleiß. Bach – das war für Leipzigs Räte ein querköpfiger und unbequemer Musicus, altmodisch noch dazu, und es bestand kein Anlaß, um ihn zu trauern, da er doch seinen eigenen Ruhm längst überlebt hatte. Zum Glück war er schon einige Monate vorher krank gewesen, so daß man für den Nachfolger rechtzeitig hatte sorgen können. Der Premierminister Graf Brühl in Dresden hatte einen treuherzigen Organisten empfohlen, Herrn Johann Gottlieb Harrer, und man hatte nichts dabei gefunden, diesen braven Mann schon zwei Monate vor Bachs Tod in der Thomaskirche eine Eignungsprobe für das künftige Kantorat zu St. Thomas ablegen zu lassen, für den Fall, daß – wie in der Stadtchronik zu lesen steht – »der Capellmeister und Cantor Herr Sebastian Bach versterben sollte«.

Als dies geschah, lag Bach – der zwei mißglückte Augenoperationen hinter sich hatte –, geschwächt durch falsche Medikamente, auf seinem Krankenbett im ersten Stock der Thomasschule zu Leipzig. Die Kirche, in der sein Nachfolger auf Bachs Orgel dem Rat vorspielte, lag keine hundert Schritt entfernt. In das abgedunkelte Zimmer des Kranken drangen die Klänge, die ihn aus Amt und Leben verdrängen sollten. An jenem Nachmittag erfuhr Johann Sebastian Bach, daß für die Ratsherren von Leipzig sein Tod gewiß war – so gewiß wie ein amtlicher Beschluß. Aber Bach war nicht der Mensch, der einem Widersacher die Antwort schuldig blieb. Und auch diesmal – erblindet – hat er sie gegeben.

Johann Sebastian Bach (1685–1750) – Bildnis in mittleren Jahren (Herkunft unbekannt)

Wann er zum erstenmal gemerkt hat, daß sein Tod bevorstand, weiß man nicht. Immerhin: der Gedanke daran kann ihm nicht leicht gefallen sein. Die Welt kannte ihn als einen großen Virtuosen, als einen Meister aller musikalischen Kunstfertigkeit – aber sie hatte sein Spiel geschätzt, nicht seinen Geist. Er hatte ein geordnetes Hauswesen aufgebaut, aber es hatte wenig materiellen Wert. Von seinen einundzwanzig Kindern waren zwölf noch zu seinen Lebzeiten gestorben – es hatte immer wieder Augenblicke in seinem Leben gegeben, wo die Wiege und der Sarg gleichzeitig in seinem Haus waren. Fünf von den neun Lebenden waren halbwegs erwachsen und versorgt, vier blieben unmündig mit seiner zweiten Frau Anna Magdalena zurück. Bei der Hartherzigkeit des Stadtrates konnte er sich ausrechnen, wie es seiner Frau nach seinem Tod ergehen würde. (Tatsächlich ist sie zehn Jahre nach ihm als »Almosenfrau in der Hayn-Straße« in bitterer Armut gestorben.) Zum erstenmal in seinem Leben konnte sich Bach nicht wehren – denn er war blind. Mitten in der Arbeit an einer riesenhaften Fuge mit vier Themen mußte er die Feder aus der Hand legen. Wir besitzen die Handschrift noch und können noch heute den Kampf gegen das Schwinden des Augenlichts nachverfolgen, den er geführt hat. Drei von den vier Leitgedanken der Fuge, die er sich zu entwickeln vorgenommen hatte, konnte er noch niederschreiben. Die ersten beiden sind voll durchgeführt, im dritten bricht die Handschrift ab, mit einer einzigen, seltsam fragenden Stimme, die den letzten Takt von seiner Hand durchläuft. Der vierte Teil der Fuge ist – Schweigen. In dieser riesigen Fuge, an der Bach bis zur Erblindung gearbeitet hat, gibt es eine Merkwürdigkeit. Eben jener dritte Leitgedanke, jenes letzte Thema, das er wohl noch entfalten, aber mit den beiden vorhergehenden nicht mehr ganz vereinigen konnte, beginnt mit den Noten B-A-C-H. Der Name Bach, musikalisch ausgedrückt. Ihn, seinen eigenen Namen, bringt er nicht zu Ende. Ist das wirklich nur ein Zufall?

Sein Sohn Philipp Emanuel schrieb später neben den letzten Takt der Handschrift: »Über dieser Fuge, wo der Nahme BACH im Contrasubject angebracht worden, ist der Verfasser gestorben.« Und er setzt vor diese Anmerkung die Buchstaben NB – notabene – merke es wohl.
Dies alles, der Abbruch seiner Arbeit, der Verlust des Augenlichts, der zunehmende Verfall seiner Kräfte – dies alles lag schon Wochen zurück, als Bach die Demütigung erfuhr, die ihm der Rat der Stadt Leipzig durch die unbekümmerte Erprobung seines Nachfolgers zufügte. Es hat wohl eine Zeit gedauert, bis Bach die Beleidigung vergaß, weil er innewurde, daß er tatsächlich sterben würde. Dann aber tat er etwas, worauf niemand mehr gefaßt war. Er rief seinen Schüler Altnikol und diktierte ihm seine letzte Komposition: eine Choralfantasie für die Orgel auf das alte hugenottische Lied »Wenn wir in höchsten Nöten sein«. In der Niederschrift ist alles zu sehen: die Pausen der Erschöpfung, wenn der Kranke nicht mehr weiter konnte, die von Tag zu Tag dünner werdende Tinte, die Mühe, die der Schüler in der künstlichen Dunkelheit des Sterbezimmers mit dem Schreiben hatte. Als Überschrift für dieses allerletzte Werk wählte Bach den auf die gleiche Melodie gesungenen Text: »Vor Deinen Thron tret' ich hiemit.« Doppeldeutig, doppelsinnig, wie sein ganzes Werk: Niemand kann unterscheiden, wo die Kunst ihre Grenzen verläßt und übergeht in die Einfachheit der Natur – wo der Mensch seine Grenzen verläßt und übergeht in die Welt der Gnade.

Nur Johann Sebastian Bachs jüngste Tochter erlebte das Jahr 1800. Unvermählt und in großer Dürftigkeit wurde sie allein von allen überlebenden Kindern Bachs noch gewahr, daß die Welt das Werk ihres Vaters zu begreifen begann. Ihre hochberühmten Brüder, die sich zum Teil noch bei Lebzeiten des alten Bach von seinem Stil getrennt hatten und die

Vorbereitung der Klassik in Europa vorantrieben, waren alle in der Überzeugung dahingegangen, des Vaters Zeit sei endgültig vorüber. Das achtzehnte Jahrhundert sah die Söhne in ihrer Bedeutung weit über den Vater hinausgewachsen – und ungehört verhallte Mozarts bezauberndes Wort: »Bach ist der Vater, wir sind die Buben, wer von uns was Rechtes kann, hats von ihm gelernt.« Es bedurfte dieses armen, hungernden alten Fräuleins Regina Susanna Bach, um den Namen des Vaters wieder zu Ehren zu bringen: die Neuentdeckung des fast vergessenen Thomas-Kantors begann mit einem flammenden Artikel des Leipziger Musikschriftstellers Rochlitz, der im Jahre 1800 die ganze musikalische Welt Europas aufrief, der letzten Tochter Bachs die Kümmernisse des darbenden Alters zu ersparen. Regina Susanna Bach erlebte auch noch, daß ein Buch über ihren Vater erschien, dessen Autor, der Göttinger Universitätsmusikdirektor Johann Nikolaus Forkel, Bachs Söhne gekannt und aus ihren Berichten und eigenen Forschungen eine Bach-Biographie geformt hat, wie man sie ehrfürchtiger nicht schreiben kann. Von Forkels Buch nahm die Bach-Bewegung ihren Anfang – und sie ist heute längst zu einer Weltbewegung geworden. Wem gelingt es schon, heute ohne Bach zu leben?

Play Bach – soll das Bach sein? Ja, dies ist keine Parodie, vielmehr eine Jazz-Verkleidung von Werken des großen Meisters, von drei Franzosen mit unglaublichem Ernst musiziert.
Was Leopold Stokowski in seiner Bearbeitung für großes Symphonieorchester mit der d-Moll-Toccata macht, ist weit schlimmer als die Play-Bach-Version desselben Stückes. Diese Musik hat man einmal in einem deutschen Film dazu hergenommen, einen Sturm auf dem Meer zu illustrieren – mitten darin schwamm der Nürnberger Seefahrer Martin Behaim und rettete seinen Globus aus den Wellen.

Seitdem der Geiger Fritz Kreisler auf die Idee kam, man könne das Air aus der Orchester-Suite in D-Dur auch auf der G-Saite der Violine, und nur auf ihr, spielen, gehört dieses Stück zum festen Bestandteil der Krematoriums-Trauerfeiern bei uns. In Japan bevorzugt man es in Nachtlokalen. Bach hatte es sich wohl ein bißchen anders vorgestellt.

Und schließlich gibt es für Trauer und Freude, für Hochzeit und Begräbnis, für Maiandacht und Rührungsfilm ein hundertprozentig sicheres Stück: das erste Präludium aus dem »Wohltemperierten Klavier«. Charles Gounod, ein Komponist aus dem Frankreich vor hundert Jahren, bemerkte, daß diese gebrochenen Akkorde viel einschmeichelnder klingen, wenn man eine Melodie darüber legt, und daß diese Melodie überhaupt keinen besseren Text bekommen kann als das Ave Maria. Dann braucht man nur noch Benjamino Gigli, und das Kunstwerk ist fertig.

So schlimm es ist – und ich gebe zu, es ist unterschiedlich schlimm –, in allen drei Fällen handelt es sich um Bach. Und ich muß bekennen, ich ziehe vor den drei Jazz-Musikern mit großem Respekt meinen Hut, wenn ich dabei an Gigli und Gounod denke.

Großzügige Verteidiger solcher Praktiken gibt es viele. Und sie haben dabei ein erstaunliches Argument, das sie wirkungsvoll ins Feld führen: Bach selber hat es nicht anders gemacht. Das ist – rätselhafterweise – nicht zu leugnen. Die wunderreiche Musik der Matthäus-Passion, die er 1728 begann, war noch nicht fertig, als ihn die Nachricht erreichte, sein hochverehrter Gönner und ehemaliger Brotherr, der Fürst Leopold zu Anhalt-Cöthen, sei gestorben. Der Hof zu Anhalt brachte gleichzeitig den Wunsch zum Ausdruck, Bach möge für das Leichenbegängnis eine Trauermusik schreiben. Er war aber mitten in der Arbeit an der Passion. An eine Neuschöpfung war nicht zu denken. Glücklicherweise war sein Textdichter ebenfalls für die Anhalter Trauermusik aufgeboten worden.

Und so kam es zu einer seltsamen Parodie. Die Musik, die auf die Worte des Evangeliums oder deren Kommentare geschrieben war, erhielt einen Text, der sich auf Leopold von Anhalt-Cöthen bezog. Zu der Melodie der Arie »Komm süßes Kreuz« aus der Matthäus-Passion ließ Bach beim Fürstenbegräbnis bedenkenlos den Text singen:

>»Laß, Leopold, Dich nicht begraben,
>Es ist Dein Land, das nach Dir rufft,
>Du solst ein ewig sanffte Grufft
>In unser aller Hertzen haben.«

Bei Albert Schweitzer steht in diesem Zusammenhang der Satz: »Es ist kaum glaublich, daß der Bach, der die Matthäus-Passion geschrieben hat, und der, der diese Musik mit allem, was sie ausdrückt, in der Parodie mit Füßen trat, ein und dieselbe Persönlichkeit sind.« Und doch ist es derselbe Mann. Wenn man sich einmal mit dieser Tatsache abgefunden hat, wenn man einmal aufgegeben hat, Lösungen für die Fragen zu suchen, die dieser Mensch stellt, wenn man einmal bereit ist, ihn hinzunehmen als ein Rätsel, dann schleicht sich der große Zweifel ein: Verstehen wir ihn überhaupt? Gibt es einen Nenner für seine Widersprüche? Man kann sagen ja, wenn man daran glaubt, daß es für die Widersprüche in eines jeden Menschen Schicksal und Dasein einen Nenner geben muß. Nur: ist er auffindbar? Gibt es einen Ort, einen Gedanken, eine Idee, worin die Gegensätze dieses merkwürdigen Menschenwesens zusammenfallen? Die gängige Antwort ist: Die Mitte des Bachschen Wesens ist die christliche Religion. Daraus erklärt sich jeder Widerspruch, darin löst sich jedes Rätsel. So leicht wollen wir es uns aber nicht machen.
Die Schwierigkeiten nehmen ihren Anfang in der Tatsache, daß seine Kunstfertigkeit erschreckend ist. Er kann alles. Er schreibt im zweiten Brandenburgischen Konzert einen dritten

Satz, dem der schärfste Kritiker nicht eine Note hinzufügen könnte. Etwas später verlangen es sein weitberühmter Name, die Etikette und sein Geldmangel, daß er eine Ruhmeskantate auf einen der verschollenen Duodez-Fürsten seiner Zeit zu komponieren hat. Er nimmt den fertigen Konzertsatz, setzt ihn eine Terz tiefer, komponiert einen vollen vierstimmigen Chor hinzu und ergänzt das Ganze mit zwei weiteren Trompeten und Pauken – und niemand erkennt mehr den alten Satz, obwohl es sich um die gleiche Musik handelt.
Diese Kunstfertigkeit, dieses mühelos-artistische Umgehen mit seinem tönenden Stoff, diese denkerische und spielerische Souveränität über die Welt der Töne schrieb Bach ausschließlich seinem eigenen Fleiß zu. »Ich habe fleißig sein müssen«, sagt er, »wer ebenso fleißig ist, wird es ebenso weit bringen.« Wir haben Grund zur Annahme, daß diese Äußerung nicht auf übertriebener Bescheidenheit beruht, sondern Bachs Überzeugung war. In der Tat war er ein Genie des Fleißes – kein Kopist wäre in der Lage, innerhalb der Lebenszeit des Meisters, was von seinem Werk erhalten ist, auch nur abzuschreiben. Indessen wissen wir nichts darüber, ob sich Bach irgendwann in seinem Leben gefragt hat, was seinen Fleiß von dem anderer Menschen unterscheide. Bach war ein sicherer Mensch. Er wußte genau, was er konnte. Ob er aber wußte, wieviel seine eigene Kunst wert war, ist nicht bekannt. Fremden Meistern, die ihm weit unterlegen waren, öffnet er in behäbiger Gastfreundschaft sein Haus – er schreibt ihre Kompositionen ab, bearbeitet sie, er unternimmt Reisen, um die Kunst dieser Meister zu hören und zu studieren, er bedauert es ein Leben lang, Händel nie persönlich getroffen zu haben – er lernt, lernt, lernt. Mehrere Zeitgenossen berichten übereinstimmend, er habe zum Beispiel bei Beginn einer Orgelimprovisation stets zuerst das Stück eines fremden Meisters gespielt, bevor er zu eigenen Erfindungen ansetzte. Die Musik seiner Kollegen an den Fürstenhöfen Europas und an den großen Orgeln der

Städte war ihm geradezu ein psychologisches Reizmittel, um seine Phantasie in Bewegung zu bringen. Und in dem Maße, wie er die Kunst seiner Zeitgenossen überbewertete, unterschätzte er sein eigenes Werk. Am rührendsten ist das an der unbegreiflichen Nachlässigkeit abzulesen, womit er seine Kompositionen nach Fertigstellung und einmaliger Aufführung behandelte. Niemals hat er versucht, ein Werk von sich irgendwo zu propagieren, niemals hat er sich vorstellen können, es könne jemand ein Interesse daran haben, an einem anderen Ort als Leipzig und mit anderen Musikern als den seinen ein größeres Werk von Johann Sebastian Bach aufzuführen. Die Gleichgültigkeit, mit der er Kantatenchöre und Arien durch Textveränderung aus der geistlichen in die weltliche und aus der profanen in die sakrale Sphäre versetzt, mag eine Wurzel in dieser unbekümmerten Unterschätzung seiner Arbeiten haben.
Andererseits kann man nicht leugnen, daß Bach ein durchaus selbstbewußter Mensch war. So ließ er zum Beispiel bei einem Kanon, den er in der üblichen, gedrängten und verschlüsselten

J. S. Bach: ›Musikalisches Opfer‹ – Notenstich der Zeit

*Friedrich II. und J. S. Bach in der Garnisonskirche zu Potsdam
(Herkunft unbekannt)*

Form geschrieben hatte, absichtlich den Weg zur Auflösung wegfallen. Statt dessen stehen über dem Kanon die Worte »Quaerendo invenietis« – Suchet, so werdet ihr finden. Und es machte ihm nichts aus, daß sich unter den Musikern, die er auf diese Weise hängen ließ, auch der König Friedrich II. von Preußen befand. Ihm hat er den besagten Kanon »Quaerendo invenietis« zusammen mit andern Wundern kontrapunktischer Kunst als »Musikalisches Opfer« gewidmet. Aber auch sonst hat Bach – wenn man von den konventionellen Formeln des untertänigen Briefstils absieht – eine beherrschte, respektvolle Sprache mit gewichtigem, eigenständigem Ausdruck. Er wußte, was er wollte. Er wußte auch, was er konnte. Die Frage ist nur, ob er wußte, wer er war.

Wer war Johann Sebastian Bach? In der Geschichte der Genies gibt es kaum einen merkwürdigeren Menschen. Die Stationen seiner Lebensbahn zeichnen einen bescheidenen, bürgerlichen Rahmen. Er war ein sparsamer Hausvater, aber ein großzügiger Gastgeber. Er hatte einen starken Familiensinn, ein ausgeprägtes Bewußtsein für die Grenzen seines Standes – aber auf dem Felde der Musik verkehrte er mit Fürsten wie mit seinesgleichen. Er war von lebhaftem Temperament und geriet gelegentlich in Zorn, gegenüber Ungerechtigkeiten war er fast überempfindlich. Kleinliches Verhalten, wie es ihm besonders in Leipzig durch Jahre entgegengebracht wurde, vertrug er schlecht – seine Denkungsart war zu gerade, seine Aufrichtigkeit zu groß. Und dieser handfeste, ehrenhafte, gutherzige Mann, ein Bild des christlichen Bürgers mit allen seinen Grenzen, schrieb in seinem Musikzimmer in der Thomasschule zwischen Gottesdiensten, Begräbnissen, Schulunterricht, Musikstunden, Verwaltungsärger und Kindergeschrei Kompositionen nieder, die der Welt ein neues Gesicht gaben.

Ob in Bach wohl geheimnisvolle Dinge vorgingen, die nichts mit seinem äußeren Erdendasein zu tun hatten? Vielleicht hegte er eine innere Welt, deren Qualen und Herrlichkeiten sich nur in Tönen niederschlagen konnten? Er selbst spricht dagegen: denn zeit seines Lebens hat er jedermann voller Freude an seiner Kunst teilhaben lassen, er kannte kein Berufsgeheimnis, er war nicht einmal in Sorge, ob die Gestalt seiner Werke vollkommen sei oder nicht. Er hatte keine Angst, sein Inneres aufzudecken, seine Wege preiszugeben, auch wenn er selbst noch nicht am Ziel war. Er ist kein Olympier, kein Apoll, kein Weiser, kein Prophet. Joseph Haydn berichtet einmal, er sei während der Abfassung seines Oratoriums »Die Schöpfung« manchmal in Tränen ausgebrochen – so sehr habe er sich von der Gewalt der Inspiration überwältigt gefühlt. Ähnliches bei Bach? – Nein. Keine Rede davon.

Ein Einziges, was Bach sein ganzes Leben lang tat, ist sicher, denn er tut es noch heute: er hilft. Seiner Gemeinde hilft er, sich den Weg des Herrn auf dieser Welt deutlicher vorzustellen, und er hilft ihr, in Andacht durch das Kirchenjahr zu finden. Aufstrebenden Klavierschülern hilft er mit wunderbaren kleinen Stücken, Inventionen genannt, zu vollkommenerem Spiel. Lernenden Organisten bietet er als Leitfaden für den Gottesdienst das Orgelbüchlein an, den Meistern unter den Kirchenmusikern aber die Choralvorspiele, die Fantasien, die Präludien und die Fugen – keinen Ton nur um seiner selbst willen, alles für den praktischen Gebrauch.

Bach hilft. Einmal erhielt er den Besuch des Grafen Keyserlingk aus Dresden, der einen hochbegabten jungen Cembalisten namens Goldberg in seinen Diensten hatte. Der Graf litt unter chronischer Schlaflosigkeit und pflegte sich in den langen Nachtwachen von Goldberg vorspielen zu lassen. Von Bach erbat er sich eine Folge interessanter kürzerer Stücke von heiterem Charakter. Bach nahm den Auftrag an und schrieb das berühmteste Variationenwerk der Klavierliteratur: die »Goldberg-Variationen«, dreißig Abwandlungen eines gleichbleibenden harmonischen Gerüstes. Von da an war Goldberg, wenn er zur Nachtzeit das Schlafzimmer seines Herrn betrat, stets auf die Worte gefaßt: »Ach, lieber Goldberg, spiele mir doch eine von meinen Variationen.« Bach hatte geholfen.

Hilft Bach – manchmal – auch sich selbst? Ich glaube, ja. Am meisten dann, wenn er sich anschickt, nicht nur Musik zu machen, sondern mit Musik zu spielen. Und er ist ein leidenschaftlicher Spieler – nicht nur auf seinen Instrumenten, nicht nur mit seinen aufs vollkommenste durchgebildeten Händen. Er ist mehr: ein Spieler der Stille. Manchmal gleicht er dem einsamen Schachspieler, der den Partner nicht mehr braucht. Goethe, der einmal beim Anhören Bachscher Musik sagte, es sei, »als ob die ewige Harmonie sich mit sich selbst

Johann Sebastian Bach: ›Goldberg-Variationen‹ – Aria

unterhielte« –, hat etwas davon geahnt. Nur ist die Sache bei Bach – glaube ich – viel konkreter. Der Tonraum, den das menschliche Ohr umfaßt, ist durch die Grenzen der Hörorgane bestimmt. Innerhalb dieser Grenzen hat der Mensch die Fähigkeit, jeden beliebigen Ton aus der Stille hervorzurufen

– ob er ihn nun singt oder spielt oder sich ihn nur vorstellt, bleibt gleich. Bestimmte Töne in bestimmten Zeitverhältnissen hintereinander hervorzurufen – das ist ein Vorgang des Ordnens, denn die Stille ist ein Chaos, solange sie nicht durch Töne gegliedert wird. Damit aber diese ins Leben gerufenen Töne einander nicht stoßen und zerstören, bedarf es der Gesetze. Diese Gesetze erkennt und benutzt der menschliche Geist – und daraus entsteht Musik. Sie kann freier und gebundener sein, sie kann aber auch so präzis auf nur einen musikalischen Gedanken konzentriert sein, daß jeder Ton eines Musikwerkes die Rechtfertigung seines Erklingens aus einer einzigen musikalischen Quelle erhält. Die tönende Kunstform, die hieraus entstand, ist die Fuge. So viele Stimmen sie auch hat, sie wird von einem einzigen Haupt regiert: dem Thema. Was Bach bis in die Tage seines Endes hinein an Kraft und Vergnügen, an Spekulation und Kunstfertigkeit auf die Fuge verwendet hat, ist nicht meßbar. Daß er es sich nicht leicht gemacht hat, kann jedermann erkennen. Uns aber soll jetzt die Frage beschäftigen: Warum hat er sich der Fuge so sehr verschrieben?

Zunächst eine Feststellung, die nicht eine Antwort auf diese Frage, aber die Voraussetzung für eine Antwort ist: Es gibt in der abendländischen Musik keine Kunstform, die auch nur annähernd soviel Konzentration verlangen würde wie die Fuge. Schon die Erfindung des Themas, dann seine Entfaltung, das Auswägen der musikalischen Verhältnisse, die Proportion von Anfangsteil, freier Durchführung und Schlußteil verlangen vom Komponisten, daß er unablässig die ganze Gestalt der Fuge vor Augen hat und jeden Ton, den er schreibt, auf diese Ganzheit hinordnet und bezieht. Er ist mit seinem Verstand aufgerufen, die Gesetze der Fuge einzuhalten, mit seinem Gefühl, die Ausdruckskraft der Stimmen zu prüfen, mit seiner Einsicht, die Zeitverhältnisse festzulegen, während er sich als geistiges Wesen um die Gestalt seines Werkes müht. Es scheint

mir, als sei Bach ein Mensch gewesen, der die Konzentration mit Leidenschaft gesucht und immer neu geübt hat. Konzentration – worauf? Nicht nur auf die musikalischen Gesetze – auf das Organische, auf das Wachsende, auf das geordnete Fortschreiten in der Zeit, auf das Lebendige. Auf seinen Anfang, auf sein Ende und auf seine Wiederkehr.
Und erst hiermit gelangen wir zur Religion. Schon aber befinden wir uns vor neuen Schwierigkeiten. Nehmen wir einmal eine Tenor-Arie aus der Kantate »O Ewigkeit, du Donnerwort«; ihr Text lautet:

> »Ewigkeit, du machst mir bange,
> Ewig, ewig ist zu lange!
> Ach, hier gilt fürwahr kein Scherz.
> Flammen, die auf ewig brennen,
> Ist kein Feuer gleich zu nennen;
> Es erschrickt und bebt mein Herz,
> Wenn ich diese Pein bedenke
> Und den Sinn zur Hölle lenke.«

Ein schauriger Text, man muß es zugeben. Und wenn wir an die Musik dazu denken, stellt sich die Frage: Ist das nicht ein wenig banal – die Ewigkeit durch überlang gedehnte Töne, die Höllenflammen durch halsbrecherische Koloraturen darzustellen? Daß es großartige Musik ist, wird man nicht ohne weiteres bestreiten können. Trotzdem wird man das Gefühl nicht los, man müsse diese Tonmalereien erst einmal vor sich selbst mit einer zeitgeschichtlichen Erklärung entschuldigen, bevor man sich die Erlaubnis erteilt, den Wert der Musik anzuerkennen. Ein ganz anderes Bild, aber nicht weniger merkwürdig, tritt uns in der Instrumental-Einleitung entgegen, die der Kantate »Liebster Gott, wann werd' ich sterben« vorausgeht. Wir werden eingeladen, uns in eine sanfte, etwas wehmütige Stimmung zu versetzen. Niemand, der nicht

ausdrücklich darauf aufmerksam gemacht worden ist, würde von sich aus erkennen, daß das ausgedehnte Verharren der Flöte auf einem einzigen Ton, den sie vielmals wiederholt, das Läuten des Totenglöckchens darstellen soll.
In beiden Fällen – in der Ewigkeits-Arie und in der Totenglöckchen-Flöte – versucht Bach, etwas Vorstellbares auszudrücken. Er geht von der sehr einfachen Erfahrung aus, daß Musik den Bildern, die aus Worten kommen, für die Dauer eines flüchtigen Augenblicks mehr und glaubwürdiger das Leben einhauchen kann, als die Phantasie es vermöchte. Bach unterstützt die Gemeinde, er richtet ihr Augenmerk auf innere Erfahrungen und Vorstellungen, die mit der Ewigkeit zusammenhängen. Er malt nicht, er macht etwas vorstellbar – wie primitiv diese Vorstellung dann auch immer ausfallen mag. Er hilft. Aber natürlich: er hilft *seiner* Gemeinde, er hilft Menschen, die seit zweihundert Jahren tot sind, er hilft nicht uns. Oder doch?
An einem dritten Beispiel – einem Rezitativ aus der Kantate »Ich hatte viel Bekümmernis« – zeigt sich unsere Schwierigkeit ganz deutlich: Es tritt eine Person auf – Bach hat sie mit einer wunderbaren Baß-Partie ausgestattet –, eine Person, die in unserem Leben eine wesentlich andere Rolle spielt als in der Glaubenswelt Bachs: Jesus Christus. Auf die Gefahr des Vorwurfs hin, nun selber historisierende Erklärungen abzugeben, müssen wir uns mit der Person Jesu Christi beschäftigen, wollen wir Bach nicht mißverstehen.
Daß Bach an Christus glaubte, können wir als sicher voraussetzen. Die Frage ist aber, wie, auf welche Weise er es tat. Auch unter den heute noch ernsthaft gläubigen Christen ist die Beziehung, die sie zu Christus als Gott, als Mensch, als Erlöser haben, längst getrennt von ihrer Einstellung zur Person Jesu. Was uns das Verständnis Bachs in seiner Glaubenswelt so schwierig macht, ist die einfache Tatsache, daß Bach ein Mensch gewesen ist, dem es eine Selbstverständlichkeit war, in

der Person Jesu einen unentbehrlichen, greifbaren Lebenspartner zu erblicken. Es zeigt sich also, daß Bach doch nicht jenem Schachspieler gleicht, der auf seinen Partner verzichten kann. Der Partner ist da, er heißt Jesus Christus – und die Musik ist für Bach das heiligste Mittel, um mit der Person Jesu ein immerwährendes Gespräch zu führen.

Setzt man dieses Lebensgespräch zwischen Bach und Jesus als wahr voraus, dann können – bei ein wenig gutem Willen – die vorhin zitierten, am Rande des Banalen stehenden Musikbilder Bachs einen Hauch von ihrer ursprünglichen Naivität und Unschuld zurückgewinnen – selbst für uns, die wir es so schwer haben, überhaupt noch zu ahnen, was naiv und unschuldig ist. Das Thema der Bachschen Lebensfuge ist Jesus Christus – in demselben Sinn, wie das Thema unseres Lebens die Einsamkeit geworden ist. Diese Partnerschaft zwischen Bach und Jesus hat nichts mit Mystik zu tun. Ich kann es nicht beweisen, aber ich bin davon überzeugt, daß Bach in seinem Leben nie eine Vision gehabt hat. Da der Vorgang aber trotzdem schwer zu begreifen bleibt, möchte ich die Aufmerksamkeit auf eine Begleiterscheinung dieser intimen Personenbeziehung lenken.

Jeder Mensch hat eine halbwegs bestimmte Vorstellung von dem, was er als Wirklichkeit bezeichnet. Die meisten von uns gehen dabei von der Annahme aus, Wirklichkeit sei das, was beweisbar ist. Man kann auch so weit gehen, zu sagen, Wirklichkeit sei, was sich durch allgemeine Erfahrung als beweisbar herausstellt. Der Unterschied von uns zu Bach tritt an diesem Thema klar zutage. Für Bach beginnt die Wirklichkeit mit Jesus Christus – in demselben Sinn, wie jede Fuge mit dem Thema beginnt. Das bedeutet für den Wirklichkeitsbegriff Bachs, daß an jeder greifbaren irdischen Handlung, vom Prozessieren bis zum Komponieren, ein Stückchen Übernatur im Spiel ist. Seine Vorstellung von Beweisbarkeit ist also mit der unseren nicht zu vergleichen. Denn für ihn hat ein Wort

Jesu die gleiche Beweiskraft wie jede irdische Erfahrung. Es handelt sich also um eine intime geistige Kommunikation zwischen der Person Jesu und dem gläubigen Christen Bach – sie ist der eigentliche Boden für die Bachsche Wirklichkeit. Auf ihr baut er nicht nur sein Leben auf, sie durchdringt auch, wie ein feinster Wirkstoff, die ganzen Gewebe seiner Kunst.

Nur durch diese geheimnisvolle Mitbestimmung der Übernatur im Leben Bachs werden die Rätsel deutbar, die er uns aufgibt. Das Wechselspiel zwischen Heiligem und Profanem, die Gleichgültigkeit gegenüber seinen abgeschlossenen Werken, der Stolz des Meisters und die Demut des Lernenden, die in Tönen erzählende Phantasie und die gewaltige Konzentration auf das Gesetz der Musik – alle diese Gegensätze verlieren ihr Gewicht vor der Einheit, mit der Bach den Zusammenhang von Natur und Übernatur begreift.

Und hier beginnt der Thomas-Kantor, für uns wahrhaft ein Problem zu werden. Daß Bach ein gläubiger Mensch gewesen ist, sehen wir ein. Daß wir seinen Glauben nicht mehr begreifen, nehmen wir hin. Da seine Musik auch für uns noch schön ist, hören wir sie uns an. Aber: wie sollen wir, in einem bequemen Sessel sitzend, beim Anhören der Matthäus-Passion auf der Langspielplatte noch etwas anderes zustande bringen als einen ästhetischen Genuß und ein Urteil über die Qualität der Aufführung? Schon im Äußeren fehlt alles Ungewöhnliche: die besondere Situation, die Feierlichkeit, die Kirche. Und in uns selbst – was fehlt da alles? Die Fähigkeit zur Konzentration ist geschwunden. Was außerhalb unser selber existiert, muß beweisbar sein, sonst halten wir es für ein Märchen oder für frommen Aberglauben. Ob die menschliche Seele unsterblich ist oder nicht, ist ein theoretisches Problem geworden. Aber wer legt sich noch die Frage vor, ob seine eigene Seele unsterblich ist und was mit ihr geschieht? Alles dies verlangt Bach in seiner Musik ununterbrochen von uns. Zum Glück, sagen wir, ist diese Musik mit so viel Kunst gemacht, daß wir uns auf unsere Kennerschaft zurückziehen können – so wie man sich vor einer Madonnenstatue auf die Erörterung des Faltenwurfs zurückzieht, weil man der Mutter Gottes auszuweichen wünscht.

Und diese Flucht glückt uns durchaus – mit einer einzigen Ausnahme: dem Tod. Wer von uns wünscht seinen eigenen Tod, wer von uns harrt ungeduldig auf sein Sterben? Bach hat es getan. Er hat gerne gelebt, aber er lebte mit seinem eigenen Tod. Wir leben – gegen ihn. Unser Ende ist uns keine Wirklichkeit und schon gar nicht eine willkommene. Bach hat komponiert: Schlage doch, gewünschte Stunde. Wir – begreifen es nicht mehr.

Niemals hat Bachs Musik eine solche Verbreitung gefunden wie in unserer Zeit. Wir sind bereit, alles zu tun, ihm jede Ehre zu geben, wenn wir nur das einzige nicht hören müssen, worum es Bach gegangen ist: daß wir ein Schicksal haben, das über unser Erdendasein hinausreicht. Wir ziehen es vor, im Ungewissen zu bleiben. Wir hören Bachs Musik, wir danken ihm, wir feiern ihn, wir verehren ihn, aber wir leben, als ob es ihn nie gegeben hätte; schlimmer noch: als ob ein solcher Mensch gar nicht denkbar wäre. In herrlichen Aufführungen lassen wir uns umhüllen von seinen Tönen, beflügeln von seinem Geist, trösten von seiner Menschlichkeit, erheben durch seine Kunst. Wir messen allen diesen Dingen einen großen Wert zu, auch für unser eigenes Leben. Nur eines: der Glaube, aus dem Bach lebt – strömt ungehört an unseren Ohren vorüber.

Und wenn er wirklich eindringt – gegen unseren Willen –, dann werden wir zynisch und machen die Matthäus-Passion zum gesellschaftlichen Ereignis. Die Stunde unserer Begegnung mit Gott ist keine gewünschte Stunde mehr. Der Dichter Wolfgang Borchert findet dafür ein paar bittere Worte, deren Wahrheit mit Bedacht am Ende dieser Betrachtung steht:

»Aber wenn der große Chor dann BARRABAS schreit, BARRABAS blutdurstig und blutrünstig schreit, dann fallen sie nicht von den Bänken, die Tausend in sauberen Hemden. Nein und sie weinen auch nicht und beten auch nicht und man sieht ihren Gesichtern, sieht ihren Seelen eigentlich gar nicht viel an, wenn der große Chor BARRABAS schreit. Auf den Billetts steht für zehn Mark MATTHÄUS-PASSION. Man kann bei der Passion ganz vorne sitzen, wo die Passion recht laut erlitten wird, oder etwas weiter hinten, wo nur noch gedämpft gelitten wird. Aber das ist egal ... Alle beherrschen sich gut bei der Passion. Keine Frisur gerät in Unordnung vor Not und vor Qual. Nein, Not und Qual, die werden ja nur da vorne gesungen und gegeigt, für zehn Mark vormusiziert. Und die BARRABAS-Schreier die tun ja nur so, die werden ja schließlich fürs Schreien bezahlt. Und der große Chor schreit BARRABAS.«

J. S. Bach: ›Matthäus-Passion‹ – Chor Nr. 60 (Auszug aus der Partitur)

1

Wolfgang Amadeus Mozart:
Das Schicksal eines heimlichen Propheten

»Der, welcher wandert diese Straße voll Beschwerden,
wird rein durch Feuer, Wasser, Luft und Erden;
wenn er des Todes Schrecken überwinden kann,
schwingt er sich aus der Erde himmelan.«

Es gibt niemand, auf den diese Worte aus der »Zauberflöte« wahrhaftiger zuträfen, als den Menschen, der zu ihnen die Musik geschrieben hat: Wolfgang Amadeus Mozart.
Eine Straße voll Beschwerden war sein Lebensweg. Im Widerstreit der Elemente, den er in der Musik, im Schicksal und in seiner Natur mit voller Gewalt erlebte, bewahrte er sich die Reinheit der Empfindung. Die Schrecken des Todes haben ihn früh erreicht, lange begleitet und endlich verlassen, als sein Geist und sein Werk sich aus der Erde himmelan erhoben. Vielleicht hat der Verfasser des Textes, Mozarts Freund Emanuel Schikaneder, der berühmte Theatermann aus Regensburg, nicht gewußt, welche Wahrheit er mit diesen Worten aussprach, aber sicher hat Mozart die Bedeutung geahnt, die sie für ihn und sein Leben hatten. Und wir, seine spätgeborenen Erben, können vielleicht an diesen Worten erkennen, wie tief das Beste unseres eigenen Lebens mit jenen fünfunddreißig Jahren zusammenhängt, die Mozart auf Erden weilte.
Eine Straße voll Beschwerden war sein Lebensweg. Im Jahre 1756 wurde er in Salzburg geboren. Mit fünf Jahren begann er zu komponieren, mit sechs erlitt er das Schicksal eines reisenden Wunderkindes. Mit vierzehn war er Mitglied der

weltberühmten Akademie von Bologna. Mit einundzwanzig faßte er eine heftige, unerwiderte Liebe zu einer jungen Mannheimer Sängerin und heiratete später ihre Schwester, mit der er halbwegs glücklich lebte. Mit dem Erzbischof von Salzburg, der ihn wie einen Lakaien behandelte, hatte er einen bösen Streit. Er ging voller Hoffnungen nach Wien, hatte Erfolg, aber nicht genug, wurde Hofkapellmeister, ohne davon leben zu können. Er reiste in Frankreich, Italien und England, im Rheinland, in Preußen, Bayern und Böhmen, geriet in furchtbare wirtschaftliche Not und starb, verarmt und unbeachtet, am 5. Dezember 1791 in Wien. Sein Grab ist unbekannt. Von seinen Zeitgenossen kritisierten viele an seiner Musik die scharfen Kontraste und hielten, was Reichtum war, für Künstlichkeit. Manche ahnten seine tiefere Bedeutung für die Welt, aber im Grunde wußte vielleicht nur sein Freund Joseph Haydn, welch ein Genie er war.
In vielen Städten Europas hat Mozart sein Glück gesucht. Salzburg, München, Mannheim, Paris, London, Mailand, Rom und Wien sind die Stationen seiner Hoffnung, die stets bereit war, für Wirklichkeit zu nehmen, was in Wirklichkeit ein Wunschtraum war. Gefunden hat er sein Glück in Prag. In dieser hunderttürmigen Stadt lebte damals ein Geist, dem seinen verwandt. Dort war man daran gewöhnt, die ernsten Dinge heiter zu sehen, und man wußte zugleich, daß erst die Melancholie des Vergänglichen Anmut in das Leben bringt. Mozarts phantastischer Sinn wurde in dieser Stadt aus tausend Quellen gespeist. Die dunkle Schwermut slawischen Blutes, vermählt mit der pompösen Gebärde des italienischen Barock, der überströmende Reichtum des Landes Böhmen und seiner Herren, die Trauer und die Weisheit der Judenschaft, der freundliche und sorglose Lebensstil aller Stände und die überwältigende Musikalität von Stadt und Menschen – dies alles hat sein Herz begeistert. Wahrscheinlich hat Mozart, als er nach Prag kam, die Kürze seiner zugemessenen Lebensspan-

Wolfgang Amadeus Mozart (1756–1791) als Zehnjähriger in Paris – Gemälde von Joseph-Siffred Duplessis

ne viel deutlicher geahnt, als er zugab. Längst war er bereit, mit einer Hingabe ohnegleichen nur dem Augenblick zu leben. Längst war er daran gewöhnt, sein eigenes äußeres Mißgeschick mit den Jahren steigen zu sehen. Und die Menschen in Prag spürten die Dankbarkeit, die er zu geben bereit war für jeden Tag ohne drückende äußere Sorgen. So überhäufte man ihn mit Ehren, die Stadt war voll von seinen Melodien, zu seinem Entzücken spielten selbst die Harfner in den böhmischen Volksschenken noch ganze Partien aus der »Hochzeit des Figaro«. In Prag allein waren ihm – auf der Höhe seines Lebens – Wochen vergönnt, in denen er vergessen konnte, wie schwierig sonst sein Dasein zwischen Gläubigern, Auftragshast, Stundengeben und blassen Erfolgsaussichten verlief. In Prag fühlte sich sein Genie in Harmonie mit den Dingen dieser Welt – ein Zustand, dem er Dauer gewünscht hätte, wäre ihm nicht bewußt gewesen, wie wenig Kraft er hatte, außerhalb der Musik seiner Existenz einen Plan zu geben. Denn nur in der Musik hat dieser Mensch gelebt, und so fühlte er sich vom Glück getragen in einer Stadt, in der damals die Musik das Elixier des Lebens war.

Eine Straße voll Beschwerden, das ist sein Lebensweg. Wie oft hat er gesagt, daß das Komponieren seine einzige und wahre Freude sei. Sein ganzes Wesen war auf das Erschaffen von Tönen gerichtet, auf ihre Ordnung, ihren Ausdruck, ihren Geist. Und nichts in seinem Wesen blieb übrig, um für die tägliche Ordnung seines Daseins Sorge zu tragen. So bot er seinem Vater Leopold, der ein sparsamer und strenger Rechner war, einen immerwährenden Anlaß zur Mahnung. Auch seine Frau Constanze, in der Familie Mozart nicht willkommen, glich den Zustand nicht aus. Denn beide waren im Grunde heitere und leichtlebige Menschen, weit mehr zur Sorglosigkeit als zur Vorsorge geboren – und das Resultat sind jene von Scham durchzitterten Briefe aus dem letzten Lebensjahr, in denen der Schrei nach dem Nötigsten sich nur noch an die

Güte und nicht mehr an das Verständnis der Freunde wendet.
Schwerwiegender noch als diese wirtschaftlichen Dinge war die unendliche Mühe, mit der Mozart um den Erfolg zu kämpfen hatte. Er war weltberühmt, aber jedermann war immerfort bereit, ihn zu kritisieren. Erst der »Zauberflöte« stimmte man rückhaltlos zu – aber da war es zu spät, denn drei Monate nach der ersten Aufführung war Mozart schon tot. So hat er sein ganzes Leben zwischen Zuversicht und Enttäuschung verbringen müssen, ohne den sicheren Grund einer allgemeinen künstlerischen Anerkennung zu erreichen, wie sie anderen Musikern seiner Zeit so leicht gefallen war. Das Musikleben am Wiener Hof wurde damals durch den ruhmbedeckten alten Ritter von Gluck und den liebenswürdigen und unternehmenden Italiener Salieri beherrscht – und erst dann war auch noch Mozart da. Niemand bestritt sein Talent, viele waren auch bereit, sein Genie zuzugeben. Doch wurde ihm das beklagenswerte Schicksal zuteil, zu denjenigen Menschen zu gehören, von denen die Welt so leicht zu sagen pflegt: »Er ist ja hochbegabt – aber...« Dieses »Aber« hat Mozart sein ganzes Leben gehört. Niemals ist er – außer in Prag – für seine Mitwelt der strahlende Stern gewesen, der er für die Nachwelt geworden ist.
Und so hetzt er sich durch seine Lebensbahn, verschenkt sich, verbraucht sich, vergeudet sein Genie ohne Plan und Ruhe. Schlimmer als die Mißerfolge sind die halben Erfolge, jene trügerischen Ansätze des Glücks, denen sein gutgläubiges Herz allzu leicht erliegt. Die einzige Sicherheit ist ihm die eigene Kunst – er flüchtet geradezu in das Komponieren. Auf diese Weise schreibt er in dreißig Lebensjahren ein Werk von unfaßbarem Umfang. Es ist ein Werk der Hoffnung. Denn dieser Mann, dessen Körper klein und schmächtig war, dessen Züge – soweit wir sie aus durchschnittlichen Bildern kennen – nichts von seinem Genie verraten, wartet sein ganzes Leben

auf den Augenblick, wo er sich mit der Welt in jener Harmonie fühlen könnte, die er ihr in seiner Musik ohne Unterlaß vor Augen stellt. Irgendwann, vielleicht schon sehr früh, steigt in ihm die Ahnung auf, daß dieser Augenblick der Harmonie mit dem seines Todes zusammenfallen könnte. Dies ist der dunkle Hintergrund seiner Musik. Um so reiner strahlt davor die Tugend der Hoffnung. Denn über seinen Tod hinaus hat er gehofft – auf eine bessere Welt, deren tönendes Abbild er auszusprechen berufen war. Vielleicht ist er uns deshalb heute so nahe, weil wir in seiner Musik noch immer den Atem dieser wunderbaren Hoffnung spüren. Sie ist wohl auch der Grund, daß Mozart heute ein lebendiges Wesen ist, das auf geheimnisvolle Weise Teil hat an uns allen. Die Welt, der wir angehören, kann ohne ihn nicht leben. Denn es scheint, als habe seine Musik der menschlichen Natur einen Glanz verliehen, den sie vorher nicht besaß.

Die Hoffnung auf eine bessere Welt, sicher beginnt sie beim Leben nach dem Tode. Aber Mozart glaubte, wie seine ganze Zeit, es könne auch hier auf Erden schon besser werden, wenn Vernunft, Freiheit und Menschlichkeit an die Stelle ausgehöhlter Privilegien träten. Und so stellt Mozart einen Mann auf die Bühne, der das nicht nur sagt, sondern demonstriert: Figaro. Ein Barbier, ein Allesmacher, ein Drahtzieher, ein Domestik. Aber er liebt – mit der gleichen Leidenschaft und dem gleichen Recht wie Fürsten und Könige. Und er ist nicht gewillt zuzusehen, wie das Mädchen seines Herzens der Begehrlichkeit seines Herrn zum Opfer fällt. In den sparsamen, verhaltenen Formen des spätesten Rokoko geht das Lied dahin, das er – bebend vor Zorn – seinem Grafen singt, als er dessen Absicht erkennt. Wörtlich übersetzt lautet der berühmte Anfang dieser doppeldeutigen Cavatine nicht: »Will der Herr Graf ein Tänzchen nun wagen, mag er mir's sagen, ich spiel ihm auf«, sondern: »Wenn das Gräflein tanzen will, bin ich es, der ihm die Gitarre schlägt«. Und aus dem ebenmäßigen Gang der

Melodie spüren wir plötzlich das schon entfachte Feuer der Französischen Revolution.

»Wird rein durch Feuer, Wasser, Luft und Erden.« Den Widerstreit der Elemente hat Mozart an seinem eigenen Wesen tief gefühlt. Von Anfang an hat er die Kontraste gesucht, das Widerspiel von Genius und Dämon in seiner eigenen Seele voll ausgetragen. Und es hat ihm nicht genügt, die Gegensätze von Gut und Böse, düster und freundlich, Wohllaut und Mißklang scharf nebeneinanderzusetzen. Er sah, daß der Übergang das Entscheidende ist. Mozart ging vom Menschen aus. Es gibt in seinem Werk keine einzige ganz böse Gestalt – und auch die Guten sind bei ihm hauptsächlich deshalb gut, weil sie gut sein wollen. Mit rätselhafter Sicherheit hat er gewußt, daß die Leidenschaften, die sich später zu eindeutiger extremer Kraft entfalten, zumeist im Übergang zwischen zwei Gefühlen geboren werden. Denn das menschliche Herz beginnt sich stets dort zu regen, wo das Ziel seiner Wünsche in greifbare Nähe rückt, ohne schon erreicht zu sein. Mozart ging vom Menschen aus. Betrachten wir einmal den Pagen Cherubino. Ein Wesen zwischen Kind und Jüngling, ratlos vor den Geheimnissen des Ewig-Weiblichen, aber schon nicht mehr ganz unerfahren in den Vertraulichkeiten des Zeitlich-Weiblichen. Ein Knabe, der noch nicht weiß, daß er ein Aristokrat ist, aber die Rechtfertigung für seine Streiche schon aus dem Gefühl zieht, daß ihm nichts passieren kann. Er ist voller Verlegenheit, wenn es um das ideale Gefühl geht, das in ihm keimt, und voller Frechheit, wenn es um den kleinen Genuß geht, den er schon kennt. Reife Frauen verzeihen es sich gerne als Schwäche, seine Huldigungen anzunehmen, junge Mädchen empfinden es schon als galante Auszeichnung, wenn er ihnen nachstellt. Er ist noch harmlos und schon gefährlich, gemischt aus Neugier und Leidenschaft; so ist Cherubinos berühmte Arie in »Figaros Hochzeit« eine zitternde Frage nach der Liebe, die er vielleicht schon spürt, ohne zu wissen, wohin sie führt.

Pamina – in der »Zauberflöte« – hat ganz andere Empfindungen. Sie liebt, bedingungslos. In der Welt von Geistern, Priestern und Dämonen, in die sie eingefangen ist, bleibt der Prinz Tamino der einzige Sinn ihres Lebens. Sie weiß nicht, daß die Priester Tamino eine Prüfung auferlegt haben, die in absolutem Schweigen besteht. Sie weiß auch nicht, daß der Preis für das Bestehen dieser Prüfung sie selbst sein soll. Nun ist sie ihm begegnet, und er hat nicht mit ihr gesprochen. Die Verzweiflung, in die sie sich stürzte, ist schon vorbei. Auf den Geliebten hat sie schon halb verzichtet, weil sie im Begriffe ist, ganz auf das Leben zu verzichten. Schon liegt der Dolch bereit, mit dem sie sich töten will. Da hebt sie an, den Abschiedsgesang an ihre Liebe und an die Welt zu singen. Kein lauter Ton, nur Schmerz und Trauer. Wieder stehen wir vor einer Gestalt des Übergangs – doch diesmal führt ihr Weg nicht in das Leben hinein, sondern aus dem Leben hinaus.

In der Oper »Così fan tutte« begegnen wir einer Gesellschaft von fünf Personen. Es handelt sich um zwei Schwestern, in glücklicher Liebe verbunden mit zwei Freunden. Alle vier sind befreundet mit einem älteren Herrn, einem heiteren Skeptiker, der noch eher bereit wäre, an die Macht der Liebe zu glauben als an die Treue der Frauen. Er hat die beiden Freunde mit einer Wette dahin gebracht, ihre Damen auf die Probe zu stellen. Die beiden sind Offiziere und sollen vortäuschen, vom König zum Felddienst abberufen zu sein. Dann sollen sie verkleidet wiederkommen und unerkannt mit aller Eindringlichkeit um die Damen werben, jeder um die des anderen natürlich. So können sie die Treue ihrer Geliebten eindeutig erproben. Beim angeblichen Abschied glauben nur die beiden Frauen an die Wahrheit der Szene. Die Liebhaber spielen die ihnen zugedachte Rolle, und der Skeptiker im Hintergrund kann sich kaum halten vor Lachen.

Es ist unglaublich, in welche Musik Mozart diesen Augenblick gekleidet hat. Ist das nicht ein Spiel mit Gefühlen, ein geniales

Vortäuschen wahrer Empfindungen in böser Absicht? Wenn man den Skeptiker im Hintergrund wegläßt, kann doch eine solche Musik auch zu einem echten Abschied erklingen. Wie kann man Töne von solch ergreifender Schönheit erfinden, wenn es sich um eine kalte Gesellschafts-Komödie handelt, bei der zwei Frauen von drei Männern hinters Licht geführt werden? In der Tat: es ist manchmal nicht einfach, für die merkwürdigen Seelenwege des Genies eine bündige Erklärung zu finden. Aber wie folgerichtig ist Mozart vorgegangen! Den Impuls für die Stimmung geben die beiden Frauen, die das Quintett beginnen, voller verströmender, schmerzlicher Liebe, dem Abschied hingegeben, in dem die ganze Harmonie der Seelen noch einmal – vielleicht zum letzten Mal – beredten und bleibenden Ausdruck finden soll. Und die beiden Freunde, von der Situation, die sie selbst mit schlechtem Gewissen heraufbeschworen haben, seltsam bewegt, werden von dem Strom so wahrhaftiger Empfindungen mitgerissen, denn sie lieben ja – und sie glauben an die Treue ihrer Damen. Und so wird aus der komödiantischen Szene plötzlich halber Ernst, und es erklingt die ergreifendste Abschiedsmusik, die es in der Welt gibt. Erst der skeptische Weltmann, der ja schon weiß, was kommt, bringt das Ingrediens der Ironie in das Geschehen, und er tut es leise, weil auch er die aufblühende Reinheit des Gefühls nicht zu stören wagt.
Das Leitwort dieses Teils meiner Betrachtung heißt: »wird rein durch Feuer, Wasser, Luft und Erden«. Die Reinheit des Gefühls ist es also, worum es Mozart geht. Da seine Gestalten aus der Musik leben, sosehr er ihren dramatischen Entwurf auch beeinflußt haben mag, sollen sie nach seiner Absicht von Empfindungen beseelt sein, die wahr sind. Gebrochen kann nur die Situation sein, nicht das Gefühl. Und Mozarts eigener Weg zeigt kein anderes Bild.
Für seine Zeitgenossen war Mozart ein moderner Komponist – wenn man darunter einen Menschen versteht, der kühn

genug ist, Musik zu machen, die sich dem Zeitgeschmack nicht beugt. Das Anmutige, Unbeschwerte, Heitere, Liebenswürdige – um nicht zu sagen das Unproblematische –, was spätere Generationen, zweifellos zu Unrecht, an ihm so sehr rühmten, haben seine Zeitgenossen in seiner Musik nicht finden können. Sie waren erschreckt durch seinen Wagemut in der Verwendung fremdartiger harmonischer Verbindungen, sie waren bestürzt über die Unbekümmertheit, mit der er den italienischen, französischen und deutschen Musikstil seiner Zeit durcheinandermischte, und sie waren tief beunruhigt über die freiheitlichen Ideen, die dieser kleine Mann unter dem durchsichtigen Schleier konventioneller Formen den Charakteren seiner Gestalten mit auf die Bühne gab. Vollends zwiespältig war die Reaktion seiner Mitmenschen auf die Art und Weise, wie Mozart die Tradition behandelte – sowohl die musikalische wie die theatralische. Denn er brach nicht mit ihr – er deutete sie um. Das ganze Jahrhundert über hatte man Menuette getanzt, aber niemals hatte man solche gehört, wie Mozart sie schrieb. Die Symphonie hatte bestimmte Regeln, die jeder musikalisch Gebildete kannte; war jedoch eine Symphonie von Mozart auf dem Programm, so konnte man vor Überraschungen niemals sicher sein. Am strengsten festgelegt aber war die Kirchenmusik. Was sollte man von einem Komponisten denken, der zur Feier seiner eigenen Hochzeit eine große Messe schrieb, in der die Stelle »Wir sagen dir Dank, o Herr, ob deiner großen Herrlichkeit« anstatt eines freudigen, in diesem Fall noch persönlich begründeten Dankes das tiefe Seufzen der unvollkommenen Schöpfung auszudrücken scheint.
Wie sollten sich Mozarts unbefangene und bequeme Zeitgenossen erklären, daß derselbe Mensch, der über solche Töne Gewalt besaß, ein ausgelassenes Vergnügen dabei empfand, für seine Zechbrüder kontrapunktisch virtuose Canones zu schreiben, auf einen selbstfabrizierten Text, der ein blühender Blödsinn war?

Er war ein Mensch, und nichts Menschliches war ihm fremd. Kann man das von Mozart sagen? Ja und nein. Hätte er sich begnügt, ein Mensch zu sein mit einer festgefügten Welt, so könnten wir zustimmen. Aber aus unbekannten Abgründen, die er selbst weder geleugnet noch von sich geschoben hat, kamen die Dämonen herauf. Noch in die zärtlichsten Augenblicke seiner musikalischen Erfindung reicht ihre Botschaft. Es gibt kaum ein Werk von ihm, wo nicht der düstere Flügelschlag seiner Melancholie, und sei es nur in einer unerwarteten Wendung nach Moll, zu spüren wäre. Aus unbekannten Höhen aber flogen ihm seine melodischen und harmonischen Inspirationen zu, die er mit kindlicher Sicherheit ohne Entwurf und Skizze in fertige Partituren zu bringen pflegte. Auf der Tenne seiner Seele trugen Himmel und Hölle einen erschütternden Kampf aus. Man weiß nicht, ob er es gewußt hat; aber wenn er es wußte, so hat er jedenfalls nicht versucht auszuweichen. Kein Künstler des Abendlandes hat seine Seele so restlos preisgegeben wie er.
Er war ein frommer Mensch. Die Vorstellungswelt der katholischen Religion war ihm ein vertrauter Lebensraum, wenngleich ihn dies nicht hinderte, sich für die Ideale der Freimaurerei ernsthaft zu begeistern. Auch hier ist für ihn wohl die Reinheit der Empfindung einziges Richtmaß gewesen.
Demut vor Gott und kindlicher Glaube, Leidensfähigkeit und seherische Qual, naiver Idealismus und ahnungsvolle Melancholie gingen in seinem Wesen eine seltsame Verbindung ein. Der schönste Zug seines Wesens aber war die Freude. Mozart ist einer der seltenen Menschen gewesen, bei denen die Freude nicht aus dem Sieg oder dem Gewinn, sondern aus der Dankbarkeit entstand. Allerorten in seinem Werk tritt uns dieses wunderbare Gefühl entgegen – der freudenvolle Dank an Gott für die Gabe des Genies.
Die besondere Dankesfreude Mozarts ist es wohl auch, die

selbst jene Werke, bei denen wir wissen, daß er sie unter dem Zwang des Auftrags und ohne Lust geschrieben hat, mit dem Glanz der Vollkommenheit überschüttet. Mozarts Titel als Hofkapellmeister brachte es zum Beispiel mit sich, daß er für das kaiserliche Orchester die Tanzmusik der großen Wiener Hofbälle zu schreiben hatte. Noch in seinem letzten Lebensjahr hat er sich dieser Aufgabe mit großer Gewissenhaftigkeit unterzogen – unglaublich auch, was ihm bei diesen Auftragskompositionen die Freude an der Unerschöpflichkeit seiner Erfindungsgabe eingegeben hat.

»Wenn er des Todes Schrecken überwinden kann.« Wir haben schon davon gesprochen, daß Mozart wahrscheinlich deutlicher spürte, als er zugab, wie kurz seine Lebenszeit bemessen war.

Gedanken an den Tod haben seinen Pfad schon früh begleitet. Wenn man seine Briefe liest, bewundert man die reife Gelassenheit und die fast mystische Hingabe, die er in seinen Gedanken über den Tod entfaltet. Er ist ein junger Mensch gewesen, als er starb. Und er ist ein Mensch mit einer kreatürlichen Empfindung gewesen. Also kann ihm der Tod nicht leicht gefallen sein. Trotzdem finden wir keine Spur von Auflehnung oder Angst. Wenigstens nicht in dem Teil seiner Hinterlassenschaft, der außerhalb der Musik liegt. Musikalisch hat sich Mozart mit dem Tod mehrere Male sehr ernsthaft befaßt. Und hier zeigt sich ein ganz anderes Bild.

Die beiden einzigen Gestalten, die in einem Mozartschen Bühnenwerk auf der Szene aus dem Leben scheiden, treten in derselben Oper auf. Sie beginnt mit einem Mord. Don Giovanni, ein spanischer Kavalier von dämonisch-grandioser Hemmungslosigkeit, ist nachts in das Schlafzimmer von Donna Anna eingedrungen, der Tochter des Komturs des Calatrava-Ordens. Der Überfall mißlingt, der Vater stellt den Eindringling und wird von ihm erstochen. Als Don Giovanni sich viel später einmal zur Nachtzeit nach einem mißglückten

Mozart, ›Don Juan oder der steinerne Gast‹ – Federzeichnung Mitte 19. Jahrhundert

Liebesabenteuer vor seinen Verfolgern auf einem Friedhof versteckt, trifft er dort auf das Grabmal des Komturs. Während Don Giovanni sich mit seinem Diener Leporello lachend über die List unterhält, mit der ihm die Flucht gelungen ist, erhebt das Standbild des Komturs seine Stimme und sagt ihm den Tod voraus, noch bevor die Morgenröte anbricht. Don Giovanni, furchtlos und übermütig, lädt den steinernen Komtur für die Nacht zum Mahl ein. Und das Standbild kommt, beschwört den Frevelnden zu bereuen und leitet, nachdem Don Giovanni sich weigert, seine Höllenfahrt ein. Ein Schauerdrama, kann man sagen. Immerhin, es wird vom Tod regiert, wie Mozart ihn sah. Was in der Partitur des »Don Giovanni« steht, darüber hat Mozart nicht gesprochen. Aber es ist kein Zufall, daß die Uraufführung des »Don Giovanni« nicht in Wien stattfand, sondern in Prag.

Die Oper »Don Giovanni« ist in italienischer Sprache geschrieben. Der Text stammt, unter Mozarts erheblicher Mitwirkung, von einem abenteuernden venezianischen Geistlichen, dem Abbate Lorenzo da Ponte, der ohne Frage ein Dichter war. Da zum Verständnis musikalischen Geschehens eine genauere Kenntnis des dramatischen Vorgangs notwendig ist, habe ich zwei Szenen des Werkes neu übersetzt. Es handelt sich um die große Erzählung der Donna Anna, worin sie ihrem Verlobten, dem Herzog Ottavio, die Geschichte des Überfalls und die Ermordung ihres Vaters erzählt und ihn zur Rache auffordert. Die zweite Szene ist die Erscheinung des steinernen Gastes im Palast des Don Giovanni.
Die erste Szene spielt im Palast des ermordeten Komturs. Seine Tochter Donna Anna hat bei einem zufälligen Zusammentreffen erkannt, daß Don Giovanni der Mörder ihres Vaters ist. Nun erzählt sie, von Rachegedanken beseelt, ihrem Verlobten, der bisher nur den halben Hergang kannte, die volle Wahrheit.

DONNA ANNA Es war tief in der Nacht. Ich lag noch wach in meinem Zimmer, da hab ich ihn gesehen. Verhüllt in einen großen Mantel kam er herein – ein Mann, den ich im ersten Augenblick zu meinem Unglück für Euch gehalten habe. Und dann – zu spät – hab ich gesehen, daß der Schein mich trog... Schweigend kommt er näher, schlägt seinen Arm um mich – ich winde mich, er preßt mich –, und ich schreie. Niemand kommt. Mit einer Hand versucht er, mir die Stimme abzuwürgen. Mit der andern zerrt er mich zu sich hin – und schon glaub ich mich verloren. Endlich hab ich die Kraft der Verzweiflung, und mitten in seiner Absicht, mich zu beugen, mich zu entwaffnen, mich zu fesseln, mach ich mich los. Mit aller Gewalt schrei ich um Hilfe – und er flieht. Ich hinter ihm her, bis auf die Straße – ich muß wissen, wer er ist. Mein Vater ist erwacht, kommt aus dem Haus, will den Räuber stellen – und der Gewissenlose,

Lorenzo da Ponte (1749–1838) – Gemälde von N. Monachesi

dem armen alten Mann furchtbar überlegen, zieht den Degen
und gibt ihm den Tod.
Nun weiß du, wer es war, der meine Ehre
mit düstrer Frechheit mit entreißen wollte;
nun weißt du, wer es war, der mir den Vater
mit kaltem Hohn im Hinterhalt erstach.
Die Rache ist es, die ich von dir heische,
wenn sie dein Herz dir selbst nicht schon befiehlt.
Denn du allein kannst mir die Wunde schließen,
die seit der Unglücksnacht mein Herz zerteilt.
Und du allein kannst den verfluchten Ort,
wo dies geschah, mit neuem Blut bedecken.

Wenn du noch Blut hast, das vor solchem Schrecken
zum Schwerte greift, zu rächen solchen Mord.

Die Rache, die Donna Anna heraufbeschworen hat, wird nicht vollzogen. Denn die Kräfte der jenseitigen Welt greifen ein. Don Giovanni hat das Standbild des Komturs zum Abendessen geladen. Mit furchtbaren, stampfenden Schritten ist der steinerne Gast die Palasttreppe heraufgekommen und steht nun unter der Tür. Der Diener Leporello, der sich unter den Tisch verkrochen hat, ist der einzige Zeuge der Szene.

COMMENDATORE Zum Gastmahl hast du mich geladen, Don Giovanni,
auf diese Nacht – und sieh, ich bin gekommen.
GIOVANNI Und daß du kämest, hätt ich nie geglaubt,
doch laß dir bieten, was mein Haus vermag.
He, Leporello, neue Teller her,
und bringt das Beste mir – hier steht der Gast.
LEPORELLO Ach, Herr Patron, nun sind wir alle hin.
GIOVANNI Geh, sag ich dir, und auf der Stelle!
COMMENDATORE Bleib!
Wer von der Speise jener Welt genießt,
der hat kein Recht mehr auf die ird'sche Nahrung.
Und andre Gründe, als mit dir zu tafeln,
und schreckensvolle, führten mich hierher.
LEPORELLO Mir wühlt ein Fieber schaurig im Gebein.
Die Glieder beben mir, was soll jetzt werden?
GIOVANNI So sprich, was willst du, was ist dein Verlangen?
COMMENDATORE Ich rede, höre du, die Zeit ist kurz.
GIOVANNI So rede, rede – ich steh hier zu hören.
COMMENDATORE Zum nächt'gen Mahle hast du mich geladen,
und weißt nun, daß du nicht entfliehen kannst.
Und nun gib Antwort meiner Frage: Wirst du
mit mir zu einem andern Nachtmahl kommen?

LEPORELLO *(zitternd von ferne)* Habt Ihr's gehört – er hat doch keine Zeit,
sagt doch, Ihr könnt nicht,
sagt, es tät Euch leid.
GIOVANNI Noch nie hat mich ein lächerlich Geschwätz zum Schweigen bringen können, also schweig!
COMMENDATORE Entscheide dich!
GIOVANNI Ich habe mich entschieden.
COMMENDATORE Und kommst du?
LEPORELLO Sagt doch nein, sagt nein, sagt nein!
GIOVANNI Das Herz in meiner Brust schlägt gleich und fest, ich kenne keine Furcht. So hör: ich komme.
COMMENDATORE Gib mir die Hand auf dieses letzte Wort.
GIOVANNI Hier ist sie ... oh ... laßt mich ...
COMMENDATORE Was hast du?
GIOVANNI Kein Eis ist kalt wie deine starre Faust.
COMMENDATORE Bereue, Mensch, du kannst dein Leben ändern,
noch ist es Zeit, bereue, sag ich dir.
GIOVANNI Nein, ich bereue nichts, ich kann nicht anders, es reut mich nichts, heb dich hinweg von hier!
COMMENDATORE Verflucht bist du, bereue, sag ich dir!
GIOVANNI Alter Verdammter, schweig, laß mich allein!
COMMENDATORE Bereue.
GIOVANNI Nein.
COMMENDATORE Ja! Ja!
GIOVANNI Nein!
LEPORELLO Doch!
GIOVANNI Nein! Nein!
COMMENDATORE Die Zeit ist um. Dein End ist da. Tritt ein.

»Wenn er des Todes Schrecken überwinden kann.« Hat Mozart diese Szene, die ihresgleichen in der Welt nicht hat, geschrieben – so geschrieben –, um die Schrecken des Todes,

Titelblatt der Don Juan Partitur. Zeichnung von Kinninger

die er prophetisch gesehen haben muß, zu überwinden – für sich und für viele andere? Wir werden es nie erfahren. Sicher ist nur, daß sein eigener Tod jene Töne furchtbarer, auswegloser Bedrohung nicht kennt. Die letzte Komposition Mozarts, die ihn auf seinem Sterbebett und fast bis in den Augenblick seines Todes hinein beschäftigt hat, spricht eine andere Sprache. Diese letzte Komposition ist das »Requiem«, und sein letzter von Mozart wenigstens noch im Entwurf abgeschlossener Teil ist eine Fuge auf den Text: »Quam olim Abrahae promisisti et semini eius. – Wie du es einst dem Abraham verheißen und allen seinen Söhnen.« Hier ist nicht Trauer und nicht Angst, die Schrecken sind verschwunden, es bleiben nur die Demut und die Majestät.

Kaum hatte Mozart die Augen geschlossen, begann die Welt zu ahnen, wer er war. Sein irdisches Schicksal rührte die Gemüter, sein Werk ließ ihn für die musikalische Welt Europas zu einer Lichtgestalt werden, zu einer Art von zärtlichem Apoll, heiter, liebenswürdig und von unfaßbarer Anmut. Während sein Dämon unerkannt blieb, wurde sein Genie immer mehr begriffen – er wurde ein Raffael der Musik, dem man höchste Verehrung zollte in dem Bewußtsein, ihn niemals erreichen zu können. Von Georges Bizet, dem Schöpfer der Oper »Carmen«, ist uns eine Geschichte überliefert, die dieser Verehrung Ausdruck gibt. Als ihn einmal ein selbstzufriedener Kompositionsschüler besuchte, sagte ihm Bizet: »Mein lieber junger Freund, als ich so alt war wie Sie, sagte ich in voller Überzeugung: ich – und Mozart. Zwanzig Jahre später war ich bescheidener geworden und sagte: Mozart und ich. Und heute – in meinem Alter – sage ich nur noch: Mozart.«

Und wir? Wir haben es längst aufgegeben, überhaupt noch Vergleiche zwischen ihm und uns zu ziehen. Für die abendländische Kultur ist er längst der Zeit entrückt, in die er geboren war, und sein Werk gleicht jenem lebensspendenden Brunnen der Sage, der sich niemals trübt. Vielleicht ist unsere Bereitschaft für seine Musik deshalb so groß, weil wir des Trostes so sehr bedürfen, den sie geben kann. Dankbar vertrauen wir uns den Bewegungen seiner forttönenden Seele an; wir besteigen sehnsüchtig die leichten Barken, die seine Hand uns mit verheißungsvollen Segeln über die Jahrhunderte entgegenschickt, um uns in eine bessere Welt zu entführen. Aber denken wir noch daran, was dieses große Herz von uns verlangt?

In der Tat, es ist nicht leicht zu erkennen, daß diese Musik ungeheure Ansprüche stellt. Am ehesten merkt es der Musiker, der sie spielt und über der Kargheit der Notenlinien, über der Sparsamkeit der Mittel fast verzweifelt – denn kein Komponist ist schwerer zu spielen als Mozart. Bedenken wir einen Augenblick, welche Rolle in seinen Melodien die Pause spielt, wie er den Bogen eines musikalischen Gedankens immer wieder unterbricht durch die Stille.

Wenn man eine Mozartsche Melodie mit ganzer Aufmerksamkeit hört, kann es sein, daß man geradezu davor erschrickt, wieviel dieser kühne Mensch durch das Nichttönen ausgesagt hat. Was er von uns verlangt, ist die Überwindung kleiner, aber sehr tiefer Abgründe von Nicht-Musik. Und dies gelingt nur, wenn sich unsere ganze Natur beteiligt. Ich meine, wir weichen dem Geist Mozarts aus, wenn wir es allein unserem Gefühl überlassen, sich an seinen Werken zu begeistern. Denn was er spricht, ist nicht sein Ich, sondern seine Welt. Und deshalb spricht er nicht zu jedem einzelnen von uns, sondern zu uns allen. Er verlangt nicht, daß wir an seinen Seelenzuständen teilnehmen, die er in Töne umgesetzt hat, er verlangt, daß wir in seiner Musik etwas erkennen, was auf keine andere Weise ausgesagt werden kann. Und dieses Etwas ist eine verborgene Welt von tiefer Leidenschaft und klarer Ordnung, die unserem Erdenleben seinen Sinn verleiht.

Mozart war ein Künstler ohne Neid – mehr noch, er war ein Mensch ohne Neid. Er hat mit rückhaltloser Zustimmung und kindlicher Begeisterung alles aufgenommen, was sein Zeitalter in der Musik an großen Leistungen bot. Vielleicht hat ihm diese wunderbare Eigenschaft die Sicherheit verliehen, die Bahn seines Schaffens ohne einen Augenblick des künstlerischen Zweifels zu durchmessen. Und seine Zeit bot ihm wahrhaftig viel. Die große, schon zur Reife gelangte italienische Operntradition, die Ausläufer der barocken, noch auf Palestrina zurückgehenden Kirchenmusik, die verspielten virtuosen Lautmalereien des französischen Rokoko, die Monumentalität

W. A. Mozart – Bleistiftzeichnung von Doris Stock (1789)

der Händelschen Kunst in England, die revolutionären Instrumental-Experimente der Söhne Bachs und der Mannheimer Schule. Dazu der Pomp des kaiserlichen Wien, verbunden mit der liberalen Wiederentdeckung der Menschlichkeit unter Joseph II., daneben die raffinierte Gesellschaftskultur Italiens und endlich das Bild Frankreichs unmittelbar vor der Französischen Revolution. Alles dies hinterläßt seine Spuren in Mozarts Werk, eingefangen in die tönende Sprache seines künstlerischen Temperaments, das stets bereit war, die Gegensätze auszudrücken, um ihre Versöhnung zu ermöglichen.
Vielleicht war das überhaupt sein tiefstes inneres Anliegen: die Gegensätze der Welt und der menschlichen Natur zu reinstem Ausdruck zu bringen, um ihre Versöhnung zu ermöglichen.
Keine seiner Bühnenfiguren ist naturalistisch gesehen. Immer läßt er uns die Möglichkeit offen, uns zu beteiligen, ohne den Zwang, uns in seinen Gestalten betroffen zu fühlen. Keine seiner Gesellschafts-Musiken ist konventionell. Immer läßt er uns die Möglichkeit offen, uns an einem Menuett zu erfreuen, ohne den Zwang, es als Tanzmusik zu empfinden. Keine seiner Kirchenmusiken ist dogmatisch. Immer läßt er uns die Freiheit, andächtig zu sein, ohne den Zwang, beten zu müssen. Trotzdem ist alles, was er schuf, in tiefstem Sinne wahr. Es gibt keine besseren Menuette, es gibt keine frömmeren Litaneien, und es gibt keine menschlicheren Opernfiguren als die Mozarts.
Denn der Gegenstand, mit dem er sich beschäftigte, war ihm stets heilig. Deshalb ist auch der Ausdruck seiner Musik stets auf das Wesentliche gerichtet und somit allgemein. Nicht seine persönliche Meinung, sondern die Wahrheit ist es, die er darstellen will. Weil aber seine Sprache wahr ist, deshalb offenbart sich in seiner Kunst die menschliche Natur, »vom Himmel durch die Welt zur Hölle«. Alle ihre Spannungen, ihre Gegensätze, ihre Extreme werden hörbar. Nur – sie sind

niemals isoliert. Denn diese Musik ist voller Ordnung, auch wenn die Dämonen in ihr walten, sie ist voller Glanz, auch wenn die Melancholie in ihr erscheint, und sie ist, auch wenn der heiterste Übermut aus ihr tönt, voller Sinn und Ernst. Sie spricht auf ihre Weise das Leben aus – das Leben, das in aller Vielfalt immer nur das eine Leben ist, das wir alle haben. Dieses Leben, das er hinter allen zeitlichen Erscheinungen gespürt und zum Gegenstand seiner Kunst gemacht hat – dieses verborgene, durch die Zeiten fortgehende Leben der Menschen auf Erden, die guten Willens sind, ist Mozarts Welt. Nicht umsonst hat er sich am wohlsten im Theater gefühlt, wo man niemals etwas anderes im Sinn hatte, als dieses Leben hinter der Wirklichkeit zum Leuchten zu bringen. Nicht umsonst war ihm die tägliche Wirklichkeit so unwichtig, daß er immerfort an ihr zu scheitern drohte. Nicht umsonst war ihm der Tod im Leben genauso wichtig wie die Pausen in der Musik. Seine ganze Sorge ging darum, genügend komponieren zu können. Und niemand weiß, ob sich dahinter nicht die Sorge verbarg, doch noch alles sagen zu können, was notwendig war, um die verborgene Ordnung seiner Welt erkennbar zu machen. In der Zeit seines Erdenlebens war es ihm nicht vergönnt, die Wirkung seiner Kunst auf die Welt zu erfahren. In der Zeit nach seinem Tod war es der Welt nicht vergönnt, die Wirkung seiner Kunst zu beherzigen. Heute, nach unfaßbaren Katastrophen, erkennen wir, am Rande der Selbstzerstörung, daß in der Musik Mozarts eine Weissagung verborgen liegt. Vielleicht vernehmen wir sie deutlicher als die Menschen früherer Generationen, weil wir mehr als sie gedrängt sind, an das Unbeweisbare zu glauben. Es ist die Weissagung von der Unzerstörbarkeit der menschlichen Natur.

»Wenn er des Todes Schrecken überwinden kann, schwingt er sich aus der Erde himmelan.«

Kein Zeuge war dabei, kein Freund, kein Priester, als man den Leib des kaiserlichen und königlichen Hofcompositeurs Wolfgang Amadeus Mozart in einem Armengrab der Erde übergab. Aber es war die Erde Österreichs, die ihn aufnahm. Ohne eine Spur zu hinterlassen, kehrte, was sterblich war an ihm, zurück in jene heitere Natur, die er so sehr geliebt hatte, aus deren Landschaften ihm tausend Melodien zugeströmt waren. Sein Geist aber siedelte sich an im Wesen Österreichs, zwischen Heiterkeit und Melancholie, zwischen Rührung und Zuversicht. Seit rund 180 Jahren zieht der tönende Strom seines großen Gefühls durch das schöne alte Land, gelassen, klar und von lebensspendender Kraft. Und der Stern des Namens Österreich leuchtet von der Sonne seines Genies.
Für die Welt aber trägt sein Werk die Frucht einer vierfachen Wahrheit durch die Zeiten: daß das irdische Geschick des Menschen eine Spur in der Welt hinterläßt, deren Glanz niemand vorhersehen kann, daß die Reinheit der Empfindung der klarste Quell unserer Freude ist, daß der Tod von erhabener Schönheit ist, wenn seine Schrecken im Leben durchlitten worden sind, und daß wir uns nicht verloren geben sollen, weil es niemals zu spät ist zu hoffen. Eine Ahnung der Unsterblichkeit hat er uns hinterlassen – er, der wie ein Phönix stets in neuer Jugend wiederkehrt aus der Asche der Zeiten. Und längst ist Goethes wunderbares Wort erfüllt, das ihn der Menschheit vorstellt in seiner wahren Gestalt:

»In solcher feierlichen Pracht
wirst du nun bald der ganzen Welt erscheinen.
Ins Reich der Sonne wirket deine Macht.«

Das Haus der Musik:
Nachdenken über die Orgel

Im Dom von Passau gibt es drei Throne. Den ersten, baldachin-überdeckt, nimmt im Altarraum der Bischof ein. Es ist der Thron des Segens und der Liebe. Den zweiten, die Kanzel, besteigt der Prediger. Es ist der Thron des Wortes und der Hoffnung. Der dritte, hoch auf der Empore, ist der Spieltisch der großen Orgel: der Thron der Ordnung und des Glaubens. Wie der Bischof ein Vorbote ist für den Heiligen Geist und der Prediger ein Vorbote für die Wahrheit des Sohnes, so ist der Organist ein Vorbote für den Sinn der Schöpfung. Sein Amt reicht zurück bis an den Anfang der Zeit, als sich aus dem Chaos die Gestalt des Universums erhob in der Harmonie der kreisenden Gestirne. Und es reicht voraus bis an das Ende der Tage, wenn die Gegensätze der erschaffenen Welt in Gott zusammenfallen werden.
Von diesem Spieltisch aus regiert der Organist die Münder von sechzehntausend Pfeifen. Sie sind aus Metall und Holz, je nach der Farbe ihres Klanges. Das Metall kommt aus dem Gebirge, es ist ein Teil der anorganischen Natur. Das Holz kommt aus den Wäldern, es trägt in sich das Wachstum der organischen Welt. Der elektrische Strom, der die Ventile der Pfeifen aufstößt, gehört dem Element des Feuers zu, und der Wind, der in die Leiber der Pfeifen fährt und sie zum Klingen bringt, ist die Luft, die wir atmen.
Prunkvoll ist das Gehäuse des Werks, mit Engeln und Girlanden goldüberzogen in zwei großen Türmen aufgebaut, die ein geflügeltes Wappen mit einer Krone flankieren. Die

Spieltisch der Orgel im Dom zu Passau

Pfeifen, die an der Schauseite stehen, sind von majestätischer Form und silbernem Glanz. Aber dahinter erst beginnt es. Da stehen, in Stockwerke gegliedert, Heere von Pfeifen der verschiedensten Gestalt: kurze und lange Becher, viereckige Pfähle und schlanke Stäbe, zylindrische, kegelförmige, gedrungene mit runden Hüten, Rudel von Kleinpfeifen, die wie Stifte aussehen, überlang in die Höhe gezogene und zwergenhaft verknorpelte – jede mit einer Stimme begabt, die durch

Schlag und Druck verändert werden kann. Verborgene, ausgedehnte Chöre, schön und mißgestaltet, geheimnisvoll auf den Ruf des Windes wartend, den der Finger des Organisten in ihre Körper lenkt.
So fremdartig ihre Gestalt ist, so poesievoll sind ihre Namen. Auf den zweihundertacht Registerklappen des Spieltisches stehen sie verzeichnet. Da ist die *Cymbel,* von der schon die Psalmen singen. Die *Tuba mirabilis* führt unseren Geist zurück zu den Mauern Jerichos. Da ist die *Äolsharfe,* dem sagenhaften König der Winde zubenannt, von dem uns Homer berichtet, da ist die *Jubalflöte,* des biblischen Vaters der Pfeifer und Geiger berühmtes Instrument. *Nachthorn* – eine nächtliche Stadt im Mittelalter. *Gemshorn* – das Bild der Alpen steigt herauf. *Salizional,* der Trauerweide verwandt – *Dulcian,* die Zärtlichkeit des südlichen Himmels beschwörend – *Unda Maris,* die Woge des Meeres in sanftester Bewegung vorstellend – *Vox Humana* endlich, die Stimme des Menschen, in seltsam verkrüppelte Pfeifen gebannt. Der Organist muß vorher wissen, welcher Klang ertönen wird, wenn er die Register zieht; sonst gelingt die Mischung nicht, die seines Amtes ist.
Vor mir liegt der Spieltisch mit seinen vierzehnhundert Zügen und Knöpfen, mit seinen fünf Manualen, mit seinen weit ausladenden Flügeln, auf denen die Reihen der Registerklappen sich dehnen und die Kombinationszüge zu Hunderten gehäuft sind. Uhren, Schwelltritte, Walzen und Lichtzeichen – es ist eine Mutfrage, ein solches Instrument zu bedienen. Vielleicht war es ein Irrtum, solche Riesenwerke zu bauen. Der Raum der Passauer Bischofskirche wäre sicher schon mit der Hälfte der Pfeifen zu füllen gewesen. Aber die Prozession von Engeln und Heiligen, Bischöfen und Märtyrern, die sich in pathetischen Aufschwüngen der Deckengewölbe dieses einstmals gotischen Gotteshauses bemächtigt haben, verlangt den Reichtum, nicht nur die Kraft. Und so sollte alles, was aus den

Stoffen der Natur unter dem Prinzip der Orgel zum Tönen gebracht werden kann, hier versammelt werden. Es sollte noch die tiefste Gewalt übermenschlicher Posaunen, es sollte noch die fernste Zartheit kaum hörbarer Schwingungen einsetzbar sein: es sollte die menschliche Natur in ihrem feinsten Sinn, dem Gehör, ganz und gar ausgemessen werden – und dies ist gelungen. Ein Mensch, der diese Orgel spielt, bleibt nicht der, der er war. Ich habe es an mir selbst erfahren.

Wenn ich mich zweihundertacht verschiedenen Klangfarben gegenübersehe, die in Ausdehnung und Lautstärke die Grenzen der menschlichen Fassungskraft erreichen, ist mir eine Macht in die Hand gegeben, der ich nicht erliegen darf. Ein orgelspielender Mensch ist ein haltloses, furchtbaren Anfechtungen ausgesetzes Wesen, wenn nicht der Geist ihn regiert. Bedenken wir, was sich aus den harrenden Klangmassen entfesseln läßt. Da seufzt die Flöte Jubals Leid und Trostbedürfnis des Einsamen durch die Hallen des Kirchenschiffs. Im Klang der Tuba verbirgt sich der Zorn, der von Moses bis zur Vertreibung der Wechsler aus dem Tempel reicht, aber den sieben Todsünden zugehört, wenn sein Ursprung nicht heilig ist. Die Erinnerung an die Klagelieder der Juden, gleichviel, ob an den Wasserflüssen Babylons oder im Warschauer Ghetto, kann aus den Rohrwerken aufsteigen. In den sanften, leuchtenden Streicherstimmen liegen die Sonnenuntergänge Umbriens verborgen, die Mystik des Rosengartens von Portiuncula und die brennende Sehnsucht nach dem himmlischen Vaterhaus tönen in Äolinen und Weidenpfeifen durch die Zeiten fort. Aus Spanien bringen uns die Kriegstrompeten die Erinnerung an christliche Ritterheere herüber, die durch siebenhundert Jahre für das Kreuz gefochten haben, und ihre Fanfaren beschwören das längst vergessene Bild des Ritters mit dem gebeugten Knie, dem die Rettung des Abendlandes anvertraut war.

Keine Empfindung und keine Erinnerung gibt es, der die Orgel nicht eine Stimme leihen könnte – eine Stimme, die mächtiger

Reinhard Raffalt an der Orgel

ist als jede andere Art von Musik. Woher kommt diese Gewalt? Daher, daß wir uns daran gewöhnt haben, im Orgelton etwas Heiliges zu empfinden, etwas über uns Hinausgehendes, Überzeitliches und Übermenschliches? Vielleicht kann eine technische Erklärung die Antwort geben.
Jedes Instrument braucht zu seiner Entfaltung einen Resonanzkörper. Bei der Geige ist es der Leib, bei den Blasinstrumenten oftmals der Kopf des Spielenden, bei der Orgel aber

nicht das Gehäuse, worin die Pfeifen stehen, sondern der Raum. Wenn ein Organist die Orgel in diesem Dom zur äußersten Stärke entfaltet, dann beginnen die Steine der Kathedrale zu beben. Und der Mensch, der dies hört, sitzt dem Instrument nicht gegenüber, er befindet sich mitten darin. Durch die in Schwingung versetzte Architektur dringt der Klang von allen Seiten auf ihn ein, von den Gewölben herunter, von den Pfeilern und Altären her, von der Kuppel herab, selbst vom Boden herauf. Kein Orchester bannt den Menschen so fest in das Reich der Töne wie die Orgel, die die Macht hat, ihn in seiner körperlichen und geistigen Existenz vollständig zu umhüllen. Ob ein Mensch fromm ist oder nicht, ob er sich hingibt oder widersetzt, die Macht der Orgel wird ihn erfassen, sobald er den Raum betritt, worin sie tönt.

Diese erschütternde Gewalt über das Gemüt aber ist einem einzigen Menschen in die Hand gegeben, dem Spieler am Orgeltisch. Längst hat er es aufgegeben, nur auf einer Tastatur zu spielen – in Passau stehen ihm fünf zu Diensten. Und hinzu kommt noch die Klaviatur für die Füße, auf der die Bässe stehen. So sitzt der Organist beim Spielen auf seiner Bank sozusagen frei in der Luft, und in dieser gänzlich die Schwerkraft leugnenden Körperhaltung liegt viel Bedeutung.

Jedes andere Instrument zu spielen, erfordert zehn Finger, nicht mehr. An der Orgel allein braucht der Mensch zwölf Glieder. Zwölf ist auch die Zahl der Stunden, das Maß der Zeit, die Anzahl der Apostel. Unmittelbar hinter dieser Zahl erscheint schon der Eine, der die Erlösung von unserer Unvollkommenheit in der Hand hält und unsere Taten richtet. Wenn man daran glaubt, daß es eine einzige Kraft ist, die das Universum bewegt, die Herzen der Menschen zueinanderführt, die Gesetze der Natur bestimmt und die Weltgeschichte auf die endgültige Gestalt der Schöpfung zutreibt, dann ist es der Orgel aufgegeben, von dieser Kraft ein tönendes Abbild zu sein. Aus dem Zusammen- und Auseinanderfließen vieler

selbständiger Stimmen, denen der Organist die Sprache der Register verleiht, wird uns die Geburt der Harmonie vor Augen geführt, begrenzt noch in der Flüchtigkeit des Zeitlichen, aber schon deutlich genug, um über den Schlußakkord hinaus als ewiges Prinzip geahnt zu werden.
Wenden wir uns nun für einen Augenblick ab vom Thron des Organisten und dem Reich zu, das er beherrscht, der Kirche. Wie ein großer, in Silber und Gold gehaltener Schild blickt die Orgel in den Kirchenraum hinunter. Auch verstummt noch gibt sie Zeugnis für die Macht, die der menschliche Geist über die hörbare Schöpfung ausübt. Hinter ihrer Fassade haben die Stimmen der Natur und der Seele ihre Herbergen gefunden – Abbild für jenes trostreiche Wort, das von den vielen Wohnungen spricht, die im Haus des Vaters uns allen bereitet sind.
Es ist unserem Jahrhundert vorbehalten geblieben, die Erhabenheit dieses Instruments zu profanieren. Die Orgel, die als kleines handliches Pfeifenwerk vor tausend Jahren in die Kathedrale einzog und dort zu der Gewalt und Größe aufwuchs, deren Anblick in uns heute einen Hauch von Ehrfurcht erweckt – dieses Wunder an Klangpracht hat die Kirche wieder verlassen. Die Stimmen der Orgel werden heute durch ein unerhörtes technisches System nachgeahmt, ohne daß man noch Pfeifen dazu brauchen würde. In den sehr ernsthaften Entwicklungen jener Musik, nach der die Völker aller Welt sich heute im Tanz bewegen, fehlt der Orgelklang nicht. Es gibt viele, die darin eine Entheiligung sehen. Ich glaube aber, man sollte einfach über die Tatsache nachdenken.
Sakrale und profane, geistliche und weltliche Musik waren nicht immer ein Gegensatz. Die Stimmen der Orgel selbst, die aus allen Bereichen des Lebens genommen sind, beweisen es. Das königliche Instrument wäre niemals zu solcher Universalität gelangt, hätten die Orgelbauer früherer Jahrhunderte nicht

gewagt, alle möglichen Klänge, die sie im Gesamtbereich ihres Lebens vorfanden, in das Orgelwerk aufzunehmen. Natürlich sind diese Klänge verwandelt worden – natürlich klingt eine Trompete als Orgelregister anders als im Orchester. Aber nur der Charakter des Klanges hat sich verändert, nicht sein Sinngehalt. Deshalb ergibt der Zusammenklang aller in der Orgel verwendeten Stimmen, wie wir gesehen haben, nicht ein nachgemachtes Orchester, sondern eine ganz eindeutige, wenngleich unendlich wandlungsfähige Tongestalt, eben den Orgelklang. Wenn nun diese Tongestalt, wiederum verändert durch die elektrische Klangerzeugung, den Weg in die profane Musik zurückfindet, wenn sie selbst in die Musik des Tanzes und der Unterhaltung eindringt – dann ist das zwar etwas Neues, aber nicht unbedingt eine Entheiligung. Denn auch der Mensch singt nicht nur in der Kirche, er singt, wenn sein Herz ihn dazu bewegt, gleichviel ob er durch die Liebe zu einem anderen Menschen oder durch die Dankbarkeit gegen Gott dazu getrieben wird. Die Musik geht, wie jede Kunst, im Verlauf der Jahrhunderte nicht nur den Weg zur Kirche hin, sondern auch den nicht weniger wichtigen von der Kirche aus. Wenn uns heute in Situationen, deren Wesen von Religion weit entfernt zu sein scheint, der Orgelklang begegnet, dann birgt er nichts mehr von dem, was ihn in der Kirche auszeichnet – aber er ist immer noch Orgelklang. Er wird vermischt mit Instrumenten, die man bisher in der Kirchenmusik noch nicht gehört hat, er hat seinen Raum verloren, er trifft uns nicht mehr auf dem geheimnisvollen Weg über die Architektur, sondern aus dem Lautsprecher. Niemand denkt an Kirche oder Gottesdienst, wenn eine Kino-Orgel erklingt. Und dennoch – es gibt einen Zusammenhang. Ich kann es nicht als einen Schaden empfinden, wenn ein Klang, den ein ganzes Jahrtausend allein Gott zugeordnet hat, heute in Bereiche der Welt eingedrungen ist, denen der Gedanke an Gott vielleicht nichts anderes bedeutet als ein Ärgernis oder eine Torheit. Ist es nicht

Die Orgel im Dom zu Passau

seltsam, zu sehen, wie in das Lebensgeflecht dieser so sehr der Natur zugeschworenen Welt ganz heimlich sich ein Klang einmischt, der seine Gestalt dem Glauben an die Übernatur verdankt? Ein portugiesisches Sprichwort sagt: Gott schreibt gerade, auch auf krummen Zeilen.

Aber zurück zur Orgel, wie sie vor uns steht. Sagt sie uns noch etwas? Ist sie nicht zu einer Art überdimensionalem musikalischen Möbel geworden, das wir in der Kirche vorfinden, so wie wir in einem Bürgerhaus einen alten Schrank bemerken? Wir sind an sie gewöhnt, wir nehmen sie als eine akustische Begleiterscheinung des Gottesdienstes, und nur ein großer Organist lockt uns vielleicht noch manchmal in die Kirche, um Bach zu hören. Keiner von den großen Komponisten dieses Jahrhunderts, mit Ausnahme von Max Reger, hat dem Instrument Werke komponiert, die innerhalb seines Gesamtwerks wirkliche Bedeutung hätten.

Unter den Komponisten des vorigen Jahrhunderts war Anton Bruckner zweifellos der größte Organist. Aber selbst er hat nicht *ein* Werk für Orgel hinterlassen, das sich mit seinen Symphonien messen könnte. Der Meister aller Meister für die Orgel bleibt Johann Sebastian Bach – und der ist vor mehr als zweihundert Jahren gestorben. Eine seltsame Entwicklung. Ihr entspricht die Stellung der Organisten in der musikalischen Welt der Gegenwart. Es gibt herrliche Künstler unter ihnen. Aber wo hätte ein Organist auf seinem Instrument den weltweiten Ruf erlangen können, auf den manche Sänger, Geiger, Pianisten oder Dirigenten stolz sind? Ist die Orgel trotz ihrer Größe und Macht, trotz ihrer Vielfalt und Aussagekraft ein zum Absterben verurteiltes Instrument?

Fast sieht es so aus. Wenn wir ehrlich sind, erwarten wir von der Orgel eine korrekte Begleitung des Gregorianischen Chorals und des Volksgesangs im Gottesdienst, ein Gebrause beim Jahresabschluß und beim Pfingstfest – einen Beitrag zu jener Gefühlsmischung, die sich immer einstellt, wenn wir uns an kirchlichen Dingen beteiligen, einen Beitrag also ähnlich dem Glockenklang und dem Kerzenlicht. Wozu aber dieses ganze Universum von Stimmen, wenn unser Anspruch so bescheiden ist? Die Orgel ist ein dienendes Instrument. Aber dieses Dienen könnte weit über das Begleiten hinausgehen, weit hinaus auch über die Lieferung einer akustischen Kulisse sakralen Charakters beim Betreten und Verlassen der Kirche. Ich fürchte, wir haben verlernt, der Orgel zuzuhören. Vielleicht hat sich mancher große Meister der Musik deshalb von dem Instrument abgewandt, weil er das Gefühl hatte, die Menschen durch die Orgel weniger zu erreichen als durch das Orchester und den Gesang. Und so stehen diese Riesenwerke heute in unseren Kirchen – nur zu einem Teil genutzt und zum anderen Teil mißbraucht, wenn der Touristenstrom und die Pfeifenzahl groß genug sind, um eine Vorführung des Orgelwerks in Saisonzeiten wünschenswert erscheinen zu lassen. Auf ihre Art ist die Orgel eine »ancilla domini« – eine Magd des Herrn. Aber man stellt sie nicht selten zur Schau, weil man im Dienst des Herrn mit ihr nicht genügend anzufangen weiß.

Vor vielen Jahrhunderten erhoben einmal drei Jünglinge ihre Stimmen zu einem Gesang, den der Prophet Daniel aufgezeichnet hat – es sind die drei Jünglinge im Feuerofen, die die ganze Schöpfung, Sonne und Mond, Feuer und Wasser, Tag und Nacht, Tiere und Menschen zum Lobpreis des einen Gottes aufrufen, und ihre Stimmen sind bis heute nicht verstummt. In unseren Kirchen stehen Instrumente, die auf den Sinn dieses Preislieds bezogen sind – durch den Stoff, aus dem sie gebaut sind, und durch die Ordnung, die sich in ihnen ausspricht. In einem Zeitalter, das darangeht, das Harmoniegefühl des Menschen auf die härteste Probe zu stellen, wird die Dankbarkeit, die ein Mensch als geschaffenes Wesen von Natur aus gegenüber seinem Schöpfer empfinden kann, immer mehr zur Frage. Das Leiden, auch des einzelnen, ist – sobald es die Norm hinter sich läßt – ein Gegenstand des öffentlichen Interesses geworden, die Freude des einzelnen, auch wenn sie bescheiden ist, ein Gegenstand des Neides. Wie sollte man noch den Mut aufbringen, sich mit großem Getön – zum Beispiel mit dem der Orgel – zu Gott zu bekennen, als dem Born aller Wohltat, als der Sonne, die die Welt und das Schicksal noch des Geringsten mit dem Licht der Gnade und des Friedens durchdringt? Die Orgel, wie wir sie hier vor uns sehen, ist noch von Menschen erfunden und gebaut, denen selbst die äußerste Anhäufung von Leiden geringfügig erschien gegenüber der unfaßbaren Güte, die Gott für jedes einzelne seiner Kinder bereithält. Was aber verschlägt die tönende Macht eines solchen Instruments gegenüber einer Zeit, die sich selbst um das Maß gebracht hat zwischen menschlicher Erkenntnis und Gottes Ratschluß? Über jedem Orgelwerk, gleichviel welcher Größe, ob tönend oder verstummt, ob von einem Meister beherrscht oder von einem schlichten Dilettanten bedient, steht heute deutlicher als je das Wort der Schrift: Wer Ohren hat zu hören, der höre, was der Geist den Gemeinden sagt.

Die Orgel ist ein Instrument des Geistes. Das Herz, das Gefühl, der Verstand des Menschen sind sein persönliches Eigentum – ihre Wirkung endet an den Grenzen der Persönlichkeit. Im Geiste hat der Mensch Teil am Schicksal des Universums und an der Erlösung aus der Zeitlichkeit. Im Geiste überwindet der Mensch den Tod. Und im Geiste erkennt er, was ihn mit der Ewigkeit verbindet. Durch die Orgel wird es hörbar, daß die Welt kein Chaos ist. Die Orgel sagt uns, daß der Friede nicht eine Übereinkunft ist, sondern eine Gnade. Und sie spricht in den tausend Mündern ihrer Pfeifen das Lob dessen aus, der unsere Natur durch den Hauch Seines Geistes befähigt, es Ihm nachzutun und das Licht von der Finsternis zu trennen.

Musik jenseits der Töne

Wem das Glück zuteil wurde, um die Mitte dieses Jahrhunderts Indien zu bereisen, wird schwerlich im Norden des Landes die Stadt Gwalior zu besuchen versäumt haben. Dort liegt im Tal unterhalb der Burg ein Tempelchen mit geschwungenem Dach, das von den Musikern Indiens als eine Art Heiligtum verehrt wird. Es ist die Grabstätte eines berühmten Komponisten namens Tan Sen, der im siebzehnten Jahrhundert gelebt hat und heute noch am Jahrestag seines Todes genügend Anziehungskraft besitzt, die bedeutsamsten Sänger und Instrumentalisten des Landes zu einer Art Gedenkfeier zu versammeln. Die Ensembles der indischen Musik sind klein – etwa ein Sänger, ein Sitar-Spieler, ein Mann, der die sogenannte Tampura bedient, und ein Rhythmiker, welcher zwei kleine, sehr kompliziert gestimmte Trommeln als Instrument hat. Man macht Musik vom Nachmittag bis zur Dämmerung des nächsten Morgens – allerdings ohne Wettbewerb, sondern lediglich zu Ehren des Mannes, den Indiens Musiker bis heute als ihr größtes Genie betrachten. Die Zuhörer gehen in die Tausende. Mit der für Inder charakteristischen seitlichen Schwingbewegung von Kopf und Körper folgen sie den Kompositionen mit einer Andacht, die ans Religiöse grenzt.
Für europäische Ohren ist es nicht ohne weiteres möglich, den Geheimnissen dieser Musik auf die Spur zu kommen. Für mich war die erste Überraschung, daß mir ein Musiker erklärte, Tan Sen habe keineswegs ganze Stücke komponiert, sondern nur

deren Themen festgelegt – der Rest sei Improvisation. Tan Sens überragende Bedeutung habe in der besonderen Eignung seiner Themen zum Improvisieren gelegen. Ich lernte durch die Unterredung den Begriff der »Raga« kennen – einer Zuordnung bestimmter Melodien an die Zeiten des Tages und des Jahres. So gibt es Ragas, die nur bei Sonnenaufgang oder am hohen Mittag oder bei Einbrechen der Nacht gesungen werden dürfen, genauso wie andere Ragas in einem notwendigen Zusammenhang zu Regen und Gewitter, zum Morgennebel und zur Betrachtung des Sternhimmels stehen. Auch für das Ausbrechen des Monsuns, ebenso für die Zeit der Trockenheit, aber auch für Geburt, Hochzeit und Tod, für bestimmte Krankheiten, für seelische Zustände (etwa für den Entschluß eines reichen Mannes, Familie und Vermögen zu verlassen und den Rest seines Lebens als Eremit im Himalaya zu verbringen) gibt es Ragas, deren vokale oder instrumentale Wiedergabe zur falschen Gelegenheit Mißgeschick durch Störung der kosmischen Harmonie hervorrufen würde. Nur im indischen Tempelbau und seinem plastischen Schmuck sind alle diese Ragas symbolisch versammelt – in der Gestalt der sogenannten »Ápsaras«, üppig geformter nymphenartiger Mädchenwesen, die zumeist den Sims des Daches mit dem Gebäude verbinden. Denn ein Tempel muß dem gläubigen Hindu in jeder allgemeinen und individuellen Situation, im Glück und Unglück, Heimstätte sein können.

Das gleiche Prinzip drückt sich in der Konstruktion der Saiteninstrumente aus. Eine Sitar zum Beispiel, vergleichbar einer übergroßen Laute, verfügt über zahlreiche Spielsaiten. Daneben gibt es aber am selben Instrument noch einen ganzen Chor von sogenannten sympathetischen Saiten, welche von den Fingern der spielenden Hand niemals berührt werden. Sie geraten während des Spiels ganz von selbst in Schwingungen, die dem Ohr unhörbar bleiben, aber durch Stimmung und Zusammenklang die Verbindung zur kosmischen Natur herstellen, die die Inder sich nach musikalischen Prinzipien aufgebaut vorstellen. Hinzu kommt der außerordentlich differenzierte Rhythmus mit seinen endlosen Verschiebungen, die es dem europäischen Zuhörer fast ganz verwehren, das Ende einer rhythmischen Phrase und den Neuanfang der nächsten zu erkennen. Dadurch wirkt im ganzen genommen die indische Musik eher chaotisch, obwohl sie nach strengsten Gesetzen abläuft. Nur sind diese so ungewöhnlich kompliziert, daß ein nicht-eingeschultes Gehör den musikalischen Sinn einer Komposition kaum mehr erfaßt. Hier soll uns von all dem Gesagten zunächst nur das Grundgesetz beschäftigen: die in jedem erklingenden Ton wirksame Spiegelung des gesamten Kosmos, den der indische Musiker klingend wiedergibt, ohne auch nur einen Augenblick außer acht zu lassen, welche Wechselwirkung zwischen Natur und Mensch durch Musik erzeugt wird. Der akustisch vernehmbare Teil der Musik ist nicht ihr wichtigster. Vielmehr wird er als das tönende Abbild der Gesetze und der Geheimnisse empfunden, die die Allnatur regieren und das Individuum in eine ganzheitliche Harmonie zu ihr versetzen.

Als Alexander der Große seinen beispiellosen Eroberungszug in Asien über das persische Reich hinaus bis an den Indus fortsetzte, erfolgte eine bislang nur teilweise erforschte kulturelle Kommunikation zwischen dem Griechentum und den asiatischen Völkern. Es gibt in der nordindischen Plastik einen Sondertypus, der indische Göttergestalten, aber auch Abbilder Buddhas, in Ausdruck, Haltung und Gewand auf griechische Weise stilisiert zeigt. Sehr wahrscheinlich sind damals auch auf dem Gebiet der Musik starke griechische Impulse in jenen Landschaften wirksam geworden. Wir wissen von der Musik der Griechen – abgesehen vom Instrumentarium – nicht sonderlich viel. Die verläßlichste Quelle bietet der Gregorianische Choral, vor allem in seinen asiatischen Passagen. So ist zum Beispiel das Alleluja im Graduale der österlichen Zeit

zweifellos aus einer hellenistischen Schule hervorgegangen, die in dem syrischen Nisíbis ihren Sitz hatte. Weiterhin ist uns bekannt, daß man bestimmte Melodien des Gregorianischen Chorals mit Instrumenten begleitete, welche zum Teil mit der Singstimme gleichlaufend waren, zum anderen sie in rascherer Notenfolge umspielten. Schließlich berichtet uns die Überlieferung vom Gebrauch eines Grundton-Instruments für jene Teile des gregorianischen Gesanges, die gleich dem österlichen Alleluja weitgehend der Improvisation des Sängers überlassen waren. Der gesamten griechischen Musik lag dabei ein philosophischer Leitsatz zugrunde, den einer der Väter des griechischen Denkens schon in sehr früher Zeit aufgestellt hatte.
Pythagoras, dem wir den Ausdruck »Philosophie« verdanken, setzte die Musik als Krönung über die von ihm erforschten Wissenschaften der Geometrie, Arithmetik und Astronomie. Zur Vertiefung seiner Kenntnisse soll er ausgedehnte Reisen unternommen haben, die ihn nach Arabien, Syrien, Phönikien, Chaldäa, Gallien und auch nach Indien führten. Auch in Ägypten war er zweifellos, studierte dort bei den hochkultivierten Priesterschaften des Osiris und der Isis und eignete sich die Kenntnisse an, welche diese Geheimgelehrten durch die praktische Anwendung von Mathematik zu demonstrieren wußten. Des Pythagoras großes Verdienst besteht in der Erkenntnis, daß die Welt durch Zahlen zu ordnen und der menschliche Geist durch logische und harmonische Zahlbegriffe zu einem ihm bisher unbekannten, fast religiösen Erlebnis geführt werden kann. Es war ein Ereignis, als Pythagoras seinen Schülern zum erstenmal die Unterscheidung zwischen geraden und ungeraden Zahlen, zwischen teilbaren und Primzahlen offenbarte. Man berichtet ein Erlebnis des Philosophen, welches ihn von diesem mathematischen Prinzip zur Musik brachte. Er soll eines Tages in Kroton, der griechischen Stadt in Süditalien, wo er lebte, an der

Werkstätte eines Schmiedes vorübergegangen sein. Dabei fiel ihm auf, daß die Hammerschläge auf zwei Ambossen ungleiche Tonhöhen erzeugten. Eintretend nahm er wahr, wie verschieden die Ambosse an Gewicht und Größe waren. Dies brachte ihn zu dem Schluß, die Höhe der Töne hinge von Voraussetzungen ab, welche sich ihrerseits berechnen lassen. Wenig später führte ihn dieser Gedanke zu dem ersten Experiment der klassischen Wissenschaft. Pythagoras nahm zwei Saiten von gleicher Dicke und Spannung. War die eine doppelt so lang wie die andere, so tönte die längere eine Oktave tiefer. Bei eineinhalbfacher Länge entstand das Intervall der Quint. Der Längenunterschied von einem Viertel brachte die Quart hervor. Damit glaubte Pythagoras nicht nur den Zusammenhang zwischen der Erzeugung von Tönen und ihrer Vorausberechnung entdeckt zu haben. Vielmehr ging er sogleich zu einer philosophischen Konsequenz über. Die Erfahrung hatte ihn gelehrt, daß alle im Raum sich bewegenden Körper Töne erzeugen. Ihre Höhe hängt ab vom Umfang und der Geschwindigkeit des Körpers. Was lag näher, als anzunehmen, daß auch die um die Erde sich bewegenden Planeten Töne erzeugen – unterschieden nach ihrer Geschwindigkeit und ihrem Abstand von der Erde. Die Astronomie hatte ihn erkennen lassen, wie folgerichtig der Planetenumlauf sich vollzog. So gelangte er zu der Annahme, die von den Planeten erzeugten Töne müßten demselben Ordnungsgesetz unterliegen, das deren Bahn kennzeichnet. Zusammengenommen ergab das eine musikalische Harmonie, welche unser Ohr nur deshalb nicht vernimmt, weil wir selbst als Teil des Kosmos von ihr umfangen sind. Seit Pythagoras haben griechische Priester und Ärzte vor allem zur Heilung von Nervenkrankheiten Musik angewendet.
Nach des Pythagoras Meinung ist die menschliche Seele durchaus in der Lage, in Verhalten und Reaktion die Harmonie, welche dem Menschen als Wesen zugrunde liegt, willent-

lich zu stören. Tritt dies ein, dann wird ein Ausgleich notwendig, der nur durch Läuterung erfolgen kann. Da alles Leben ewig ist, macht eine Seele, welche im zeitlich begrenzten Dasein anti-harmonisch gehandelt hat, nach dem Tod eine Phase der Reinigung durch, um dann aufs neue fleckenlos in einen anderen belebten Körper dieser Welt zurückzukehren. Das Gesetz der Wiedergeburt ist heute noch oberstes Prinzip des Hindu-Glaubens und des Buddhismus. Wir haben also in den Theorien des Pythagoras eine früheste Spur vor uns für den Austausch von Ideen und Lebensauffassungen zwischen dem Orient und der mittelmeerischen Kultur. Wiederum – um erneut auf die Musik zurückzukommen – wird das Geflecht hörbarer Töne zum Symbol für die unausschöpfbare Weisheit, aus der das Leben des Kosmos im ganzen entspringt. So weit zurück reicht also die für uns Heutige etwas seltsam anmutende Theorie, es gäbe eine Musik jenseits der Töne.
Während der Gotenherrschaft in Italien am Ende der Antike stieg ein Römer namens Anicius Manlius Severinus Boethius zeitweilig zum Amt eines Ministerpräsidenten auf. Er stammte aus begüterter und kultivierter Familie und wandte sich in seiner Jugend der Philosophie zu. An den Schulen von Athen studierte er achtzehn Jahre. Die Wirrnisse, in die das Imperium Romanum durch die Barbaren-Einfälle gestürzt worden war, ließen in ihm den Gedanken keimen, einer unsicheren Nachwelt die Grunderkenntnisse der antiken Kultur zu überliefern. Zunächst übersetzte er klassische Werke der griechischen Philosophie, vor allem über Geometrie, Arithmetik, Mechanik und Astronomie, in ein Latein, das seinen Zeitgenossen lesbar und verständlich schien. Unter diesen Traktaten findet sich auch ein Abschnitt über Musik. Leider ist er unvollendet geblieben, da Boethius seine Zeit stiller Studien plötzlich beendete, um getreu den Gepflogenheiten seiner Familie in den Staatsdienst einzutreten. Sein Erfolg in der amtlichen Laufbahn war außerordentlich. Zunächst genoß er das uneinge-

schränkte Vertrauen des Gotenkönigs Theoderichs des Großen, der damals über Italien herrschte. Ein Teil der Staatsweisheit des Königs bestand in der Aufrechterhaltung der römischen Verwaltung, von der er die nach gotischem Volksrecht organisierten Eroberer strengstens trennte. Unseligerweise führte diese Absonderung des gotischen Volksteils von der römisch-italienischen Grundbevölkerung zu einem Parteienkampf am Hofe. Da Boethius bei den lateinischen Einheimischen nicht nur Bewunderung, sondern geradezu Liebe genoß, reagierte die gotische Hofpartei mit Intrige und Haß. Theoderich war nach einem bewegten und kampfesreichen Leben mit neunundsechzig Jahren schon zum Greis geworden. Er bemerkte an sich selbst das Nachlassen seiner körperlichen und geistigen Kräfte, wurde dadurch mißtrauisch und öffnete nur zu bereitwillig sein Ohr den Einflüsterungen gotischer Hofschranzen, die gegen Boethius gerichtet waren. Schließlich legten drei Männer, deren Namen wir nicht kennen, dem König ein Dokument vor, das die Unterschrift des Boethius trug. Der Inhalt des Schriftstückes war die Organisation einer Verschwörung des römischen Senats zur Absetzung des Theoderich. Als Haupt der Revolution wurde Albinus genannt, Vorsitzender des Senats und persönlicher Freund des Boethius. Dieser war von der Fälschung des Dokuments derart überzeugt, daß er den König persönlich aufsuchte und sich für die Unschuld des Albinus verbürgte. Der Gegenschlag war die Verhaftung des Boethius, auf die alsbald das vom König selbst ausgesprochene Todesurteil folgte. Boethius wurde in den Kerker nach Pavia verbracht und lebte dort in monatelanger Ungewißheit, ob und wann die Hinrichtung vollstreckt werden würde. Er nützte die Zeit, um eines der berühmtesten Bücher des Mittelalters zu verfassen: »De consolatione philosophiae – Vom Trost der Philosophie«. Darin bekennt er – der katholische Christ – sich zu den Gedanken der griechischen Weisheitslehren ebenso wie zu der römischen Staatskunst. Das

wahre Glück, so schreibt er, liege nur in der Vereinigung mit Gott, denn »Glückseligkeit ist die Gottheit selber«. Vielleicht verdanken wir es gerade dem Wegfall jedes Bezuges auf die persönliche Unsterblichkeit, daß dieses Buch durch ein volles Jahrtausend als die Zusammenfassung des gesamten kulturellen Erbes der Antike studiert und anerkannt worden ist. Mit Sicherheit ist diese letzte, unter so dramatischen Umständen entstandene Schrift des Boethius für die nachfolgenden Jahrhunderte Anlaß gewesen, auch seine anderen, früheren Arbeiten zu durchleuchten. So kam es unter anderem auch zu der Übernahme der Musiktheorie des Boethius durch das Mittelalter. Diese geht von einer dreifachen These aus.
Die Antike, noch den Wurzeln des Pythagoras verhaftet, hielt während ihres ganzen Verlaufs an einer musikalischen Dreiheit fest. Die oberste Stufe der Musik ist die Musica mundana – also die das Weltall unhörbar durchflutende Harmonie der Sphären. Die zweite trägt den Begriffsnamen Musica humana. Darunter verstand man den harmonischen Zusammenklang zwischen Seele und Leib. Der römische Grundsatz »mens sana in corpore sano – ein gesunder Geist in einem gesunden Körper« ist nur die letzte, am meisten materielle Auswirkung der viel schöneren griechischen Theorie, daß es der Geist sei, der sich den Körper baue. Dies führte in der hellenistischen Kunst zur Darstellung ungewöhnlich athletischer Menschen, wobei die Ausformungen gewaltiger Körperkraft als stellvertretend für seelische Stärke genommen werden sollten. Noch Michelangelo verfuhr nach dem gleichen Prinzip, als er von der Begegnung mit dem Torso vom Belvedere an seinen Gestalten, selbst seinen Heiligen, immer furchterregendere herkulische Körper verlieh. Die ursprüngliche Idee der Musica humana war sicherlich weit mäßiger. Es kam in der früheren griechischen Plastik weniger auf die seelische Stärke als auf die Ruhe an, die durch gelassene Schönheit die Übereinstimmung des dargestellten Menschen mit dem Kosmos ausdrücken wollte.

Jedenfalls haben die Musica mundana und die Musica humana ein Leben, das sich vollständig in der Sphäre des Geistes und jenseits aller hörbaren Töne vollzieht. Erst die dritte bei Boethius angeführte Art der Musik umfaßt das Reich der sinnenhaften Klänge – die Musica instrumentalis. Es ist von größtem Belang, zu bedenken, wie weit der Begriff »instrumentalis« gefaßt ist. Denn auch die menschliche Stimme, die wir so gerne als den Ursprung aller Musik auffassen, wird hier zu einem Instrument, wenngleich mit einem gewissen Vorrang vor jenen anderen Instrumenten, welche die geformte Materie zu ihrem Erklingen nötig haben. Wesentlich ist das Verständnis der Musica instrumentalis als unvollkommenes, vergänglich tönendes Abbild des universalen Prinzips der Harmonie. Nur unter diesem Aspekt können wir begreifen, warum das ganze Mittelalter herauf bis zur Renaissance der Musik einen derart gewichtigen Platz unter den sogenannten sieben freien Künsten einräumte, welche das Erziehungsprogramm des damaligen Menschen definierten. Heute würde man profaner sagen, es habe sich bei den sieben freien Künsten einfach um die Hauptfächer des Schulunterrichts gehandelt. Ein solches Urteil wird aber dem wahren Sachverhalt nicht gerecht. Denn der Lernstoff der sieben freien Künste lief nicht, wie in unserem Schulunterricht, Fach für Fach nebeneinander her. Vielmehr erwuchs aus jeder Disziplin die Voraussetzung für die Erkenntnis der nächsthöheren.

Es gibt dafür in der bildenden Kunst ein unübertroffenes Zeugnis, an dem kaum ein Besucher der Stadt Rom vorübergeht: die sogenannte »Schule von Athen« in der Stanza della Segnatura des Vatikans, gemalt von Raffaels damals sechsundzwanzigjähriger Hand. Das Fresko zählt unter die berühmtesten Gemälde der Welt und bedeckt eine Wand im Arbeitszimmer des Papstes Julius II. Unter einer an Bramante erinnernden Architektur finden wir dort einige Gruppen von Männern im lebhaftesten Gespräch. Das Programm des Bildes ist die Frucht

Raffael: ›Schule von Athen‹ – Ausschnitt: Gruppe mit Platon und Aristoteles

einer gemeinsamen geistigen Anstrengung zwischen dem Papst selbst, seinem Hofprediger Egidius von Viterbo, dem großen Humanisten und späteren Kardinal Bembo, dem Grafen Castiglione und Raffael. Julius II. wollte in seinem Arbeitszimmer die vom menschlichen Geist erfaßbare Welt in einer Fülle von Gestalten versammelt haben. Ausgangspunkt seiner Überlegungen waren die Grundbausteine des Universums – die vier Elemente Erde, Luft, Wasser und Feuer. Der Philosophie, die man damals noch nicht als abstrakte Wissenschaft verstand, war das Element des Wassers zugeordnet – getreu dem Kernsatz des frühgriechischen Denkers Heraklit, der die Welt mit den lakonischen Worten erklärte: »alles fließt«. Darunter wird man nicht nur die Gesamtbewegung des Universums zu verstehen haben, sondern auch das Fortschreiten des menschlichen Geistes in Erfahrung und Erkenntnis. So gesehen, teilen sich die sieben freien Künste in eine Dreier- und eine Vierergruppe. Die Dreiergruppe beschäftigt sich mit der Fähigkeit des Menschen zum persönlichen Ausdruck und zur Kommunikation. Sie beginnt mit der Ordnung der Sprache in der Grammatik, schreitet fort zur Kunst der Überzeugung in der Rede und endet mit der Herrschaft des Geistes über den Gedanken in der Logik. Die Vierergruppe dagegen ist der Erkenntnisfähigkeit des Geistes gewidmet – samt seinen Möglichkeiten, die geschaffene Welt auszuloten und der Grenzen seiner Kraft inne zu werden. Konsequent beginnt diese Vierergruppe der sieben freien Künste mit der Arithmetik, der Wissenschaft von der Zahl, und mit der Anwendung der ordnungsschaffenden Kraft, die ihr innewohnt. Den Erfahrungen des Pythagoras getreu, folgt schon als nächste Kunst die Musik, die der Zahl ihr Gesetz gibt und – tausend Jahre nach dessen Tod – immer noch durch Boethius vertreten wird. Da Musik ihrem Wesen nach den Raum benötigt, folgt aus ihr als nächste Wissenschaft die Geometrie, mit deren Hilfe sich die Erde erfassen läßt. Die unerforschlichen Weiten des Weltraums und die in ihnen schwingende Harmonie der Sphären bilden in der Astronomie die letzte der sieben freien Künste. Bemerkenswert ist bei dieser Anordnung die Position der Musik. Sie setzt die Zahl als Hilfsmittel des Begreifens voraus und strahlt aus auf die Gestalt des Kosmos.

In der Stanza della Segnatura gibt es noch zwei weitere malerische Erwähnungen des musikalischen Prinzips. Die eine wird verkörpert durch den Gott Apollo, der, auf dem Gipfel des Parnaß thronend, die Viola da Braccio spielt. Er ist umgeben von den neun Musen, deren jede eine Kunst repräsentiert. Schon in der Antike tritt Apollo als der Anführer der Musen auf, hat aber dabei eine Leier in der Hand. Raffael gab dem Gott die mit neun Saiten bespannte Viola, die jeder Muse eine Saite zuordnet und den übrigen acht jeweils sympathetische Funktion überläßt. Auch hier erscheint die Musik als das zentrale Phänomen aller menschlichen Äußerung, das von der Kraft eines Gottes Lenkung und Zusammenklang erfährt. Die andere in der Stanza della Segnatura vorkommende Darstellung der Musik hat ihren Platz auf dem der Theologie gewidmeten Fresko. Sie konzentriert sich auf die Person des Papstes Gregors des Großen, der den nach ihm benannten Gregorianischen Choral, in einem großen Kodex niedergelegt, auf den Knien hält. Was hier angedeutet werden sollte, ist die göttliche Inspiration, die aller Musica instrumentalis Kraft und Wirkung verleiht. Daß diese drei malerischen Zitate von Musik im Privatstudio des damaligen Papstes angebracht sind, hat seinen Grund nicht nur in der Vorliebe Julius II. für diese Kunst. Vielmehr äußert sich darin eine in jener Zeit weitverbreitete Ansicht: die Musik sei nicht nur eine Kunst, sondern vor allem eine Geheimwissenschaft. Denn ihre Wirkung ist nicht einseitig. Zwar ist der Kosmos von ihr durchwaltet, Seele und Leib des Menschen wirken nach ihrem Gesetz zusammen – aber in der Musica instrumentalis vermag der Mensch mehr als nur das Abbild der Musik jenseits der Töne hörbar zu machen. Er kann durch die Musik, die er schafft, auch auf den Menschen und den Kosmos zurückwirken, Gefühle, Intuitionen, geistige Zustände erzeugen und darüber hinaus das musikalische Walten des Kosmos unterstützen oder auch stören. Mit anderen Worten: die Musik, die der Mensch macht, beinhaltet die geheime Kraft, auf das Schicksal des einzelnen, der Völker und des Universums Einfluß zu üben. Eine derartige Theorie führte in der Renaissance zu dem seltsamen Begriff der Musica reservata. Darunter verstand man Kompositionen, die dem landläufig geschulten Ohr angenehm oder erbaulich klangen, während der Eingeweihte in ihnen die Freisetzung von Kräften vernahm, welche dem Schicksal verhaftet waren.

Das berühmteste Beispiel hierfür bietet der im flämischen

Mons geborene, in Italien ausgebildete und lange in München wirkende Komponist Orlando di Lasso. Ihm fiel während seines Italienaufenthaltes der Text jener rätselhaften Sybillen in die Hand, welche seit dem christlichen Altertum als Prophetinnen des Erlösers gelten. Er verfaßte auf Teile dieser Texte vierstimmige Vokalkompositionen von einer harmonischen Kühnheit, die seiner Zeit um Jahrhunderte vorauseilte. Als das Manuskript vollendet war, beschloß Orlando di Lasso, die Noten zeit seines Lebens geheim zu halten. Wir kennen die Quelle nicht, aus der die Nachricht von dem magischen Manuskript sich in der musikalischen Welt verbreitete. In der zweiten Hälfte seines Lebens diente Orlando di Lasso dem Herzog Albrecht V. von Bayern, dessen Geist von aller Art Magie stark fasziniert war. So bietet etwa die Schatzkammer in der Münchner Residenz ganze Serien von kunstvollen Gefäßen, die nicht so sehr um ihrer meisterhaften Gestaltung als um der magischen Kraft des verwendeten Materials, hauptsächlich Gold, Edelsteine und Kristall, wegen gesammelt worden sind. Folgerichtig hat der Herzog Albrecht diese seine Schätze dem Blick der Öffentlichkeit nicht zugänglich gemacht, sondern in einem eigenen dunklen Gelaß als Unterpfänder seines Herrscherglücks und zur Abwendung von Unheil verwahrt. Albrecht hatte Kenntnis von der Sybillen-Komposition seines Hofkapellmeisters Orlando und ruhte nicht eher, bis dieser in einem einmaligen Exemplar die Stimmbücher der Kompositionen mit eigener Hand niederschrieb. Der Herzog ließ das Werk in vier Bände binden. Heute bildet es eine Kostbarkeit der Nationalbibliothek in Wien. Mittlerweile hat man die Sybillenkomposition Orlandos zahllose Male aufgeführt. Doch ist verbürgt, daß ihre Töne zu Lebzeiten Albrechts V. und Orlandos niemals erklungen sind. Zur Reservat-Musik und ihrem Ruf trugen damals gelegentlich auch äußere Ereignisse bei. So veranstaltete man unter Herzog Albrecht einmal eine besonders prunkvoll inszenierte Fronleichnamsprozession, die sich in der Münchner Frauenkirche versammelte, um von dort aus durch die Stadt zu ziehen. Zum Kummer aller Beteiligten stand jedoch eine schwarze Gewitterwand am Münchner Himmel. Nur der ausdrückliche Wunsch des Herzogs bewirkte, daß die Prozession die Kirche dennoch verließ. Als die Hofkapelle unter Orlandos Leitung ins Freie trat, stimmte sie traditionsgemäß die von Orlando neu vertonte Motette »Gustate et videte« an. Darauf teilte sich die Wolkenwand, und die Sonne erschien. Solche Ereignisse konnten auch in der Volksmeinung den Glauben bestätigen, daß die Elemente durch Musik zu beeinflussen oder zu lenken seien.

Die letzte, wenn auch verschlüsselte Spur dieser Art findet sich in einer der bedeutsamsten Szenen von Mozarts »Zauberflöte«. Das durch so viele Prüfungen hindurchgegangene Paar Tamino und Pamina wird vor der endgültigen Aufnahme in das Reich des Lichts den Schrecken von Wasser und Feuer ausgesetzt. Als Einleitung dazu singen in pythagoräischen Oktaven zwei geharnischte Männer eine Art von Choral, der von einem kontrapunktischen Meisterstück strengen Satzes begleitet wird. Nachdenklich stimmen die Worte der beiden Geharnischten:

> »Der, welcher wandert diese Straße voll Beschwerden,
> wird rein durch Feuer, Wasser, Luft und Erden;
> wenn er des Todes Schrecken überwinden kann,
> schwingt er sich aus der Erde himmelan.
> Erleuchtet wird er dann im Stande sein,
> sich den Mysterien der Isis ganz zu weih'n.«

Hier hat man – drei Jahre nach Beginn der Französischen Revolution – eine, wenn auch sehr vereinfachte, Zusammenfassung der Ideen des Pythagoras, von denen wir anfänglich ausgegangen sind. Das Ziel des Daseins ist Reinigung. Sie wird bewirkt durch die Gleichsetzung des menschlichen Wesens mit den Bausteinen des Universums, die sich in den Elementen Feuer, Wasser, Luft und Erde symbolisch niederschlagen. Die Mysterien der Isis deuten zurück auf die Erfahrung des Pythagoras in Ägypten, wobei das Wort Mysterium nicht nur eine verborgene religiöse Weihe bedeutet, sondern darüber hinaus die Geheimwissenschaft, welche sich in der Schule des Pythagoras ebenso manifestiert wie in den Stanzen des Vatikans.

Nicht durch Zufall hat sich Mozart in seiner letzten Lebenszeit intensiver als je zuvor mit dem Werk Johann Sebastian Bachs beschäftigt. Die Begleitmusik zum Choral der beiden Geharnischten steht den Werken der besten Bachschen Polyphonie ebenbürtig zur Seite. Dies lenkt unsere Gedanken auf das letzte Werk aus der Feder Bachs – auf die »Kunst der Fuge«. Darin hat Bach ein einziges Thema in neunzehn verschiedenen Fugen abgewandelt, das Ganze ohne nennenswerte Instrumental-Angaben auf vier Notenzeilen niedergelegt und als reines Lehrwerk herausgegeben. Sinn der Arbeit sollte nach Bachs eigener Absicht nicht die tönende Aufführung sein, sondern das Lesen von Musik. Die »Kunst der Fuge« ist jener geringen Schar von Eingeweihten gewidmet, die mit innerem Ohr die Verflechtungen der vier gleichberechtigten Melodiestimmen ebenso zu hören vermögen wie das Wechselspiel, welches diese im Auffangen und in der Weitergabe des Themas veranstalten. Auch hier handelt es sich um eine Art Musik, die der sinnlichen Wiedergabe entraten kann, weil sie ein reines Werk des Geistes sein will. So zieht sich über Jahrtausende und Kontinente hinweg die Auffassung von Musik als einer lebenserzeugenden und lebenstragenden Kraft, der der Mensch nicht nur durch sinnenhafte Empfindung, sondern durch Erkenntnis, Intuition und Gefühl gleicherweise naherückt. Schon Pythagoras hat die menschliche Seele auf die gleiche Weise in Erkenntnis, Intuition und Gefühl gegliedert. Was darüber hinaus dem musikalischen Prinzip des Kosmos an Wirkung und Bewegung zufällt, bleibt ein Geheimnis, dem der Mensch sich nur in Demut nahen kann.

Ich hätte den Leser schwerlich einen so langen und verzweigten Weg geführt, wenn nicht unter seinen Voraussetzungen der Blick auf die Gegenwart bedenklich wäre. In unseren Schulen ist man längst dazu übergegangen, die Musik als eine Disziplin zu lehren, deren Zusammenhang mit dem Menschen als Ganzem kaum ins Gewicht fällt. Unser Konzertpublikum läßt sich zum großen Teil von Wallungen des Gefühls tragen, wenn Musik erklingt – fast verlorengegangen ist dagegen das Engagement des Geistes, das Musik ihrem Wesen nach erfordert. Diesem Umstand verdanken wir zum großen Teil die geradezu groteske Überbewertung des Interpreten gegenüber dem Werk, dem er eigentlich zu dienen hätte. Zur verschwindenden Minderheit sind jene geworden, denen mehr daran liegt, ein ihnen bislang unbekanntes musikalisches Werk zu hören, als den Interpreten kritisch zu beurteilen, dessen Wiedergabe sie lauschen. Von einer musikalischen Kultur kann ebensowenig mehr die Rede sein wie von der Einsicht, Musik sei ein die Gesamtpersönlichkeit des Menschen prägendes Erziehungselement. Ein weiterer, kaum mehr rückgängig zu machender Mißstand besteht in dem Bedürfnis geschickter musikalischer Manipulatoren nach dem Tonexperiment um jeden Preis. Ironie und Sarkasmus schweigen geflissentlich, wenn ein Musiker auf der Bühne den Konzertflügel dazu benutzt, um mit dem Vorschlaghammer auf dessen Saiten einzuschlagen. Den Mut, solchen Irrsinn etwa zu verlachen, bringt kaum mehr jemand auf. Wir befinden uns inmitten der Auflösung eines der Schöpfung eingeborenen Wunders, das in seinen Trümmern den Namen Musik nicht mehr verdient. Parallel dazu wird der sogenannten heilen Welt ein gnadenloser öffentlicher Kampf angesagt – was wunder also, daß die Musik, in ihrem Wesen die feinste und empfindlichste Ausformung der heilen Welt, vom Zerstörungswahn des Kulturbetriebs zuerst und am wirkungsvollsten getroffen wird? Ich betone ausdrücklich, hier nicht einem erstarrten Traditionalismus das Wort zu reden. Im Gegenteil: Mein Anliegen ist, das an die Stelle von Musik gesetzte, willkürlich erzeugte Chaos beim Namen zu nennen. Mit dem Verlust dessen, was man Leben mit und durch Musik nennen könnte, unterliegt die menschliche Natur einer künstlichen Verstümmelung, durch die sie inmitten des immer enger gezogenen Grenzbereichs der Freiheit eines weiteren, bislang sicheren Trostes beraubt werden soll. Es ist eine Unwahrheit, wenn heute im Musikleben gehandelt wird, als ob es über die Musica instrumentalis hinaus keine Musik mehr geben könne. Wenn es weiterhin gelingt, die Musica instrumentalis, also die von Menschen für das menschliche Ohr allein gemachte Musik, samt ihren Perversionen zum reinen akustischen Reizmittel herabzuwürdigen, wird vielleicht die letzte Verbindung reißen, die den Menschen unabhängig von der Technik mit der Schöpfung und ihrem Schöpfer verbindet. Dann aber braucht sich niemand mehr zu beklagen, wenn der klägliche Rest von Demut, der heute noch lebendig ist, aus dem Verhalten der Menschen verschwindet. Das Resultat eines solchen Prozesses wird dann nicht mehr nur die Vereinsamung sein, wie sie der Massenstaat schon offensichtlich verwirklicht, sondern die existentielle Einsamkeit, gegen die es kein Heilmittel gibt. Die Massenhysterie, welche wir bei Popfestivals unter Abertausenden von Jugendlichen feststellen, ist kein Gegenbeweis. Vielmehr handelt es sich hier um eine verzweifelte Flucht des einzelnen vor seiner eigenen profilierten Persönlichkeit. Der Mensch als Person, als ein unverwechselbares, nur einmal geschaffenes Wesen, ist aber die unentbehrliche Bedingung für das Entstehen von Musik, die ihren Namen verdient, weil sie nicht beim menschlichen Körper und seinen Sinnen endet, sondern jenseits der Töne beginnt.

Über den Verzicht auf Schönheit

Mancher wird die Aufführung von Wolfgang Fortners Oper »In seinem Garten liebt Don Perlimplin Belisa« nach García Lorcas Schauspiel im Münchner Cuvilliestheater noch in Erinnerung haben. Ein hochromantisches Sujet, ein Bühnenbild seltener Suggestion, herrliche Sänger waren aufgeboten, um einer Musik zu dienen – so absichtsvoll verschlüsselt, daß man ihr nur noch mit dem Ohr, nicht mit dem inneren Sinn, weniger noch mit dem musikalischen Verstand, und mit dem Geist überhaupt nicht mehr folgen konnte. Klänge, die sich als das Ergebnis von Kalkulationen ausweisen, ein bißchen Elektronik dazwischen gemischt, jedes Instrument bis zur Unkenntlichkeit seiner natürlichen Bestimmung entfremdet. Fortner selbst erklärt im Programmheft, der gesamten Komposition liege eine präformierte Tonreihe zugrunde, aus der das eineinhalbstündige Werk mit logischer Konsequenz abgeleitet sei. Es soll Experten geben, denen es gelang, die Reihe herauszuhören – ich selbst gab nach einer halben Stunde auf. Reservatmusik also, Kunst für Eingeweihte. Ein Tonsprache, die ihr Prinzip absichtsvoll verbirgt, damit wirklich nur die Mitglieder des antitonalen Geheimbundes ihrer inneren Schönheit teilhaftig werden können, während sie dem Außenstehenden bestenfalls an einigen durch die Kongruenz zum dramatischen Vorgang bestechenden Stellen interessant, sonst aber einfach unverständlich und auf lange Strecken auch mißtönend erscheinen muß. Was uns zunächst zum Fragen bewegt, ist genau dieser Vorgang: Wie kommt es zu einer solchen absichtsvollen Verhüllung? Was veranlaßt einen Komponisten, seine musikalische Idee in ein Kleid verletzender Klänge zu zwingen, der Harmonie offensichtlich aus dem Wege zu gehen und selbst ihre Struktur so geheimnisvoll zu verlarven, daß dem natürlichen Ohr nur noch Resignation bleibt?

Reservatmusik hat es immer schon gegeben. Sie resultiert aus der uralten Vorstellung, Musik sei im Grunde etwas ganz anderes als nur der gefällige oder ausdrucksvolle Ablauf von Tongestalten. Die eigentliche Musik liege jenseits der Töne und repräsentiere den inneren Zusammenhang der Welt, wie er sich im Umlauf der Gestirne und in der Harmonie zwischen Leib und Seele manifestiere. Als durch die platonische Akademie von Florenz die musikalische Ideologie der Antike neuerdings ein Gegenstand der Spekulation wurde und, vor allem, als durch die Beschäftigung mit dem gesamten magischen Bereich der Tonwelt die Doppelbödigkeit der musikalischen Kunst wieder als sicher angenommen wurde, entstanden Musikformen, die für den Laien als Wohlklang akzeptabel waren, während sie dem Eingeweihten die Teilnahme an geheimen Wirkungen und Absichten ermöglichten. Man komponierte Madrigale und Motetten, deren musikalischer Bau gleichzeitig Schönheit und die Absicht beinhaltete, mit bestimmten vorgeformten Tonkonstellationen das Schicksal zu beeinflussen. Festgehalten wurde in damaliger Zeit an dem Prinzip der äußeren Verständlichkeit dieser Musik für den unbefangenen Hörer. Der Wohlklang, der aus den Tönen entstand, sollte dem aufnehmenden Ohr den Eindruck geben, daß etwas Schönes erklinge. Das Reservat bestand damals gerade in der Kunst, hinter diesem sinnenhaft wahrnehmbaren Schönen ein geistiges Geflecht zu verbergen, das weit über die eigentliche Musik hinaus in die Welt hineinzuwirken beabsichtigte, aber nur von Eingeweihten erkennbar war.

Heute ist von diesem magischen Element der Musik nicht mehr

die Rede. An seine Stelle trat das intellektuelle Spiel, eine Art mathematischer Genuß für den Geist. Dieser allerdings muß, um ihn erleben zu können, sein Ohr in einer ganz bestimmten Weise schärfen. Man hat – und zwar beinahe in provokatorischer Absicht – die Verbindlichkeit gegenüber dem unbefangenen Hörer aufgegeben, den man mit einem seltsam phantastischen Gestrüpp von inkommensurablen Klangformen allein läßt. Das immanente Schöne einer solchen Kunst liegt gewissermaßen jenseits der erklingenden Musik und weist sich, wenn man die Partituren nachrechnet, als ein hochintellektuelles Spiel mit der Zeit aus (Zeit, verstanden im Sinne zeitlichen Ablaufs und seiner möglichen Gliederungen). Schönheit – wenn man darunter eine bestimmte Ausstrahlung von Harmonie auf den aufnehmenden Menschen verstehen will – Schönheit ist hier nicht mehr zu finden, sie ist auch nicht intendiert, man hat auf sie verzichtet.

Mit geradezu mathematischer Regeltreue pflegen kritische Überlegungen ins Gleiten zu kommen, sobald das Wort Schönheit auftaucht. Daß es sie gibt, wird niemand bestreiten. Was aber schön ist – im Gegensatz zu häßlich –, scheint von einer gewissen Übereinkunft der menschlichen Gesellschaft abzuhängen. Es gibt bestimmte Prinzipien der Kunst, ohne die sie nicht existieren kann. So wird Malerei immer die künstlerische Bewältigung der leeren Fläche durch Formen und Farben sein. Plastik wird ihrer Körperlichkeit nicht entraten können und Musik nicht der Ordnung von Klängen im Ablauf der Zeit. Innerhalb dieser Grundvorgänge ist Schönheit möglich und zu allen Zeiten aufgefunden worden. Was aber für schön gehalten wird, unterliegt einer geschichtlichen Entwicklung. In der konventionellen Harmonielehre, wie sie in meiner Studienzeit – und wohl auch jetzt noch – gelehrt wurde, gilt die Terz als das erste harmoniebildende Intervall. Die Erfahrung ist uns geläufig, daß, wenn man zu einem Volkslied eine zweite Stimme sucht, diese am besten in der tieferen Terz verläuft. Um

das Jahr 1000 dagegen war diese von uns millionenfach strapazierte Terz das dissonante Intervall schlechthin. Damals empfand man die Quint als den Ausgangspunkt aller Harmonie. Das musikalische Bewußtsein unterscheidet im Prinzip zwischen Wohlklang und Mißklang, zwischen Konsonanz und Dissonanz. Welche musikalischen Mittel aber das eine wie das andere hervorrufen, darüber gibt es in der Geschichte keinerlei Einigkeit. Eine Rechtfertigung also für die Anhäufung von phantastischen Mißklängen, wie wir sie in der seriösen Musik der Gegenwart ununterbrochen geboten bekommen, heißt einfach: Wir, die modernen Musiker, durchbrechen die bisherige Konvention und behaupten, daß das, was ihr heute als Mißklang verwerft, in fünfzig Jahren längst zur Harmonie geworden und Träger eines neuen Schönheitsempfindens sein wird. Insofern wäre der Verzicht auf Schönheit, gegen den der unbefangene Hörer heute rebelliert, von den besagten Komponisten bewußt vollzogen, um neuen, in der Zukunft liegenden Schönheitsvorstellungen Lebensraum zu verschaffen. Dies wiederum deckt sich mit einer weit verbreiteten Idee zur Phänomenologie der Kunst, die behauptet, es sei gewissermaßen die Bestimmung jeder Kunst, dem Zeitalter, worin sie entsteht, eine Spanne voraus zu sein, ja geradezu den Niederschlag prophetischer Ahnungen zu bilden. Es ist nicht meine Sache, hier ein Urteil abzugeben, das nur Fachleuten zustehen kann. Aber an der Theorie ist sicher bestechend, daß sie sich auch für den dilettierenden Zeitgenossen als anwendbar erweist. Die Atomisierung des Gegenstandes in der Kunst liegt fast ein halbes Jahrhundert früher als der Zeitpunkt, an dem die Welt begriffen hat, im Atomzeitalter zu leben.
Bleiben wir noch einen Augenblick bei diesem Gedanken. Wenn er richtig ist, dann muß aus gegenwärtig Häßlichem künftig Schönes werden – und zwar durch die nachhinkende Wandlung der menschlichen Übereinkunft über das, was als schön gelten kann. Hier hätten wir die schon von Kant

geforderte Einschränkung des Schönen auf den Geschmack. Wörtlich sagte er: »Es kann keine objektive Geschmacksregel, welche durch Begriffe bestimmte, was schön ist, geben. Denn alles Urteil aus dieser Quelle ist ästhetisch; das heißt das Gefühl des Subjekts. Und kein Begriff eines Objekts ist sein Bestimmungsgrund. Ein Prinzip des Geschmacks, welches das allgemeine Kriterium des Schönen durch bestimmte Begriffe angäbe, zu suchen, ist eine fruchtlose Bemühung, weil, was gesucht wird, unmöglich und an sich selbst widersprechend ist.« Dies ist geradezu eine Relativitätstheorie der Schönheit, insofern sie zur Ermessensfrage des einzelnen wird. Ihr objektiver Bestand ist geleugnet. Extrem formuliert könnte man im Sinne Kants sagen: Schönheit an sich gibt es gar nicht. Die Menschen einigen sich einfach darüber, was sie als schön empfinden und was nicht.

Da dies ungefähr die kärglichste Bestimmung ist, die man sich für Schönheit ausdenken kann, scheint sie mir besonders geeignet als Ausgangspunkt für eine Betrachtung unserer Umwelt. Leider bietet das Zeitalter kaum Phänomene, an denen sich erkennen läßt, wie es um die Übereinkunft in bezug auf das steht, was als schön gelten kann. Denn ich glaube nicht, daß man von unseren Tagen behaupten könnte, die Frage nach der Schönheit schlechthin sei noch ein Problem. Ich habe mir oft die Frage gestellt in der Betrachtung der endlosen Besucherschlangen, die die Vatikanischen Museen durchziehen, ob Schönheit unter die Dinge gehört, die die Menschen dort suchen. Die Antwort muß zwiespältig sein. Man will wissen, was man sieht, man will den Vorgang erkennen, den ein Kunstwerk repräsentiert. Man will auf geschichtliche, psychologische, manchmal auch theologische Zusammenhänge hingewiesen werden, die zur Entstehung und zur Gestalt eines Kunstwerks geführt haben. Andererseits läßt sich ein beinahe fanatischer Hang zum Kunstformalismus feststellen. Von der Technik des Handwerks bis zur Analyse des Faltenwurfs reicht die Ausbreitung eines Arsenals stilkritischer Mittel, die Handschrift des Meisters soll erkannt und bestimmt werden. Daraus resultiert dann das Werturteil über seine Qualität. Hat man dieses mit Mühe und Bravour gefunden, wendet man sich befriedigt Neuem zu. Schönheit ist in beiden Fällen nicht das Ziel. Denn weder die Befriedigung des Wissens noch die des Urteils haben mit Schönheit das Geringste zu tun. Ich würde so weit gehen zu glauben, daß sich aus diesen Erfahrungen ein kühner Gedanke ableiten läßt. Schönheit hat keinen Ort, sie entsteht durch einen Kommunikationsvorgang, worin die Ausstrahlung eines Kunstwerks mit einer ganz besonderen Bereitschaft des Aufnehmenden zusammentreffen muß. Die Brücke für diesen höchst intimen seelischen Vorgang bilden die Sinne. Das Auge, zuweilen auch der Tastsinn und das Ohr. Der Ort der Schönheit ist also nicht a priori die Kunst, sondern das Leben.

Eine Binsenwahrheit ist, daß sich in der Gegenwart das Verhältnis des Menschen zur Natur grundlegend verwandelt. Der soziologische Aspekt liegt auf der Hand: Unsere Landschaft verstädtert, das heißt, Stadt und Land bilden keinen essentiellen Gegensatz mehr. Das Naturbedürfnis des Stadtbewohners kompensiert sich durch das Komfortbedürfnis des Landbewohners. Natur ist eine Art Gebrauchsgegenstand geworden, dienlich sowohl zur Ernährung als auch zur Erholung – und kaum irgendwo entdeckt man noch, daß Natur auch zweckfrei betrachtet und um ihrer selbst willen geliebt wird. Für einen jungen Menschen – ich habe den Test mehrmals gemacht –, der sich frisch verliebt hat, ist Goethes Vers »Wie herrlich leuchtet mir die Natur« ein gänzlich inadäquater Ausdruck zur bildhaften Darstellung dessen, was ihn bewegt. In der Lyrik der Gegenwart, trotz der Anrufung des Großen Bären, spielt die Natur, soweit ich sehe, kaum eine Rolle. Außenseiter, wie Saint John Perse, sind nicht einmal durch den Nobelpreis in ein tieferes Bewußtsein der Zeitgenossen eingedrungen. Es ist nicht mehr die Beziehung des Menschen zu seiner Umwelt, sondern immer ausschließlicher die Beschäftigung des Menschen mit sich selbst, die das Zeitalter erfüllt. Die Randerscheinungen der Massengesellschaft, das Ameisenhafte unseres Alltags, das Phänomen der Verrottung, erzeugt durch fortgeworfene Relikte des Komforts, die Gasglocke über der Großstadt, das in Zement eingefangene Leben mit allen Abseitigkeiten, die daraus entstehenden Grundgefühle von Angst und Ekel – dies ist der Anfang und das Ende unserer gegenwärtigen poetischen Möglichkeiten. Sofern Natur darin auftaucht, wird sie unter Kategorien gesehen, die dem eben umrissenen Milieu entspringen: Bedrohung, Furcht, Feindschaft. Überspitzt gesagt: Sofern von einer Blume nur zu sagen ist, sie sei schön, bleibt sie ein Gegenstand des Gebrauchs. Kann jedoch an einer schönen Blume entdeckt werden, daß sie fleischfressend ist, wird sie geeignet, ein Gegenstand der Poesie zu sein. Wohl für das Denken, wohl für die Nützlichkeitsbedürfnisse des Menschen, nicht aber für sein Empfinden ist Natur ein Phänomen, das in der Seele des Zeitgenossen bemerkenswerte Bewegungen hervorrufen würde.

Dies hängt zusammen mit der Ausbreitung des Bewußtseins, die Natur könne durch die Wissenschaft beherrscht werden. Damit ist die Unbefangenheit gegenüber der Gesamterscheinung Natur dahin. Ein Waldspaziergang, den ich als Junge mit meinem Vater machte, führte durch dessen behutsam freundschaftliche Anleitung zum Sehen bei mir zu einer Sensation, deren ich mich noch genau erinnere. Ein herabfallender Tannenzapfen hatte einen Ameisenhaufen verletzt. Die organisierte Alarmtätigkeit der Insekten löste in mir das Gefühl aus, Zeuge eines Wunders zu sein. Mein Vater, ein völlig nüchterner und, wie ich glaube, eher unreligiöser Mensch, war ganz der gleichen Meinung. Dabei kannte man zu jenen Zeiten das Funktionieren eines Ameisenstaates genauso gut wie heute.

Nur würde heute niemand mehr die Unbefangenheit haben, hinter dem, was er in der Natur zu sehen bekommt, eine wirkende, planende, schöpferische Kraft zu bewundern, vor deren Macht und Phantasie der menschliche Geist sich beugt. Nicht daß man heute vor dem Angebot der Natur keine Begeisterung mehr zu entwickeln vermöchte – sie findet nur unter anderen Vorzeichen statt. Der Mensch, und zwar im allgemeinen Bewußtsein der Gesellschaft, ist nicht mehr ein Teil der Natur, er versteht sich als ihr Herr. Das Wunder bleibt nur insofern noch bestehen, als es immer noch eine Fülle unerklärbarer Dinge gibt. Aber es ist relativ geworden, da sich abschätzen läßt, wie begrenzt die Zeit ist, bis man die Erklärung gefunden hat. Ich glaube, es ist nicht übertrieben, festzustellen, daß die Menschen unserer Tage sich selbst zutrauen, mit der nötigen Geduld jedes bisherige Wunder zu entlarven. Die Schöpfung ist zu einem Gegenstand geworden, den man ausbeuten kann. Um sich blickend findet der Mensch – und darüber ist er hochbefriedigt – nichts Größeres mehr als sich selbst.

Folgerichtig findet parallel zu all diesem eine totale Erkundung des Menschen statt. Wie immer, wenn große Massen in Bewegung geraten, bilden sich Führungszentren. In unserem Fall heißen diese Großmächte Psychoanalyse und Sex. Die Verschwisterung dieser beiden fast schon zum Schlagwort gewordenen Zeiterscheinungen bedarf keines Beweises. Gemeinsam sind sie die Folgeerscheinung des ungeheuren Versuchs, der unserem Jahrhundert vorbehalten blieb und den Namen trägt: Autonomie des Menschen. Auf ihrem Altar ist die Unbefangenheit geopfert worden – und schon zeigten sich zwei zentrale Lebensbereiche in komplexer Problematik. Je mehr der Mensch nach der Erklärbarkeit für sein Innenleben suchte, um so höher schoß das Dickicht seiner Komplexe. Der Preis, der bezahlt wurde, ist der Verlust der Fähigkeit, sich freuen zu können. Die Freude setzt Unbefangenheit voraus

– und in diesem Sinne scheint mir der Schlußsatz von Beethovens neunter Symphonie – »Freude schöner Götterfunken« – wie ein Hymnus auf das verlorene Paradies. Im Grunde befinden wir uns in einer Kettenreaktion des Ersatzes. Freude, um dabei zu bleiben, wird darin ersetzt durch das übersteigerte Bedürfnis nach Vergnügen. Dieses wiederum besteht bekanntlich aus zwei Phasen: erstens der Erfüllung, der aber zweitens der Reiz vorangegangen sein muß. Und hier sind wir mitten in dem alles durchdringenden Phänomen des Sex. Die Flut von Einzelerscheinungen, in denen sich heute Sex niederschlägt, steht in keinem vergleichbaren Verhältnis zur Wirklichkeit. Der Reiz ist autonom geworden. Wir sind umgeben von einem Schwall von Versprechungen, in denen nur noch ein illusionäres, weil der Phantasie erreichbares Vergnügen angeboten wird, das sich zur Wirklichkeit verhält wie das Wahlversprechen zur konkreten Politik. Das Erstaunliche dabei scheint mir in einem wie im anderen Falle, daß der Anreiz sich immer schneller abstumpft und in seinen Formen immer massiver und primitiver werden muß. Neben diesen beiden Großmächten Psychoanalyse und Sex taucht in den letzten Jahren in steigendem Maß eine dritte auf: die Droge. Die künstliche Beeinflussung des von der Natur vorgegebenen Zustands von Leib und Seele durch chemische Mittel reicht von der Tablettengläubigkeit bis zum Rauschgift. Ziel ist die willentliche Korrektur der vorgegebenen natürlichen Norm. In dem phantastischen Arsenal der Chemie gibt es keine Geheimlehren mehr, denn es ist die Gesellschaft als solche, die nach jener anormalen Wirklichkeit verlangt, wie sie die Droge bietet. Noch vor zwanzig Jahren waren Menschen, die Rauschgift in irgendeiner Form zu sich nahmen, im Bewußtsein Mitteleuropas gleichgesetzt mit den Angehörigen einer verbotenen Sekte. In Asien, wo die Zustände ganz anders liegen, ist das Rauschgift, Haschisch und Opium hauptsächlich, längst ein kollektiver Fluchtweg aus den Forderungen des Tages. Der

Grund, warum ich innerhalb dieser Überlegungen auf die Droge eingehe, ist folgender: Allen Drogen ist gemeinsam, daß sie dem Menschen die Möglichkeit geben, sich in eine Welt paradiesischer Träume zu versetzen, in denen wunschloses Glück herrscht. Allerdings muß er dabei eine Spielregel beachten, ohne die der gesamte Prozeß sich in sein Gegenteil verkehrt. Er muß, wenn er die Droge nimmt, sich selbst mittels Erinnerung an glückliche Vergangenheit oder schöne Dinge den richtigen Start geben. Ein Opiumraucher – und Opium ist noch ein relativ harmloses Rauschgift –, der sich in den süßen Schlaf zu versetzen beginnt, muß vorher willentlich aus seinem Bewußtsein alle Gründe verbannt haben, die ihn veranlaßten, zum Opium zu greifen. Die Vorgänge in Amerika, die mit dem berüchtigten LSD zusammenhängen, zeigen uns, wie schmal der Grat ist zwischen der Auslösung endloser Lustvorstellung und den Assoziationsketten, die in eine von keiner Phantasie erreichte Hölle führen.

Wenn wir zusammenfassen, dann eignet diesen drei Großmächten eines: das Künstliche. Der Mensch hat sich angewöhnt, dem Mechanismus zu vertrauen, und er hat vergessen, daß er ein Organismus ist. Zweitens hat er dem Kausalgesetz eine fast unumschränkte Macht über sich eingeräumt – dies kommt am deutlichsten bei der Droge zum Ausdruck –: jede Assoziation wird zur Ursache der nächsten. Drittens ist die Unbefangenheit, die man früher auch einmal das Naive nannte, ohne damit etwas Schlechtes zu meinen, in dem Mahlwerk der übersteigerten Reize konsequent zugrunde gegangen. Was geblieben ist, sieht wunderlich aus. Inmitten dieses Jahrmarktes aus Angst und Vergnügen scheint mir eine verschwindend kleine Erinnerung am Leben geblieben zu sein an die einfachen Freuden des Daseins, zu denen unsere Zeit den Zugang sich so virtuos verbaut hat. Und vielleicht ist diese winzige Erinnerung der eigentliche Stachel für die Beschmutzungsmanie, mit der der besagte Jahrmarkt sich selbst verunziert. Ich denke in diesem Zusammenhang zum Beispiel an den italienischen Film »Mondo Cane«. Grandios fotografiert, eine Auswahl realer Grauenhaftigkeiten, deren schonungslose Reproduktion von der Kritik streckenweise als Neuland der Kunst bezeichnet wurde. In Wirklichkeit war das Ganze eine böse Schmähung des Lebens, dessen gute Seiten nur als beschämendes Schlaglicht für die Tatsache erschienen, daß wir nach Ansicht des Autors die Hölle auf Erden haben. Wenn Dürrenmatt seinen Helden Schwitter am Ende des Schauspiels »Der Meteor« vom Leben sagen läßt, es sei obszöne Verirrung des Kohlenstoffs, eine bösartige Wucherung der Erdoberfläche – dann kann damit auch gemeint sein, dieses, unser Leben, das Leben der Jetztzeit, das durch den fortschreitenden Autonomie-Wahnsinn des Menschen seiner organischen Harmonie längst beraubt ist.

Der heilige Bonaventura hat vor siebenhundert Jahren gesagt: »Wer von so viel Glanz der geschaffenen Natur nicht erleuchtet wird, ist blind. Wer von so viel Tönen der Harmonie nicht erwacht, ist taub. Wer angesichts aller dieser Taten Gott nicht lobt, ist stumm, und wer aus so vielen offensichtlichen Anzeichen das erste Prinzip nicht erkennt, ist nicht Herr seines Geistes.« Ich glaube nicht, daß heute irgend jemand ein solches Wort ohne Schwierigkeiten zur Grundlage seiner Seelsorgstätigkeit machen könnte. Eine ungebrochene Beziehung zur gottgeschaffenen Schöpfung erscheint immer problematischer, je weiter der beschriebene Prozeß zwischen Reiz und Droge fortschreitet. Das Argument des heiligen Bonaventura setzt voraus, daß Ordnung eine harmoniebildende Kraft besitzt, die, von der Erkenntnis ihres Vorhandenseins in der Schöpfung ausstrahlend, im Menschen das Bedürfnis erweckt, an ihr in Körper und Geist teilzuhaben. Welt und Mensch im Zwangsmechanismus der Kausalität zu sehen, sie nicht durch Freude, sondern durch Erklärbarkeit besitzen zu wollen, versperrt jeden Zugang zu dem, was wir Harmonie nennen. Und so resultiert, wenn wir nun zur Schönheit zurückkehren und ihre Reduzierung durch Kant auf eine Geschmacks- und Ermessensfrage beibehalten, ein einfaches Phänomen: die Übereinkunft, was schön und häßlich sei, findet überhaupt nicht mehr statt. Was Vergnügen verschafft oder verschaffen könnte, was Angst auslöst, selbst was eine Kombination von Angst und Vergnügen und ihre beiderseitige Auswechselbarkeit herbeiführt, darüber kann man sich einigen. Aber über die Frage, was schön zu nennen sei, ist eine Einigung nicht mehr möglich, selbst nicht für einen Augenblick, weil das Bedürfnis nach Schönheit mehrere Voraussetzungen hat: Neben der Unbefangenheit, von der ich ausführlich sprach, und neben der Freude, die ihr folgt, erscheint hier die Zweckfreiheit. Ich halte es für einen gefährlichen Trugschluß, wenn behauptet wird, etwas, was seinen Zweck in Vollkommenheit erfüllt, müsse notwendigerweise dadurch schön sein. Ich meine dagegen, das eleganteste, formvollendetste Auto muß nicht notwendig das beste existierende sein. Der vollkommen erreichte Zweck kann als schön empfunden werden, aber Schönheit reicht weit über ihn hinaus.

Wir wollen wieder zur Musik zurückkehren. Sie ist die immateriellste der Künste, die flexibelste und wahrscheinlich die älteste. Was geschieht, wenn ich Musik höre – lassen wir bitte beiseite, ob sie als solche uns schön oder häßlich, werthaft oder belanglos erscheine –, es trifft in jedem Fall ein Geflecht von Tönen in zeitlicher Organisation auf mein Bewußtsein auf. In jedem Augenblick kann ich nur einen, nämlich den soeben erklingenden Ton hören. Wie lang ich bei ihm verweile, hängt von seiner Dauer ab. Er wird abgelöst entweder durch einen anderen Ton oder durch die Stille. In diesem Sinn ist Musik ein unaufhörliches Wechselspiel zwischen Dasein und Nichtsein. Hinzu kommt der Rhythmus. Er gliedert die Zeit in regelmäßige, unregelmäßige oder zeitlich versetzte Abstände. Da ich selbst durch Einatmen und Ausatmen und durch meinen

Herzschlag einen Eigenrhythmus mitbringe, konfrontiert sich im Anhören von Musik dieser mit dem anders geordneten Rhythmus, der ertönt. Ein zentraler Vorgang der Musikalität scheint mir zu sein, daß diese beiden rhythmischen Ebenen sich vereinigen. Dadurch entsteht jenes höhere Lebensgefühl, das Musik in uns hervorrufen kann.

Musik besteht darüber hinaus aus Konsonanzen und Dissonanzen, also aus Wohlklang und Mißklang. Beide bedingen einander wie Spannung und Lösung. Dabei kann man sehr weit in das eine oder andere Extrem gehen: indem nämlich eine Dissonanz unter Auslassung der möglichen Konsonanz bereits die nächste Dissonanz erzeugen kann und so fort. Auf der konsonanten Seite gelingt das gleiche. Ganz jedoch wird die Dialektik sich niemals aus der Musik entfernen lassen. Es ist also ein sehr umfassendes, komplexes Geschehen, dem ich erlaube, von mir Besitz zu ergreifen, wenn ich Musik höre. Die Besitzergreifung wiederum kann, wie jedermann erfahren hat, mehr oder weniger gelingen, je nach der Größe und Unbedingtheit der Bereitschaft, die ich der Musik entgegenbringe. Zusammengenommen erzeugt dieser ganze Prozeß, solange er im Gange ist, in mir aber noch keineswegs das, was man Harmonie nennt. Diese tritt erst ein, wenn die hörbare Musik ihren Schlußakkord erreicht, die Bewegung zum Stillstand gekommen ist, wenn alle geistigen Qualitäten des Musikwerks in meinem Bewußtsein aufeinander getroffen sind und in der eintretenden Stille die vollendete Gestalt des Werks mir vor Augen steht. Ich glaube, aus diesem Beispiel darf man ableiten, daß Harmonie und Schönheit nicht das gleiche sind. Denn Schönheit und ihr Gegenteil sind am Werk, solange Musik erklingt, und was sie in mir erzeugen, ist Harmonie.

Dieser Vorgang setzt allerdings voraus, daß die Musik oder das Kunstwerk in seinem Entstehen und in seinem Bestand von Ordnung durchwaltet ist. Da im Bewußtsein des Zeitalters die Welt erklärbar geworden ist, indem man immer weiter darin

fortschreitet, sie auseinanderzunehmen, nähern wir uns dem Fluch der Analyse um ihrer selbst willen: Wir vergessen das Zusammensetzen. Immer mehr verrät unsere Umwelt einen fatalen Hang zum Chaotischen. Und die alte Verwechslung von Chaos und absoluter Freiheit feiert in der Literatur unserer Tage fröhliche Urständ. Ionesco hat das Phänomen in seinem Schauspiel »Die Nashörner« grandios gekennzeichnet. Wie hoch diese Tendenz schon gediehen ist, zeigt sich in der zeitgenössischen Musik, worin man längst begonnen hat, mit Rechenschieber und Stoppuhr, also mit kältester mathematischer Konsequenz, Klangfolgen zu erzeugen, die im Augenblick des Auftreffens auf unser Ohr den Eindruck eines vollständigen Chaos erzeugen. Und hier haben wir, glaube ich, den kritischen Punkt erreicht. Denn vor einem solchen Phänomen hülfe auch die gelösteste Unbefangenheit, die freundlichste Bereitschaft zur Freude, das tiefste Einverständnis mit der Zweckfreiheit nichts mehr, um Schönheit aufzuspüren. Ich glaube, von hier aus wird man verstehen können, warum ich diesen Versuch »Über den Verzicht auf Schönheit« genannt habe. Denn Verzicht setzt eine Absicht, einen Entschluß voraus, und dieser scheint mir hier erkennbar. So darf ich zusammenfassen: Die Autonomie des Menschen ist in Gang gebracht und schreitet fort. Die Welt und der Mensch sind Gegenstand einer Analyse, die auf Grund der Überfülle an anfallendem Stoff die Synthese nicht mehr vollzieht. Unbefangenheit und Freude gehören einer Welt der Wunder an, deren endgültige Auflösung schon zeitlich berechenbar ist. Psychoanalyse und Sex versprechen dem Menschen die Selbstverzeihung seiner Fehler und ein steigendes Reizvergnügen seines Existenzgefühls. Die Tyrannei des Zwecks ruft den Drang nach einer Freiheit hervor, die nicht mehr in der Ordnung, sondern nur noch im Chaos auffindbar erscheint. Die Konsequenz der Kunst heißt Verzicht auf Schönheit.
Der Blick auf unsere Tage, den ich im Vorangegangenen

aufzuzeigen versuchte, umfaßt nicht die gesamte Wirklichkeit, sondern nur ihren augenfälligsten Teil. Eine Argumentation, wie ich sie versuchte, hat eines zur Voraussetzung – die Autonomie des Menschen setzt die Existenz Gottes außer Kraft. Bei Thomas von Aquin steht zu lesen, Gott sei das Wahre, das Gute und das Schöne. Von dort her gesehen wäre Schönheit in der Welt eine immanente Spur Gottes, und die Freude, die sie im Menschen erzeugt, würde dadurch zur Vorahnung auf die Visio Beatifica. Theodor Haecker hat in seinem wunderbaren Versuch über die Schönheit das erhabene Wort gesagt: »Schönheit reicht genau so weit wie das Sein, ist überall mit, in allen seinen Abgründen, nur im Nichts ist auch sie nicht. Wo Sein ist, ist sie in Fülle und in Armut.« Und er fährt fort: »Das Sein ist erkennbar. Wenn das Schöne eine Eigenheit des Seins ist, so will der Geist es auch erkennen, nicht bloß fühlen. Davon kann er nicht lassen.« Machen wir uns bewußt, daß der Verzicht auf Schönheit, das absichtsvolle Unterdrücken eines jeden harmonieerzeugenden Elements in der Welt unserer Tage kein Vorgang ist, der sich selbst genügt. Dahinter steht eine sehr ernst zu nehmende, gewaltige und negative Kraft. Man kann nämlich auf Schönheit nicht nur verzichten und es damit genug sein lassen, man kann den Menschen die Schönheit auch nehmen. Dies geschieht nicht nur durch einen willentlich erzeugten Mangel, sondern auch durch die geförderten Wucherungen des Negativen, des Chaotischen, des Blasphemischen. Heiliges wird zum Tabu erklärt, damit man das Tabu einreißen kann, der Würgegriff des absichtsvoll bösen Wortes wird überall angesetzt, wo Glaube bisher noch unbeschadet bestand. Es gibt einen unerhörten Drang im Menschen, zu zerstören, was er nicht selbst geschaffen hat. Niemand wird höher gelobt in unseren Tagen, als wer dies mit Erfolg tut. Das Angebot an Ersatz, an Vergnügen, an Reiz ist nicht nur ein Geschäft. Es hat eine furchtbare Nebenwirkung. Das Bedürfnis nach Schönheit schwindet, und es schwindet selbst bei denen, die den intimen Seinszusammenhang zwischen dem Begriff des Schönen und dem persönlichen Gott noch nicht geleugnet haben. Schönheit entsteht in der Kommunikation. Sie haftet nicht toten Dingen an, sondern sie leuchtet aus dem Lebenszusammenhang zwischen Dingen und Geist. Das einzige Reservat, worin der beschriebene Verzicht auf Schönheit recht eigentlich von der Sache her unmöglich ist, ist die christliche Religion. In ihrer katholischen Form hat sie von Irenäus bis Péguy die Schönheit als den in die Zeit hineinreichenden Glanz ewiger Herrlichkeit zum Gegenstand der Theologie gemacht. Von der Außenwelt fast unbeachtet entwickelte sich, nach Zeitaltern verschieden, eine permanente innere Begründung für die augenfällige Verschwisterung, die die Kirche mit den Künsten eingegangen war. Ihr großartigster Niederschlag ist und bleibt die Liturgie.

Wenn Gott als das Schöne schlechthin verstanden wird, wie sollte dann nicht der Dienst an ihm in Schönheit erstrahlen? Wenn der Geist des Menschen nach Haeckers Wort nicht davon lassen kann, das Schöne auch erkennen zu wollen, wie hätte dann die Kirche von der Bemühung ablassen sollen, für diese Erkenntnis komplexe Formen zu finden, worin die ganze Existenz des Menschen, sein Verstand und sein Gefühl, angesprochen und verpflichtet würden? Wie sollte nicht diese Liturgie als ein Werk des Menschen, das unter allen denkbaren Gott am nächsten gerückt ist, zu einem Kunstwerk werden von unschätzbarem Wert? Wie sollte nicht die Sternstunde eintreten, in der ein Dichter das Exultet niederschrieb, dieses ganz unvergleichliche Gedicht, in dessen Bildern die Schönheit des Mysteriums bis zu fast schmerzlichem Glanz sich verdichtet? Noch ist man scheinbar weit davon entfernt, in der katholischen Kirche den Verzicht auf Schönheit mitzumachen. Aber schon sind allenthalben Anzeichen vorhanden, daß auch die Kirche oder wenigstens ein Teil ihrer Diener nicht gefeit ist vor deren Drang, zu zerstören, was sie nicht selbst geschaffen haben. In einer Zeit, worin die Seelen so vieler Menschen das Chaotische als ihre eigene Domäne in Anspruch nehmen, sehe ich die Kirche noch nicht als Ganzes, aber in beträchtlichen Teilen unmittelbar vor der Gefahr stehen, aus Seelsorgsgründen das Chaos des Zweckhaften aufzusuchen. Innerhalb jeder denkbaren Welt muß die Kirche, wenn sie leben will, als etwas Besonderes, wohl Unterschiedenes leben. Die Sorge, die Menschen unserer Tage nicht mehr zu erreichen, ihr hedonistisches Reizklima nicht mehr durchdringen zu können, hat vielfach und besonders in der Liturgie zu dem Schluß geführt, man müsse sich durch Niveauangleichung verständlich machen. Ich möchte nicht falsch verstanden werden: Es ist nicht meine Sache, hier Empfehlungen oder gar Belehrungen auszusprechen. Wenn aber Tatbestände vorliegen, so halte ich es für eine Chronistenpflicht, sie beim Namen zu nennen. Der Tatbestand, den ich im Auge habe, heißt Ersatz der Schönheit in der Liturgie durch Förderung des Zweckes. Wenn nach Thomas von Aquin das Schöne der Glanz des Wahren ist und die Liturgie der feierliche Dienst an der Wahrheit Gottes, dann darf ihre äußere Gestalt auf Schönheit nicht verzichten. Damit ist nicht gesagt, schön sei in der Liturgie nur das, was der Tradition entspricht oder von früheren Jahrhunderten geschaffen wurde. Wenn jene von Schönheit umglänzten Dinge, an denen viele Generationen katholischer Menschen geschaffen haben, heute fallen sollen, dann kann man dies nur verantworten, wenn man zugleich an ihre Stelle neue Schönheit setzt, die die Menschen noch tiefer berührt und noch reiner zur Ordnung des Geistes führt, als es bisher möglich war. Denn heute wie zu allen Zeiten ist in den Dienst Gottes, der ein Dienst am Wahren, Guten und am Schönen sein muß, von Natur aus auch die Verpflichtung eingeschlossen, Gott darin ein Weniges zurückzugeben von dem Glanz, den er durch die Schönheit über die Schöpfung gebreitet hat.

Es gibt ein Wort von Goethe zu Eckermann: »Mag die geistige Kultur nur immer fortschreiten, mögen die Naturwissenschaften in immer breiterer Ausdehnung und Tiefe wachsen und der menschliche Geist sich erweitern wie er will – über die Hoheit und sittliche Kultur des Christentums, wie es in den Evangelien schimmert und leuchtet, wird er nicht hinauskommen.« Das ist eine schöne Prophetie, und wir sind alle davon überzeugt, daß sie zutrifft. Nur ist vielleicht heutigentags der Augenblick gekommen, wo man sich fragen müßte: Über die Hoheit und sittliche Kultur des Christentums wird der Mensch sicher nicht hinauskommen – aber ist damit die Gefahr schon gebannt, daß er hinter ihr zurückbleibt? Die Konsequenz des Konzils kann nicht in Reduktion bestehen, solange sich nicht gleichzeitig ein neuer schöpferischer Aufschwung manifestiert. Das Tridentiner Konzil hatte es leicht, die Wucherungen der damaligen Kirchenmusik abzuschaffen, da gleichzeitig Palestrina mit seiner »Missa Papae Marcelli« den gesamten neuen Stil, konzipiert im Geist des Konzils, der Öffentlichkeit vorlegen konnte. Dies nur in Parenthese. Wenn in unsere Kirchen der Geist der Nüchternheit und die technische Apparatur gleichzeitig eindringen, dann mag das immerhin erfolgreich sein und die eine Seite, die aktive, ihrer Funktion mag intensiver werden, doch scheint mir, es gäbe in der Liturgie auch eine kontemplative Seite. Denn schließlich geht jeder von uns nicht nur in die Kirche, um sich als Teil einer Gemeinde zu fühlen, die Gottes Wort hört, sondern auch – und nicht minder –, weil er zusammen mit dem Priester und der Gemeinde in einer zweckfreien Geste des Preises und des Lobes Gott dafür danken will, daß es ihn gibt. Die einzige Möglichkeit, den chaotischen Strudel dieser Welt aufzuhalten, scheint mir im Neuerschaffen von Schönheit zu liegen, deren einziges Ziel die Verherrlichung Gottes ist. Das wunderbare Wort des heiligen Augustinus, das ich an den Schluß dieser Betrachtung setzen möchte, sagt die Verschränkung von

Schönheit, Mensch und Gott deutlich aus. Es steht im Bericht über einen Gottesdienst, den der Heilige zu Mailand mitgemacht hat, und endet mit den Worten:

»Die Töne flossen in mein Ohr,
die Wahrheit aber drang in mein Herz.«

Stornelli Romani:
Volkslieder einer alten Stadt

Die Stadt Rom ist ein geheimnisvolles Wesen. Sie ragt in den blauen Himmel mit ihren Kuppeln, Türmen und Säulen. Sie reicht tief in die Erde hinunter mit den Katakomben und den Schächten der antiken Gewölbe. Sie zeigt ein brausendes Leben in ihren Straßen und ein unantastbar privates in dem Winkelwerk ihrer Gassen.
In ihr leben Menschen, die mit gelassener Hand in die Weltgeschichte eingreifen, und andere, denen die Weltgeschichte angesichts eines halben Liters goldgelben Castelliweins vollständig gleichgültig ist. Aus den Lautsprechern tönen die Schmalztenöre mit »Tosca«-Arien, die Fernsehapparate zeigen die neuesten Revuen, und in den kleinen Kneipen, in den »bottiglierie«, sitzen, gewissermaßen ausgespart aus diesem Getön, die Römer behäbig auf strohgeflochtenen Stühlen an wackligen Holztischen und hören sich einen Sänger an, aus dessen rauher und harter Kehle ein seltsamer Gesang hervorkommt.
Zeitloses Rom. Was der Mann singt, davon war nie eine Note aufgeschrieben. Er hat es vom Großvater gelernt, der noch in der Zeit der päpstlichen Herrschaft dasselbe von seinem Großvater lernte. Lieder, die keinen Anfang und kein Ende haben, von denen kaum jemand weiß, wie sie entstanden sind, die die Begebenheiten der Vergangenheit über Jahrhunderte hinweg zusammenschieben: Stornelli Romani. Alles, was unvergänglich ist an Rom, lebt in diesen Liedern: die Herrlich-

keit der Stadt, die Armut der Leute, die Sehnsucht, sich satt zu essen, der aufbrausende Stolz gegenüber dem Beleidiger, die Eifersucht auf den Nebenbuhler um die Gunst der Frauen, die Bereitschaft, das Messer zu ziehen, die hinreißende Begabung, ein geliebtes Wesen mit den Ornamenten der gesamten Natur, der Schöpfung, des Weltalls zu schmücken; aber auch die unersättliche Spottlust, die Respektlosigkeit vor den Irrtümern der Hochgestellten, das Mitleid mit den Verarmten, das voraussetzungslose Einverständnis mit dem Abenteuer, die hintergründige Solidarität mit dem Bankrotteur, die haarscharfe Kenntnis der menschlichen Schwächen, ätzende Kritik und lächelnde Nachsicht. Wo gäbe es eine Formel, die besagte, was alles aus diesen Volksgesängen heraufkommt, immer beladen mit dem überströmenden Gefühl des echten, unverfälschten, voll gelebten Lebens.

Manche von diesen Stornelli beziehen sich auf historische Ereignisse, aber immer ist es einer, der sich damit beschäftigt, immer spricht einer aus, was alle sich denken. Nie singen die Römer im Chor, denn jeder von ihnen ist ein ganz besonderer Römer, und der Abstand vom anderen ist es gerade, der sie alle verbindet. Viele Stornelli sind gar nicht mehr datierbar, sie reichen zurück bis ins Mittelalter, als der heilige Franziskus von Assisi in seinen Laudi, seinen Lobgesängen auf die Natur und den Schöpfer, anfing, die Römer eine neue Art Beten und Singen zu lehren.

Aus dem Gregorianischen Choral ist eine merkwürdig verschlungene, koloraturenreiche Melodie geworden. Kommt einem das nicht vor, als wolle der Sänger all die langen Singebögen dazu benutzen, um auf endlos ausgesungenen Vokalen noch alles dies in sein Lied hineinzulegen, was die Worte nicht mehr auszudrücken vermögen? Weil aber die Worte in sich schon sehr viel Poesie haben, dringt durch diese Art des Singens ein Übermaß von Anschaulichkeit, von Lebensnähe in sie ein. Und deshalb spiegelt sich in den

Stornelli Romani nicht nur die äußere Geschichte der Stadt Rom, sondern auch die Geschichte ihrer Seele. Da haben sie sich am Abend zusammengetan, ein Verliebter und ein paar Musiker, etwa vor hundert Jahren, und sie schleichen bei Fackelschein über das Holperpflaster von Trastevere, dem ältesten und schönsten und unheimlichsten Stadtviertel von Rom, auf der rechten Seite des Tiber, und von weitem schon zeigt der Liebhaber auf das Fenster, hinter dem die zarthüftige, leichtfüßige, dunkle Trasteverina schläft. Und die Serenata d'amore beginnt:

»Halt dich still, mein Herz
Du hüpfst mir zu stark in der Brust
Hier unter dem Fenster dieses kleinen Engels.
Sie schläft und ruht wie ein himmlisches Wesen,
Und ihr winziges Zimmer hat irgend etwas,
Ich weiß gar nicht, was, von einer Kirche.
Und eingehüllt ist sie in Lächeln, wie eine Rose –
Ach du Blume meiner Liebe.
Kommt herunter vom Himmel, alle Wunder und seltenen
  Sachen
Und umkränzt das Bett, worin diese Blüte schläft.
Ihr schönen Engel, klopft ein bißchen an die Fensterscheiben,
Macht doch, daß sie ihre lächelnden Augen aufschlägt.
Ihr Nelken und Veilchen und samtenen Rosen,
Kommt und weckt sie mir auf,
Kommt ganz schnell zu der Allerschönsten,
Die der liebe Gott je erfunden hat.
Minzenblüte, während die Stimme dessen, der dich liebt,
  ertönt,
Erstrahlt der Mond am Himmel und versilbert dich.
Aber um dein Gesicht leuchtet der Glanz,
Den die Sonne auf das Meer breitet,
Und alles singt und lächelt: o Liebe, o Liebe.«

Stornello, das ist ein Wort, das von »storno« kommt, dem italienischen Namen für Mauersegler, der vom Oktober bis zum Mai in großen, kreisenden Schwärmen die Luft über der Stadt und der Campagna Romana durchzieht. Und auch das Stornello kreist um seinen Refrain und um den Gegenstand seines Gesanges. Warum auf den Mai warten, wenn du in Trastevere erleben kannst, wie die Rosen in jedem Monat aufgehen und jeden Monat schöner und duftender? Wenn du sagst, eine Trasteverinerin, dann hast du unter den schönen Römerinnen eine genannt, unter den Sternen aber den Morgenstern. Jeden Abend, wenn die Sonne sich verzieht, fangen in Trastevere die kleinen Engel ohne Flügel das Spazierengehen an, Schneiderinnen, Zigarrendreherinnen und Wachszieherinnen. Wer noch nicht weiß, was an der Liebe dran ist, der soll sich einmal zwei Abende nach Trastevere vertrollen, dann wird er schon inne werden, was sein Herz anstellt.

Aber in Trastevere gibt es nicht nur fröhliche, kokettierende Mädchen, die die Frische reifender Früchte – römisch ausgedrückt – mit dem blitzenden Temperament ihrer dunklen Augen zur Schau zu stellen wissen. In Trastevere gibt es auch traurige Fischer, ja, gibt es sie wirklich noch? Es gab sie einmal, als nämlich die Fischer noch von der Tiberlände aus zum Meer hinunterfuhren und am Abend wieder in die Stadt Rom zurückkehrten, weil es an den Gestaden Ostias nicht sicher zu wohnen war. Zu häufig landeten dort die Sarazenen mit ihren grünbeflaggten, kühnen Schiffen und raubten Frauen, Geld und Schätze, und niemand war stark genug, sie aufzuhalten.

Damals wohnten die Fischer noch im Schutz der tausendjährigen römischen Mauern, und aus dieser Zeit ist wohl das Lied, das der einsame Fischer am Ufer singt, während die Sonne die höchsten Zinnen der Stadt in das rote Gold des römischen Sonnenuntergangs taucht:

»Und hier ans Ufer komm ich jeden Abend
Nicht, weil's zum Fischen mir zumute ist,
Allein sein möcht' ich mit mir selber,
Alles vergessen, der Erinnerung leben,
Von der mein Herz nicht aufhört zu erzählen.
Wie Schwalben fliegen fort die Stunden,
Und viele Frühlingszeiten gehn und kommen,
Nur du allein bleibst aus.
Du Blume aller Blumen, die du einst kamst
Wie eine Morgenröte und wieder fortgingst,
Sonne vor der Nacht,
Schwarz ist der Abend, schwarz ist mein Geschick,
Ich fische und ich weiß nicht,
Daß meine Hand noch eine Angel hält.
Nur manchmal, wenn der Wind sich hebt im Dunkel,
Verlischt mein kleines Licht von Zeit zu Zeit.«

Aber es gibt in Trastevere natürlich nicht nur traurige Fischer, sondern auch fröhliche, glücklich verliebte.

»Was für eine feine Sache das wohl wäre, meine Nina,
Wenn wir zwei in unserer Barke auf das Meer verschwinden
    würden
Unter diesem Himmel voller Freuden.
Schön ist das Meer, wenn ichs anschau, wird mir ganz anders,
Ich kann gar nicht sagen, wie,
Ich kann nur ein Stornello singen:
O leichter Meereswind, wenn einer ausfährt,
Im hellen Mond, von dir getrieben,
Wenn er dann nicht schon im Paradies ist,
So ist er wenigstens nahe daran.
Und ich, je länger ich am Ruder stehe,
Um so weiter fahre ich hinaus auf die Höhe des Meeres
Und rudere und singe, an dich nur denk ich dabei

Und seufze jeden Augenblick:
Ah, strega bella se mi stassi accanto,
Schöne Hexe, wärst du neben mir.«

Viel Volksweisheit hat sich in den Stornelli erhalten. Und so erfahren wir, daß auch der bitterste Essig einmal ein Wein gewesen ist, daß die Fliegen mit Vorliebe auf die mageren Pferde gehen und daß die Frau des anderen immer die schönere ist. Man soll nicht zu viel Pulver aufsparen, sonst geht der Schuß von selber los, und man soll mit der Tochter zanken, wenn man die Schwiegermutter meint. Wer einen Fisch brät, tut gut daran, mit einem Auge auf den Kater zu schielen; wer eine geizige Frau besitzt, denke daran, daß die Ehen ebenso im Himmel bestimmt werden wie die Bistümer. Wer einen reichen Mann zu einem Werk der Barmherzigkeit verleiten will, halte sich vor Augen, daß ein voller Bauch nicht ans Fasten denkt. Wer vor dem Richter steht und sich einen Zeugen wählt, bedenke, daß die Eide manchmal runterrutschen wie das Gelbe vom Ei, und wer einen Menschen für ein Lamm hält, schaue nach, ob der Vater nicht ein Wolf gewesen ist. Tafelkonfekt, so erklären uns die Römer, ist bestimmt nicht für die Esel gemacht worden, denn die gehen nach dem Grundsatz vor, daß es gleich ist, ob einer Stroh oder Hafer frißt, wenn nur der Bauch voll wird. Ein großer Fisch verspeist gern den kleinen, und ein Kardinal läuft nie und kommt doch immer zurecht. Und was das Essen betrifft, so lebe man nach dem Grundsatz: Gesundheit ist die Nummer Eins im Leben, ich eß und trink und hab kein weit'res Streben. Schlimm wird die Sache, wenn die Römer boshaft werden. Und am deutlichsten werden sie, leider muß man das sagen, in ihrer Bosheit gegenüber der Damenwelt. Meine anbetungswürdigen Damen, die Sie dies lesen, es dreht sich um römische Frauenspersonen, das bitte ich festzuhalten. Es ist unglaublich, aber da erlaubt sich doch so ein respektloser römischer Straßensänger zu sagen:

»Du gräusliches Weiberleut,
Wenn du noch ein Jahr lang wartst und noch kein' Mann hast,
Kannst' dir ein Schild umhängen:
Frißt Verliebte.«

Das ist schon stark, aber schließlich ist es ja auch nicht so einfach, wenn's einem in der Liebe so geht wie jenem Trasteveriner, der da singt:

»Wie der Schnee auf'm Berg, so weiß und rein,
Wie du sie träumst in der Nacht, so schön,
Hat sie's fertiggebracht, daß ich dünn geworden bin
Wie das Röhrl am Brunnen vorm Haus.«

Da hat sich wieder einmal einer ruiniert, wie die Römer das heute genauso zu tun pflegen wie vor zweitausend Jahren. Das Seltsame dabei ist, daß sie von ihren Frauen ganz fürchterlich behandelt werden. In Rom hassen sich die Frauen untereinander noch mit atavistischer Leidenschaft, und sie sagen sich dabei die ausgesuchtesten Komplimente über ihr Aussehen. Die Männer aber werden von ihnen als eine Art betörter Leibeigener betrachtet, denen eigentlich nichts Besseres zustoßen kann, als schlecht behandelt zu werden.
Niemand auf der Welt macht einen genaueren Unterschied zwischen dem Verehrer und dem Geliebten, wobei normalerweise der Verehrer die Kosten zu tragen hat, wogegen der Liebhaber Gefahr läuft, bei dem geringsten Seitenblick ermordet zu werden. Niemand findet in Rom etwas Unehrenhaftes daran, wenn ein Mann die letzten Groschen seines Vermögens dafür ausgibt, um der Dame seines Herzens einen Strauß kandierter Veilchen zu verehren, dann verabschiedet er sich mit der Geste eines großen Kavaliers, verbringt den Rest seines Lebens in buchstäblichem Elend und lebt von der Erinnerung an die Tage, als er seiner Nina noch ein Stornello hat singen können wie dieses:

»Komm doch hinunter an den Fluß heut abend, schöne Nina,
Das ganze Viertel feiert, und die Nacht ist sternklar,
Komm, du, mit deinen langen, weichen Haaren,
Die so riechen, als wolltest du den Frühling auferwecken
Mitten im Winter.«

Was für geborene Dichter sind diese Römer doch! Laßt uns durch, singen sie, Römer sind wir, und in allen Gärten der Welt findet ihr keine schöneren Blumen.
Der Stolz auf ihre wunderbare Stadt gibt ihnen ein natürliches Bewußtsein eigenen Wertes, das unter dem glücklichen Himmel römischer Breiten nicht in Hochmut ausschlägt, sondern in Anmut, Charme, Witz und Geist. Und wie vieler Leiden, Unterdrückungen, Tyranneien, Freiheitsbewegungen und Karnevale hat es bedurft, um dieses Volk so reifen zu lassen. In manchen Stornelli finden sich noch deutliche Spuren großer innerer Kämpfe, die in der Seele des römischen Stadtvolkes zum Austrag kamen. Da ist zum Beispiel ein sehr eindrucksvolles Stornello, das in jeder Zeile eine andere Zeit zum Gegenstand hat:

»A tocchi a tocchi – Schlag um Schlag
Suona una campana – eine Glocke läutet
Li turchi son arrivati – die Türken sind gelandet
Alla marina – an der Lände am Meer.«

Die Türken sind die plündernden Sarazenen, die zu tausenden Malen in den ungeschützten mittelalterlichen Landbezirk Roms einfielen, um zu rauben, Schrecken zu verbreiten und den Papst mit Terror in Untätigkeit zu halten. Aber nun hebt die dritte Zeile des Stornello an, und plötzlich sind wir, wie im Kaleidoskop, im neunzehnten Jahrhundert. Li berzajeri alle porte de Roma. Und die Bersaglieri, gemeint sind die Truppen Garibaldis, die dem Kirchenstaat ein Ende machen sollten, an den römischen Toren. Und dann geht es weiter:

>»Und du kannst es mir glauben, was ich dir sage,
(Wir vermuten, daß es einer der Gefangenen in der Engelsburg
ist, kurz vor Garibaldis Sturm auf Rom.)
　　Du kannst es mir glauben, was ich dir sage,
　　Du kannst es mir glauben, was ich dir singe:
　　Wenn ich herauskomm aus dem Gitter da,
　　Dann wird einer sein, der alles bezahlt.«

Bezahlen muß der Mensch, das ist uralter römischer Glaube. Bezahlen für alles, was er selber angestellt hat, und auch manchmal für das, was die anderen für ihn angestellt haben.

>»Zehn Jahre hab ich daran gewendet
　　Ein schönes, starkes Schloß zu bauen,
　　Den Kastellan sollten die Leute mich nennen.
　　Und wie es fertig war und schön geworden,
　　Da kamen sie und wanden mir
　　Die Schlüssel aus den Händen.«

Auch das wird einer bezahlen müssen, einer von denen, die den Sänger in dieses finstere Gefängnis gesperrt haben. Der Augenblick der Freiheit ist nahe, und die Rache steht vor der Tür. Woher kommt dieser leidenschaftliche Haß, heute noch lodert er in manchem Stornello erschreckend? Man kann in einer Trattoria oder Bottiglieria friedlich mit einem Mann zusammensitzen, und dann kommt ein Gitarrist herein, stimmt eine Strophe an, und dein Gegenüber springt auf vom Tisch, schiebt sich den Hut ins Genick, bekommt eine lodernde Düsternis in seinem Blick und singt davon, wie sehr er es ersehnt, von den Bersaglieri befreit zu werden, aus der Engelsburg, in der seit fast hundert Jahren niemand mehr eingesperrt war. All dieses scheinbar gegenstandslose Gefühl hat seine lebendige Nährquelle in der Campagna, in der Landschaft Roms, die ebenso zur Stadt gehört wie Häuser,

Kirchen und Paläste. Noch vor hundert Jahren ist die Campagna ein wüstes und von Räubern bewohntes Gebiet gewesen, und niemand vermag zu sagen, wie viele Römer noch Großväter haben, die in ihrer Jugend zu jenen Typen ehrenhafter Campagnaräuber gehörten, die Ritterlichkeit mit Brigantentum so eigenartig zu verbinden verstanden. Durch das wilde Gestrüpp der Campagnabüsche ging noch im vorigen Jahrhundert eine unausgesetzte Hetzjagd der päpstlichen Sbirren nach diesen Räuberbanden. Und wenn gar nichts mehr helfen wollte, dann setzte man auch einmal Agenten ein, die als harmlose Reisende sich von den Räubern fangen und auslösen ließen, um deren Verstecke auszukundschaften. Allerdings durfte ein solcher Spion nicht entdeckt werden, sonst ging's ihm schlecht. Die Räuber hatten ihren eigenen Ehrenkodex und kannten keinen Pardon. Sie sangen dem Ertappten, kurz bevor sie sein Lebenslicht ausbliesen, noch ein schreckliches Stornello ins Ohr:

»Heiliger Petrus, um Gottes willen, mach die Türen zu
Und laß in den Himmel keinen ein, der ein Spion gewesen ist.
Denn ein Spion muß zum Tod verurteilt werden, hier und dort.
Darum, heiliger Petrus, um Gottes willen, schließ die Türen.«

All das ist mehr als hundert Jahre vorbei. Und immer noch ereifern sich die Römer damit, immer noch können Sie in Trastevere die Leute mit leuchtenden Augen und mit zornroten Gesichtern einem Sänger zuhören sehen, der diese alten Gesänge singen kann. Und wie der Zorn, so sind auch Liebe und Trauer über Jahrhunderte hinweg unsterblich geblieben in den Stornelli Romani. Auf dem glorreichen Hintergrund der sonnenüberglänzten Stadt, von der ein altes Stornello sagt, sie sei wie eine schöne Frau, die den Frühling im Haar habe, und der Wind führe hinein und verbreite den Duft über die Welt, auf dem Hintergrund des männlichen Stolzes der Römer über die Unvergleichbarkeit dieser Stadt erheben sich Gefühle und Schicksale unbekannter, längst versunkener Stornellidichter als stets gegenwärtiges Zeichen einer Erkenntnis, die vielleicht die wichtigste durch die Stornelli einsichtige Wahrheit über den Charakter der Stadt Rom ist: die Leidenschaft, mit der sich das Vergangene in Rom vergegenwärtigt, ist der Grund, warum wir mit dem Wort Rom nicht ewige Vergänglichkeit, sondern ewiges Leben meinen. Nichts, was lebt, geht in Rom verloren.

Personenregister

Aischylos 116
Albinus 209
Albrecht V. von Bayern 33f., 39, 42ff., 52f., 56, 67–70, 79ff., 215
Alexander VI. 50
Alexander VIII. 127
Alexander der Große 80, 205
Allori, Allessandro 113
Altnikol, Johann Christoph 149
Amati, Nicola 139
Anna, Herzogin von Bayern 34, 36
Arnolfo 50f.
Artusi 108f.
Augustinus 138, 238
Augustus 20
Avalos, Maria d' 91–96, 98, 100

Bach, Anna Magdalena 148
Bach, Carl Philipp Emanuel 149
Bach, Johann Sebastian 141, 145–165, 200, 217
Bach, Regina Susanna 149f.
Bachmann, Ingeborg 226
Beethoven, Ludwig van 229
Behaim, Martin 150
Bembo, Kardinal 212
Bernini, Lorenzo 132
Bizet, Georges 185
Boethius, Anicius Manlius Severinus 208–211, 213
Bonaventura 231
Bonifaz II. 18
Borchert, Wolfgang 164
Borgia, Lucrezia 30
Borromeo, Carlo 28

Bramante 211
Bruckner, Anton 200
Brühl, Heinrich, Graf 146

Cäsar, Gajus Julius 80
Caraffa, Herzog von Andria 92–95
Carissimi, Giacomo 134
Castiglione, Baldassare, Graf 212
Cavalli, Francesco 133
Cellini, Benvenuto 49
Cerreto, Scipione 88
Christine, Königin von Schweden 132f., 136f.
Clausewitz, Karl von 103
Corelli, Arcangelo 128–144

Dante Alighieri 118, 135
Daser 42
Desprez, Josquin 21f.
Dürrenmatt, Friedrich 231
Duplessis, Joseph-Siffred 169

Eckermann, Johann Peter 238
Egidius von Viterbo 212
Erasmus von Rotterdam 23
Este, Hercole d' 21f.
Este, Ippolito d' 30
Este, Leonora d' 97
Euripides 116

Fabianus, Pater 78
Ferdinand, Erzherzog 56f.
Forkel, Johann Nikolaus 150
Fortner, Wolfgang 221

François, König von Frankreich (Franz I.) 49f., 52f.
Franziskus von Assisi 7f., 10–16, 242
Friedrich II., Kaiser 8f.
Friedrich II. von Preußen 155
Fugger 39, 74f.

Gabrieli, Giovanni 133
Gagliano, Marco da 107
Galilei, Galileo 109
García Lorca, Federico 221
Garibaldi, Giuseppe 248f.
Geminiani, Francesco 142
Gesualdo, Carlo 87–101
Gesualdo, Giulio 93
Gigli, Benjamino 151
Giotto di Bondone 13
Gismondi, Maria 24
Giuliano, Marchese di 91
Gluck, Christoph Willibald 171
Goethe, Johann Wolfgang von 157, 190, 226, 238
Goldberg, Johann Gottlieb 157
Gonzaga, Ercole 40, 50
Gonzaga, Ferrante 49, 61–66
Gonzaga, Guglielmo 31
Gonzaga, Vincenzo 108f., 111f., 118
Goris, Lukrezia di 24
Gounod, Charles 151
Gregor der Große 214
Guarneri, Andrea 139
Gustav II. Adolf von Schweden 132, 136

Haecker, Theodor 235f.
Händel, Georg Friedrich 104, 153, 188
Harser, Johann Gottlieb 146
Haydn, Joseph 156, 168
Heraklit 212
Hermes Trismegistos 50f.
Homer 193
Horaz 67, 71, 135
Howard 143

Ignatius von Loyola 26, 82, 132

Ionesco, Eugène 234
Irenäus 236

Jacopone da Todi 15
Jakob II. von England 133
Johann Wilhelm, Kurfürst 142
Johanna von Kastilien 37f.
Johannes von Lateran 20
Joseph II. 188
Julius II. 211f., 214
Julius III. 24ff.

Kant, Immanuel 224f., 232
Karl der Kühne 37
Karl V. 38, 40, 49
Karl IX. 53, 56
Keyserlingk, Graf 157
Kreisler, Fritz 151

Lasso, Orlando di 33–85, 215
Leo X. 126
Leopold zu Anhalt-Cöthen 151f.
Ludwig IX. von Frankreich, der Heilige 129, 131
Ludwig XIV. von Frankreich 131
Luther, Martin 21

Mantegna, Andrea 39
Marcellus II. 26
Maria von Burgund 37
Marini, Giambattista 135
Maximilian I. 37
Melchior major 20
Michelangelo Buonarroti 123, 210
Mielich, Hans 34, 77
Monachesi, N. 181
Monteverdi, Claudio 106–124, 133, 139f.
Mozart, Constanze 168, 170
Mozart, Leopold 170
Mozart, Wolfgang Amadeus 131, 150, 167–190, 216f.

Napoleon Bonaparte 126
Nero 123

Ottoboni, Pietro 127–131, 134f., 144

Palestrina, Angelo 30
Palestrina, Giovanni Pierluigi da
   18–32, 186, 238
Pannini, Giovanni Paolo 141
Paul III. 24
Paul IV. 26ff.
Paul V. 106
Paul VI. 27
Péguy, Charles 236
Peri, Jacopo 116
Perse, Saint John 226
Philipp der Schöne 37f.
Pierluigi, Palma 24
Piranesi, Giovanni 24
Pius IV. 27f., 135
Plantin, Christoph 38ff.
Ponte, Lorenzo da 180
Puccini, Giacomo 241
Pythagoras 206ff., 210, 213, 216f.

Raffael 185, 211ff.
Reger, Max 200
Renata von Bayern 36, 69–72, 81
Rochlitz, Friedrich 150
Rossi, Angelo de 131
Rubens, Peter Paul 104

Salieri, Antonio 171
Schikaneder, Emanuel 167
Schweitzer, Albert 152
Seneca 123, 140
Sophokles 116
Stampa, Gaspara 135
Stock, Doris 187
Stokowski, Leopold 150
Strada, Jacopo della 44f.
Stradivari, Antonio 139
Strawinsky, Igor Feodorowitsch 87, 89
Sulla, Lucius Cornelius 17

Tan Sen 203f.
Tasso, Torquato 94, 112ff., 121
Terza, Marchese della 46
Theoderich der Große 138, 209
Thomas von Aquin 235, 237

Vergil 48, 135
Vivaldi, Antonio 140

Weber, Aloisia 168
Welser, Philippine 57
Wenzky, Georg 145
Wilhelm V. von Bayern 35f., 42, 67–71, 79ff.